D1754637

Musik und Sprache
Herausgegeben von Christian Grüny

Musik und Sprache
Dimensionen eines schwierigen Verhältnisses

Herausgegeben von Christian Grüny

VELBRÜCK
WISSENSCHAFT

Gedruckt mit freundlicher Unterstützung der
Geschwister Boehringer Ingelheim Stiftung für Geisteswissenschaften
in Ingelheim am Rhein

Erste Auflage 2012
© Velbrück Wissenschaft, Weilerswist 2012
www.velbrueck-wissenschaft.de
Druck: Hubert & Co, Göttingen
Printed in Germany
ISBN 978-3-942393-50-8

Bibliografische Information der Deutschen Nationalbibliothek
Die Deutsche Nationalbibliothek verzeichnet diese Publikation in der
Deutschen Nationalbibliografie; detaillierte bibliografische Daten
sind im Internet über http://dnb.ddb.de abrufbar.

Dieses Buch ist im Verlag Humanities Online
(www.humanities-online.de) als E-Book erhältlich.

Inhalt

Christian Grüny
Einleitung: Die Schwierigkeiten des Geläufigen 7

Alexander Becker und Matthias Vogel
Musik als Konfiguration der Vergegenwärtigung. Anmerkungen
zu Adornos »Fragment über Musik und Sprache« 23

Wolfram Ette
Thesen zur Sprachähnlichkeit der Musik 43

Andreas Luckner
»Wortferne Kunst und doch im Umkreis der Sprache zu Haus«.
Überlegungen zu einer Philosophie der Musik, ausgehend von
einer Sentenz Albrecht Wellmers 51

Johannes Picht
Bewegung und Bedeutung. Sprache, Musik
und Zeitkonstitution 73

Elfie Miklautz
aaaaaaaaaaaaa – Musik will uns hören 89

Simone Mahrenholz
Was macht (Neue) Musik zu einer »Sprache«?
Die Metapher der Sprachähnlichkeit und ihr Verhältnis
zum musikalischen Denken 109

Janós Weiss
Versuch einer Theorie des musikalischen Kunstwerkes 119

Steffen A. Schmidt
Musik/Sprache – Bestandsaufnahme einer Kultur 151

Ingrid Allwardt
Schriftstimmen 161

Cornelius Schwehr
Sprachmusik. Vom Umgang mit Musik und Sprache 179

Albrecht Wellmer
Über Musik und Sprache. Variationen und Ergänzungen 195

Die Autorinnen und Autoren 227

Christian Grüny
Einleitung:
Die Schwierigkeiten des Geläufigen

> Sprache – Musik, Musik – Sprache:
> das Verhältnis zweier schwieriger Partner.
> Dieter Schnebel[1]

Der Untertitel des vorliegenden Bandes mag überraschen: Inwiefern ist das Verhältnis von Musik und Sprache als schwierig zu bezeichnen? Und wieso sollen die Partner dieser Beziehung selbst schwierig sein, wie Schnebel es formuliert? Ist sie nicht gerade umgekehrt über den größten Teil der Geschichte als besonders zwang- und problemlos angesehen worden? Musik und Sprache galten als natürliche Partner, über deren gemeinsamen Ursprung spekuliert werden konnte, wenn sie nicht von vornherein nur als Dimensionen eines einzigen Phänomens betrachtet wurden. Unter den künstlerischen Disziplinen sind die beiden – neben Musik und Tanz – sicher diejenigen, die die längste und stabilste Zusammenarbeit aufweisen können.

Nun muss man genau angeben, worüber man eigentlich spricht: In der kommentarlosen Beiordnung sind weder die beiden Instanzen noch ihr Verhältnis wirklich geklärt. Musik ist eine Kunstform, Sprache ein Zeichensystem – so unzureichend diese Bestimmungen sind, sie taugen doch als erste Annäherung. Zwar können die Musik als eigenes Zeichensystem befragt und die Sprache künstlerischer Gestaltung unterworfen werden, aber dennoch ist das Verhältnis nicht einfach analog: So gibt es etwa, wie Albrecht Wellmer bemerkt, in der Musik kein Äquivalent zur Alltagssprache.[2] Das einfache Kinderlied ist sicher keine Kunst in irgendeinem anspruchsvollen Sinne, aber es ist eine elementare ästhetische Gestaltung, die sich nicht auf eine bestimmte Form der Zeichenhaftigkeit reduzieren lässt und auch nicht primär kommunikative Funktion hat. Während es bei der zeichentheoretischen Untersuchung der Musik um eine *Betrachtungsweise* geht, die durchaus nicht unstrittig ist und in jedem Fall mit der ästhetischen Dimension der Sache zu rechnen hat, geht es im Falle der künstlerischen Sprache um eine bestimmte *Gestal-*

---

[1] Dieter Schnebel, »Echo – einige Überlegungen zum Wesen der Musik«, in: Albrecht Riethmüller (Hg.), *Sprache und Musik. Perspektiven einer Beziehung*, Laaber: Laaber 1999, S. 23-35, hier 28.

[2] Vgl. Albrecht Wellmer, *Versuch über Musik und Sprache*, München: Hanser 2009, S. 32.

tungsweise bzw. einen bestimmten Umgang, der seinerseits die zeichenhafte und kommunikative Dimension nicht los wird.

Die zweite, damit zusammenhängende Unklarheit ergibt sich aus den unterschiedlichen Weisen, wie Musik und Sprache zueinander in Beziehung gesetzt werden können. Wellmer hat hier die Sprach*ähnlichkeit* von der Sprach*bezogenheit* der Musik unterschieden, wobei in beiden Fällen Sprache zuerst einmal als Zeichensystem oder Kommunikationsmedium in den Blick kommt. Eine noch einmal andere Form der Bezogenheit als diejenige des Diskurses über die Musik liegt in ihrem Zusammenspiel in konkreten Gestaltungen in Lied, Choral, Oper, um nur einige der geläufigen Formen zu nennen. Hier geht es um den Bezug zweier künstlerischer Medien, der überdies ein gegenseitiger ist, und es ist durchaus nicht ausgemacht, wer in diesem Miteinander die Oberhand behält.

Um das Problembewusstsein zu schärfen und die hier versammelten Texte ein wenig zu kontextualisieren, möchte ich im Folgenden in aller Kürze auf die drei Dimensionen der Sprachähnlichkeit (1.), des künstlerischen Zusammenspiels (2.) und der diskursiven Bezogenheit (3.) eingehen.

1. Die Frage danach, inwiefern Musik und Sprache eine Ähnlichkeit aufweisen, die einen Vergleich der beiden zu einem für beide Partner produktiven Unternehmen macht, scheint ihre Gegenstände vorab auf einen gemeinsamen Nenner zu bringen: Wir müssten es in beiden Fällen mit systematisch organisierten Medien zu tun haben, und es liegt nahe, sie beide als Zeichensysteme zu beschreiben. Sehen wir uns die unterschiedlichen Versuche eines solchen Vergleichs an, so ist die Sache durchaus nicht so klar.

Am weitesten geht die These, die zuerst von Rousseau formuliert wurde und die von einem gemeinsamen Ursprung von Musik und Sprache ausgeht. Rousseau konstruiert eine menschheitsgeschichtliche Ursituation, in der es ein gegenüber der Differenz noch neutrales Verständigungsmedium gab, und »in diesen glücklichen Klimazonen, in diesen glücklichen Zeiten, da die einzigen dringenden Bedürfnisse, die die Menschen einander näherbrachten, die des Herzens waren«[3], waren Dichtung und Musik die gemeinsame Ursprache. In Bezug auf jenes Urmedium war die Unterscheidung zwischen Zeichensystem und ästhetischer Gestaltung, zwischen kommunikativer und künstlerischer Absicht noch nicht wirklich am Platze; Rousseaus Beschreibung folgt seinem Ideal eines unmittelbaren Ausdrucks des »Herzens«. Gegenüber

---

3 Jean-Jacques Rousseau, »Essay über den Ursprung der Sprachen, worin auch über Melodie und musikalische Nachahmung gesprochen wird«, in: ders., *Musik und Sprache*, Leipzig: Reclam 1989, S. 99-168, hier 138.

dieser Ausdrucksform stellen die Ausdifferenzierung der Sprache als tatsächliches Zeichensystem und der Musik als ebenfalls systematisch organisierte Gestaltung sui generis Verfallsformen dar, in denen das zwischenmenschliche Potential der reinen melodischen Gestaltung verschüttet und zugunsten von technifizierten Praxisformen verabschiedet wurde. Paradoxerweise nähern sich die beiden aber in ihrer zunehmenden Entfernung einander wieder an.

Diese Nähe in der Differenz ist nun der Ausgangspunkt zeitgenössischer zeichentheoretischer Untersuchungen, die sich Sprache und Musik in vergleichender Absicht zuwenden: Die Voraussetzung dafür, überhaupt die Frage stellen zu können, ob Musik als Zeichensystem anzusehen ist, ist ihre innere Organisiertheit, also gerade jene harmonische und rhythmische Differenziertheit, die Rousseau als Entartung beschrieben hat. Die spekulative Frage nach einem möglichen gemeinsamen Ursprung kann von hier aus zurückgestellt werden, weil sie für die Fragestellung nicht unbedingt relevant ist. So gab es in den siebziger und achtziger Jahren zahlreiche Versuche, die Musik mit mehr oder weniger orthodox semiotischen Mitteln zu beschreiben. Diese zielten in der Regel weniger auf einen direkten Vergleich als auf die Frage, inwiefern im Falle der Musik von Bedeutung und Verstehen die Rede sein kann.[4] Im Prinzip werden Musik und Sprache damit einander beigeordnet, ohne dass eine der beiden einen Primat beanspruchen könnte; dennoch sollte man jeweils fragen, ob Sprache als das Zeichensystem par excellence nicht letztlich doch den Hintergrund bildet. Dass die direkte Gegenüberstellung nicht notwendigerweise zu einer verkürzenden Perspektive auf die Musik führen muss, kann man etwa an dem in seiner Differenziertheit bis heute unerreichten Versuch sehen, sich an eine direkte Gegenüberstellung zu machen, die sich allerdings eher linguistischer als semiotischer Mittel bedient.[5] Bierwischs Charakterisierung der Musik als Gestensprache bietet bis heute vielfältige Anschlussmöglichkeiten.

In jüngerer Zeit ist diese Diskussion, die in der analytischen *philosophy of music* kontinuierlich einen der Fokuspunkte der Debatte gebildet hat,[6] auch außerhalb dieser Tradition wieder aufgelebt, nun

---

4 Vgl. etwa Peter Faltin u. Hans-Peter Reinecke (Hg.), *Musik und Verstehen*, Köln: Arno Volk 1973; Jean-Jacques Nattiez, *Fondements d'une sémiologie de la musique*, Paris: Union Générale d'edition 1975; Vladimir Karbusicky, *Grundriß der musikalischen Semantik*, Darmstadt: WBG 1986.

5 Vgl. Manfred Bierwisch, »Musik und Sprache. Überlegungen zu ihrer Struktur und Funktionsweise«, in: *Jahrbuch Peters 1978*, Leipzig: Peters 1979, S. 9-102.

6 Es ist kaum möglich, einen Überblick über diese äußerst kontrovers geführte Debatte zu geben; vgl. als Ansatzpunkt Stephen Davies, »Musikalisches

aber ohne wahrnehmbaren Anschluss an die damalige Diskussion und mit verändertem methodischen Schwerpunkt. Im Hintergrund stehen jetzt eher theoretische Motive wie das der Exemplifikation von Nelson Goodman, rezeptionstheoretische Überlegungen, der Bezug auf Multimedialität und, in der Musikwissenschaft, eine historische Perspektive.[7] Wiederum geht es weniger um den unmittelbaren Vergleich als um die Frage nach dem musikalischen Sinn als solchen; es bleibt aber auch hier die Frage, ob sich nicht bereits im Augenmerk auf Bedeutung oder Sinn ein wenn auch impliziter Primat der Sprache zeigt, der die Untersuchung der Musik immer schon in eine bestimmte Richtung lenkt, die ihr nicht unbedingt gemäß sein muss.

In weitgehender Unabhängigkeit von diesen Diskussionen, die von der entwickelten musikalischen Theorie und Praxis der Gegenwart und dem realen Nebeneinander unterschiedlicher künstlerischer Medien ausgehen, ist auch die These eines gemeinsamen Ursprungs oder doch zumindest einer engen Verwandtschaft von Sprache und Musik in den letzten Jahren jenseits von Rousseaus kulturkritischem Pathos ernstgenommen worden und hat sowohl paläontologische und evolutionstheoretische[8] als auch entwicklungspsychologische Forschungen inspiriert.[9] Möglicherweise, so die These, ist tatsächlich phylo- und ontogenetisch von einer primären Artikulationsweise auszugehen, in der Kommunikation, Ausdruck und Gestaltung noch ungetrennt voneinander sind; Steven Brown spricht von »musilanguage«[10]. Wenn das so ist, so würde dies die Frage nach Ähnlichkeit und Differenz von Musik und Sprache insofern verschieben, als sich beide – mit Rousseau – immer auch auf diesen Ursprung beziehen lassen müssen. Dieser kann nun aber nicht als eine Art verlorenes Arkadien betrachtet werden, an dem sich zeitgenössische Musikpraxis messen ließe.

Verstehen«, in: Alexander Becker u. Matthias Vogel (Hg.), *Musikalischer Sinn. Beiträge zu einer Philosophie der Musik*, Frankfurt am Main: Suhrkamp 2007, S. 25-79, darin auch die Literaturhinweise.

7 Vgl. Simone Mahrenholz, *Musik und Erkenntnis. Eine Studie im Ausgang von Nelson Goodmans Symboltheorie*, Stuttgart u. Weimar: Metzler 1998; Nicholas Cook, *Analysing Musical Multimedia*, Oxford: Oxford UP 1998; Becker u. Vogel, *Musikalischer Sinn*, a. a. O. (Anm. 6).

8 Vgl. Nils L. Wallin, Björn Merker u. Steven Brown (Hg.), *The Origins of Music*, Cambridge, Mass. u. London: MIT Press 2000.

9 Vgl. Irène Deliège u. John Sloboda (Hg.), *Musical Beginnings. Origins and Development of Musical Competence*, Oxford u.a.: Oxford UP 1996; Herbert Bruhn u. a. (Hg.), *Musikpsychologie. Das neue Handbuch*, Reinbek: Rowohlt 2008.

10 Steven Brown, »The ›musilanguage‹ model of music evolution«, in: Wallin, Merker u. ders., *The Origins of Music*, a. a. O. (Anm. 8), S. 271-300.

Allerdings trügt der Eindruck, eine Diskussion um die Sprachähnlichkeit der Musik könne sich von historischen Kontexten und normativen Festlegungen gänzlich fernhalten; das ist bereits bei Rousseau offensichtlich, bei dem die Ursprungsthese im Rahmen eines erbitterten Streits mit Rameau um eine zeitgemäße Musik formuliert wurde. Beispielhaft kann dafür auch ein kurzer Blick auf Adornos *Fragment über Musik und Sprache* von 1956 – im übrigen dem selben Jahr, in dem Leonard B. Meyers *Emotion and Meaning in Music* erschien, von dem die analytische Diskussion ihre wesentlichen Stichworte bekam[11] – und Dieter Schnebels spätere Kritik daran geworfen werden, die auch in einigen der hier versammelten Texte aufgegriffen werden. Adornos Reflexionen über die Urteilsförmigkeit, Intentionalität und Bedeutung von Musik beanspruchen zuerst einmal tatsächlich allgemeine Geltung, womit er für Schnebel er deutlich zu weit geht.[12] Als Referenzpunkt lässt sich ein bestimmtes historisches Paradigma ausmachen, nämlich das des 19. Jahrhunderts, für das man von Sprachähnlichkeit sprechen mag; das Problem beginnt für Schnebel da, wo man dies auf die Musik als solche überträgt. Natürlich ist damit Adornos Position nur ungenügend wiedergegeben, aber tatsächlich nimmt das Motiv des Gestus der redenden Stimme in manchen seiner Texte einen beinahe Rousseauschen Ton an, so etwa als Kritik an einer bestimmten Aufführungspraxis neuer Musik: »Immer wieder findet man, daß in neuer Musik solche Melodien nicht atmen, so wie sie es müßten, wenn eine lebendige Stimme sie sänge [...].«[13] Die lebendige Stimme erscheint hier wiederum als Verkörperung eines Indifferenzpunktes zwischen Musik und Sprache, dessen entscheidendes Charakteristikum in einem bestimmten sprachnahen Gestus liegt. Für Schnebel ist das genuin musikalische Organisationsprinzip demgegenüber dezidiert sprachfern, denn es gründet sich ausschließlich auf formale Entsprechungs-, Abweichungs-, Wiederholungs- und Variationsverhältnisse, an denen Fragen nach ihrer Bedeutung erst einmal abprallen und die auch nicht auf das Paradigma des Gesangs festgelegt werden können; seiner Auffassung nach ist gerade die Versprachlichung eine Entmusikalisierung.

11 Vgl. Leonard B. Meyer, *Emotion and Meaning in Music*, Chicago u. London: University of Chicago Press 1956.
12 Vgl. Theodor W. Adorno, »Fragment über Musik und Sprache«, in: ders., *Musikalische Schriften I-III (Gesammelte Schriften* Bd. 16), Frankfurt am Main: Suhrkamp 1978, S. 251-256; Dieter Schnebel, »Der Ton macht die Musik, oder: Wider die Versprachlichung! Überlegungen zu Periodik, Abweichung und Wiederholung«, in: ders., *Anschläge – Ausschläge. Texte zur Neuen Musik*, München: Hanser 1993, S. 27-36.
13 Theodor W. Adorno, »Neue Musik, Interpretation, Publikum«, in: ders., Musikalische Schriften I-III, a.a.O. (Anm. 12), S. 40-51, hier 43.

Es ist unübersehbar, dass auch hier eine bestimmte Auffassung von Musik gegen eine andere in Stellung gebracht wird, wobei systematische und normative Momente untrennbar miteinander verwoben sind. Wenn man nun weder die systematische Fragestellung ganz aufgeben noch sich der eigenen Historizität blindlings ausliefern will, erscheint Wellmers Vorschlag vielversprechend, von einem »Prozeß einer fortlaufend neu sich herstellenden gleichzeitigen ›Semantisierung‹ und ›Entsemantisierung‹ des musikalischen Materials«[14] auszugehen.

Es gibt, wie sich zeigt, einen historischen Moment, der für die gesamte Diskussion um Musik und Sprache von entscheidender Bedeutung ist: eher noch als Rousseaus Intervention ist das die Emanzipation und Autonomisierung der Musik um den Beginn des 19. Jahrhunderts, die von Thrasybulos Georgiades als Höhepunkt der Versprachlichung, von Carl Dahlhaus als Ursprung der Idee einer absoluten Musik und von Lydia Goehr als Etablierung des musikalischen Werkbegriffs beschrieben worden ist.[15] Die Kategorien, die sich hier in Theorie und Praxis etabliert haben, sind so wirkmächtig, dass eine philosophische Behandlung der Musik aufpassen muss, nicht einfach unhinterfragt von ihnen auszugehen. Sie werden auch in den folgenden beiden Abschnitten eine Rolle spielen.

2. Bei der zweiten Dimension, um die es hier gehen soll, dem Zusammentreten von Musik und Sprache in konkreten ästhetischen Figurationen, erscheint eine historische Perspektive endgültig alternativlos – und doch findet sich auch hier die Spannung zwischen systematischer und historischer Betrachtung. Setzen wir am Anfang der europäischen Musiktradition an, der wie der des europäischen Denkens insgesamt im alten Griechenland liegt, so finden wir eine weitere Einheitsfigur. Sie liegt nun aber nicht in einem als Konstruktion erkennbarem Ursprungsmythos, sondern in einer realen historischen Konstellation.

Der altgriechische Begriff der *Musiké* benannte das den Musen Zugeordnete und damit von vornherein ein Mit- und Ineinander unterschiedlicher Medien, bei Pindar etwa, bei dem der Begriff das erste Mal auftaucht, »das chorlyrische Ganze aus Poesie, Gesang, Instrumentalspiel, Gestik und Tanz«[16]. Auch wenn wir damit weit von einem einheit-

---

[14] Wellmer, *Versuch über Musik und Sprache*, a.a.O. (Anm. 2), S. 33.
[15] Vgl. Thrasybulos Georgiades, *Musik und Sprache. Das Werden der abendländischen Musik dargestellt an der Vertonung der Messe*, Berlin u.a.: Springer 1954; Carl Dahlhaus, *Die Idee der absoluten Musik*, Kassel: Bärenreiter 1978; Lydia Goehr, The Imaginary Museum of Musical Works, An Essay in the Philosophy of Music, Oxford: Oxford UP 1992.
[16] Frieder Zaminer, »Μουσική. Zur frühen Wort- und Begriffsgeschichte«, in: Riethmüller, Musik und Sprache, a.a.O. (Anm. 1), S. 157-163.

lichen Ursprung entfernt sind, gab es offenbar doch keinen Begriff für Musik im heutigen Sinne. Die Vorstellung zweier für sich bestehender künstlerischer Medien, die in einem zweiten Schritt zusammenkommen oder auch nicht, erscheint damit als solche anachronistisch, und eine Problematisierung des Verhältnisses von Musik und Sprache ist unter solchen Voraussetzungen wenig wahrscheinlich. Eine Asymmetrie ist in ihnen dennoch angelegt, findet sich doch Sprache auch noch in anderen Kontexten und Formen, etwa in der sich etablierenden Philosophie, während entsprechendes für die Musik nicht gilt.

Auch Georgiades deutet die griechische *Musiké* im Sinne eines deutlichen Primats der Sprache, wenn auch in einem anderen Sinne: »Musik ist bei den Griechen [...] nicht für sich gesondert zu fassen, sondern ist nur eine Seite von etwas Totalem, eine Seite des Sprachvermögens, der Sprache, des Verses, eine Seite jener Wirklichkeit, die μουσική (Musiké) hieß.«[17] Ob es den altgriechischen Begriffs tatsächlich trifft, ihn derart unter die Herrschaft der Sprache zu stellen, kann ich nicht beurteilen; die Hierarchisierung jedenfalls, die daraus spricht, zieht sich in unterschiedlichen Formen durch die Geschichte.

Parallel zu dieser klaren Überordnung der Sprache über die Musik findet sich aber von Anfang an eine andere Einschätzung, bei der die Dinge nicht so eindeutig liegen; etwa bereits in Platons *Politeia*. Vom gesungenen Vers her ist auch für Platon klar, dass sich die musikalische Gestaltung nach dem sprachlichen Inhalt zu richten habe; dennoch exponiert er schließlich einen eigenen Begriff von Musikalität, der nicht an die Sprache, sondern an die Harmonie der Seele gebunden ist. Musik wird für Platon zum Inbegriff des richtigen, harmonischen Verhältnisses, ohne von Anfang an an spezifische Materialien gebunden zu sein, und entsprechend beruht für ihn »das Wichtigste in der Erziehung auf der Musik, weil Zeitmaß und Wohlklang vorzüglich auf das Innere der Seele eindringen und sich ihr auf das kräftigste einprägen, indem sie Wohlanständigkeit mit sich führen und also auch wohlanständig machen, wenn einer richtig erzogen wird, wenn aber nicht, dann das Gegenteil«[18].

Wie wenig dies noch mit der tatsächlich erklingenden Musik zu tun hat, wird spätestens dort deutlich, wo als Ideal der Liebe genannt wird, »besonnen und gleichsam musikalisch zu lieben«[19]. Sowohl hier als auch an anderer Stelle, wo Platon in pythagoräischer Tradition die Betrachtung von rationalen Zahlenverhältnissen in den Mittelpunkt stellt und sich über die lustig macht, die mit dem Ohr an der Saite hängen und

---

17 Thrasybulos Georgiades, *Musik und Rhythmus bei den Griechen. Zum Ursprung der abendländischen Musik*, Hamburg: Rowohlt 1958, S. 7.
18 Platon, *Politeia* (*Werke* Bd. 4), Darmstadt: WBG 1971, 401d.
19 A.a.O., 403a.

an den Stimmwirbeln herumdrehen,[20] erweist sich die Hochachtung als zweifelhafte Auszeichnung: Gerade dort, wo die Musik ins Zentrum und über die Sprache gestellt wird, wird sie auf harmonische und schließlich reine Zahlenverhältnisse reduziert und so als erklingende, von Menschen gemachte letztlich ausgetrieben. Die Musik steht hier nicht unter der Herrschaft der Sprache, sondern unter der des Logos, der intelligiblen Ordnung – wenn sie ihn nicht direkt verkörpert.

Die klare Unterscheidung zweier Richtungen von Hierarchisierung darf natürlich nicht darüber hinwegtäuschen, dass die Bandbreite der unterschiedlichen Auffassungen der beiden Partner und ihres Zusammenspiels in der Geschichte größer und vielfach weniger eindeutig ist. Georgiades' Untersuchung des Verhältnisses von Musik und Sprache vom alten Griechenland bis ins 19. Jahrhundert (zum 20. Jahrhundert hat er wenig Erhellendes beizutragen) macht bei allen spekulativen Zügen doch deutlich, wie unterschiedlich es jeweils akzentuiert war und wie stark die Musik selbst von diesen Verschiebungen geprägt worden ist.[21] Georgiades rekonstruiert diese Verschiebungen wie erwähnt als Prozess zunehmender Versprachlichung, der in Klassik und Romantik seinen Höhepunkt gefunden habe und paradoxerweise die Voraussetzung ihrer Autonomisierung war. »Mit einem gewissen sprechenden Ausdruck« – die Vortragsbezeichnung, die Beethoven einer seiner Bagatellen op. 33 beigibt, wäre aus dieser Perspektive paradigmatisch für eine Musik, die den Gestus von Sprachlichkeit in sich selbst aufgenommen und sich damit überhaupt erst als eigenständiges künstlerisches Medium etabliert hat. Die Musik beginnt zu reden, und in diesem Moment kann sie die Sprache als außermusikalische Zutat qualifizieren, derer sie nicht unbedingt bedarf.

Man mag sich die Frage stellen, wie weit diese Versprachlichung die Musik strukturell tatsächlich geprägt hat; in jedem Fall verändert die Autonomisierung der Instrumentalmusik auch die Weisen des konkreten Zusammenspiels, in dem die Verhältnisse nun sozusagen neu ausgehandelt werden müssen. 1854 beschreibt Hanslick die Oper als prekäres Gebilde, das »wie ein constitutioneller Staat auf einem steten Kampfe zweier berechtigter Gewalten beruht«[22] – und der Ausgang dieses Kampfes ist für ihn durchaus offen. Und noch einmal hundert Jahre später formuliert Susanne K. Langer schließlich eine systematisch gemeinte, aber doch historisch imprägnierte These, die die Sache schließlich umkehrt: »When words and music come together in song, *music*

20 Vgl. a.a.O., 531a-b.
21 Vgl. Georgiades, *Musik und Sprache*, a.a.O. (Anm. 15).
22 Eduard Hanslick, *Vom Musikalisch-Schönen. Ein Beitrag zur Revision der Ästhetik der Tonkunst*, Nachdruck der 1. Aufl. v. 1854, Darmstadt: WBG 1991, S. 27f.

swallows words; not only mere words and literal sentences, but even literary word-structures, poetry.«[23] Selbstverständlicher Ausgangspunkt einer solchen Aussage ist die Situation, die für Pindar und Platon eben nicht gegeben war: die Ausdifferenzierung von Sprache und Musik als zweier zuerst einmal für sich bestehender künstlerischer Medien. Die moderne Zusammenstellung von Musik und Text im Lied oder in der Oper, von der Langer ausgeht, hat eine lange Vorgeschichte, die ihrer These in die Quere kommt, wenn man sie als rein systematische versteht. Die unterschiedlichen Beispiele wären sowohl im historischen als auch im synchronen Vergleich erst einmal für sich zu betrachten – ohne dass damit allerdings vorentschieden wäre, ob der anachronistische Blick zurück nicht auch einiges Erhellende zutage fördern kann.

Für die Musik des 20. Jahrhunderts und der Gegenwart ist Langers These insofern einiges abzugewinnen, als hier einfache Vertonungen zunehmend zugunsten von musikalischer Textbearbeitung zurücktreten, die dieses Verschlucken ausdrücklich zu inszenieren scheinen. Die Texte werden zerstückelt, neu zusammengesetzt, überblendet, verfremdet oder ganz verschwiegen, und die Wahl der Autoren entspricht diesem Verfahren: Hölderlin, Celan und die Autoren der Prinzhorn-Sammlung haben Goethe und Heine weitgehend abgelöst. Anschaulich ist hier Schönbergs *Moses und Aron*, in dem der Gesang als ein Verrat an der göttlichen Wahrheit dargestellt wird: Moses und Aron wissen beide um die Macht der Musik, die sprachlichen Inhalte zu transformieren, und während Aron diese Transformation dafür nutzen möchte, seinen Worten leichteren Eingang in die Ohren des Israeliten zu verschaffen, fürchtet Moses das Verschlucktwerden dessen, was er zu verkünden hat, und wendet sich gegen den Gesang. Der sprechende Moses steht für eine Reinheit des Wortes, die sich von der Musik fernhalten muss.

Aber nicht einmal bei diesen Beispielen wird man wirklich davon sprechen können, dass Musik ein »eigenes Medium« ist, »in dem auch Worte gewissermaßen als Sonderfall von Klang vorkommen mögen«[24] – der Gegenseitigkeit der Beziehung und damit der Mitformung der Musik durch die Worte ist nicht einmal da zu entkommen, wo es sich um Nonsenstexte handelt wie bei Hans Zenders Hugo Ball-Vertonungen *Cabaret Voltaire*. Ohne eine in selbstverständlicher, elementarer Sprachlichkeit artikulierende Musik, ohne kanonische Inhalte und ohne geregelte Verhältnisse des Miteinanders bleibt der zeitgenössischen Musik nun allerdings nichts übrig, als das Zusammenspiel immer wieder neu zu erproben.

23 Susanne K. Langer, *Feeling and Form. A theory of art developed from Philosophy in a New Key*, New York: Scribners 1953, S. 152.
24 Dieter Schnebel, »Klang und Körper«, in: ders., *Anschläge – Ausschläge*, a. a. O. (Anm. 12), S. 37-49, hier 42.

3. Mit dem diskursiven Kontext haben wir schließlich den Punkt erreicht, an dem von einer Symmetrie von Sprache und Musik endgültig keine Rede mehr sein kann. Wie auch immer man die Möglichkeiten der Musik einschätzen mag, sich auf Außermusikalisches zu beziehen – wir sprechen über Musik (so wie über alles andere), aber wir musizieren nicht (jedenfalls nicht im gleichen Sinne) über Sprache. Ob er nun die Form der Theorie, der Interpretation oder des Kommentars angenommen hat, der Diskurs über die Musik hat sie von ihren Anfängen begleitet. Dass wir von der antiken Musik nur vermittelt über poetische und theoretische Texte wissen, begründet für sich natürlich noch keinen inhaltlichen Primat der Theorie vor der Praxis; ebenso wenig kann man aber die musikalische Praxis von dem Diskurs über sie entkoppeln. Dahlhaus formuliert hier deutlich: »Die Literatur über Musik ist kein bloßer Reflex dessen, was in der musikalischen Praxis der Komposition, Interpretation und Rezeption geschieht, sondern gehört in einem gewissen Sinne zu den konstitutiven Momenten der Musik selbst.«[25]

Wiederum ist es die Zeit um 1800, die besondere Aufmerksamkeit verdient und aus deren Behandlung auch Dahlhaus' Einschätzung stammt. In der wesentlich von musikalisch gebildeten Literaten getragenen romantischen Musikdiskurs haben wir es weniger mit einer theoretischen Auseinandersetzung mit musikalischen Prinzipien, dem Tonsystem oder Fragen des Tonsatzes zu tun, sondern mit einer diskursiv vorbereiteten Neufassung der grundsätzlichen Auffassung, was Musik ist und wie mit ihr umzugehen ist. Wie Dahlhaus und Goehr deutlich machen, ist die Vorstellung einer absoluten Musik dabei in einem doppelten Sinne zu verstehen: Zum einen als Ablösung von außermusikalischen Kontexten – oder der Qualifizierung von immer mehr Kontexten, die traditionell mit der Musik verbunden waren, als außermusikalisch –, zum anderen als Bezug auf ein Absolutes, als höhere Erkenntnisweise etc.[26] In E. T. A. Hoffmanns berühmter Rezension von Beethovens Fünfter Symphonie kann man sehen, wie eine ungewohnt detaillierte Analyse des musikalischen Geschehens mit einer musikalischen Hermeneutik einher geht, die uns aus heutiger Perspektive einigermaßen überschwänglich erscheint.[27]

Wir haben es mit einer paradoxen Operation zu tun: Die Reinheit der Musik, wozu auch ihre explizite Unabhängigkeit von der Sprache gehört, bedarf der Sprache, um postuliert, begründet und befestigt zu werden. Natürlich gehört dazu eine Praxis des instrumentalen Kompo-

---

25 Dahlhaus, *Die Idee der absoluten Musik*, a. a. O. (Anm. 15), S. 66 f.
26 Vgl. A. a. O., S. 34 ff., 66 ff.; Goehr, *The Imaginary Museum of Musical Works*, a. a. O. (Anm. 15), S. 148 ff.
27 Vgl. E. T. A. Hoffmann, »Ludwig van Beethoven, 5. Sinfonie«, in: ders., *Schriften zur Musik*, Berlin: Aufbau 1988, S. 22-42.

nierens, ohne die die diskursive Neubeschreibung ins Leere liefe, aber das Bedingungsverhältnis geht in beide Richtungen. Konstitutiv war das Schreiben über Musik sowohl für die Komponisten, die die Texte rezipiert haben und von ihnen beeinflusst wurden, als auch für die Rezipienten, denen sich neue Weisen des Hörens erschlossen haben. Kurz: Es ging um die Etablierung einer neuen musikalischen Kultur.

Diese massive diskursive Intervention geschah nun aber nicht primär in der Weise offen normativer Abhandlungen oder theoretischer Festlegungen, wie es in Antike und Mittelalter die Regel war, sondern vor allem in Form von Beschreibungen von Stücken und Rezeptionssituationen, was einhergeht mit einer Verschiebung von musikalischen Systemen und Situation hin zu einzelnen Werken. Neben der Fähigkeit zur Analyse ist nun Kreativität in der Beschreibung gefragt, die keine bloße Zutat zu einem selbstgenügsamen musikalischen Hören bildet, sondern sowohl explikativen wie erschließenden Charakter hat. Diese neue Forderung ist nicht auf die klassisch-romantische Musik beschränkt, sondern gewinnt neue Dimensionen, je weiter sich die Musik im 20. Jahrhundert von ihren traditionellen Formen entfernt. Wir haben es nun, in Wellmers Formulierung, mit »unterschiedliche[n] Grade[n] der Herausforderung an unser produktives Sprachvermögen«[28] zu tun.

Von dieser Ausgangslage ist es konsequent, wenn Adorno schließlich an einer vielzitierten Stelle schreibt: »Werden aber die fertigen Werke erst, was sie sind, weil ihr Sein ein Werden ist, so sind sie ihrerseits auf Formen verwiesen, in denen jener Prozeß sich kristallisiert: Interpretation, Kommentar, Kritik.«[29] Die sprachliche Auseinandersetzung mit den Werken – und für Adorno schließt dies die philosophische ein – ist Teil ihrer eigenen Geschichte, weil sich in ihr ihre Artikulation fortsetzt und selbst historisch wird. Die selbstverständliche Reihung darf dabei nicht darüber hinwegtäuschen, dass wir es mit höchst unterschiedlichen Registern zu tun haben, die sich auch nicht in den drei aufgezählten erschöpfen. So beginnt die Interpretation, wie gerade Adorno betont hat, bereits bei der im eigentlichen Sinne musikalischen Interpretation, also dem Spielen, und auch dieses ist von sprachlichen Selbstverständigungen und Interventionen umstellt, die zum Teil alltagssprachlichen, situativen Charakter haben und doch von historischen und zeitgenössischen Diskursen imprägniert sind. Die Kreativität besteht nicht nur darin, möglichst treffende Formulierungen innerhalb bestehender Gattungen zu finden, sondern immer auch in der Etablierung neuer Weise des Sprechens über Musik.

28 Wellmer, *Versuch über Musik und Sprache*, a.a.O. (Anm. 2), S. 109.
29 Theodor W. Adorno, *Ästhetische Theorie* (*Gesammelte Schriften* Bd. 7), Frankfurt am Main: Suhrkamp 1973, S. 289.

Wenn am Anfang dieses Abschnittes die Rede von einer konstitutiven Asymmetrie zwischen Musik und Sprache war, so darf dies nicht so verstanden werden, als würde die Sprache als Diskurs um die Musik diese vollständig dominieren oder gar als solche konstitutiv bedingen. Die Autonomisierungsbewegung ist real, und sie führt zu Musikstücken, die die sprachliche Aufarbeitung so sehr herbeirufen wie sie sie abweisen, die aber nicht nur dem Anspruch nach erst einmal für sich stehen. Tatsächlich gibt es Texte, die sich gegenüber ihrem Gegenstand als Gesetzgeber aufspielen oder sich so weit verselbständigt haben, dass sie selbstgenügsam geworden zu sein und die real erklingende Musik nicht mehr zu brauchen scheinen. Da wir aber nicht aufhören werden, über Musik zu sprechen und zu schreiben, und die Musik immer auch auf diese Auseinandersetzung angewiesen ist, ist nicht zuletzt eine Reflexion auf das Verhältnis nötig, in das sich das Sprechen zur Musik jeweils setzt – wenn es denn am Ende weiterhin um die Musik gehen soll, die in ihrem Erklingen und Gehörtwerden niemals auf einen Reflex ihrer sprachlichen Aufarbeitung und Bearbeitung reduziert werden kann. Wellmers Formulierung eines Sprechens, das sich in Musik »einmischt«[30], trifft dies recht gut: Die Einmischung erfolgt in etwas bereits Bestehendes, bleibt aber nicht ohne Folgen.

Nach all den unterschiedlich gelagerten Hierarchien und Asymmetrien lässt sich zu guter Letzt ein deutliches Ungleichgewicht in der Bedeutung feststellen, die die Frage nach dem Verhältnis von Sprache und Musik für die beiden Bereiche jeweils hat: Während die hier unterschiedenen Dimensionen allesamt für die Musik zentral sind und sich ihnen keine Auseinandersetzung entziehen kann, erscheinen sie in Bezug auf die Sprache als Spezialproblem. Es ist durchaus nicht ersichtlich, warum eine theoretische Auseinandersetzung mit der Sprache, sei es als Zeichensystem oder Kommunikationsform oder als künstlerisches Medium, die Musik berücksichtigen müsste – nicht umsonst wird nach Sprachähnlichkeit und Sprachbezogenheit der Musik und nicht nach Musikähnlichkeit und -bezogenheit der Sprache gefragt. Diese Einseitigkeit ist kaum vermeidbar, insofern Sprache das kommunikative Leitmedium ist, in dem ein Diskurs über alle anderen geführt wird – ein Verhältnis, in dem sich Reziprozität schlechterdings nicht herstellen lässt. Es wäre aber doch zu fragen, ob das Problem damit wirklich erledigt ist.

Diese Fragen führen schließlich zur Philosophie, für die eine Notwendigkeit, die Musik in ihre Reflexion einzubeziehen, erst recht nicht ersichtlich ist: Indem sie ihre Sprachgebundenheit erkennt, ist ihr eine Reflexion auf die Sprache aufgegeben, aber die Musik gerät, so scheint

---

30 Wellmer, *Versuch über Musik und Sprache*, a.a.O. (Anm. 2), S. 102.

es, lediglich akzidentiell in ihren Blick – weil es kein Ding zwischen Himmel und Erde gibt, das sie nicht zu ihrem Gegenstand machen kann. Betrachten wir die tatsächliche gegenwärtige Position des philosophischen Diskurses über die Musik, so scheint sich dieser Eindruck zu bestätigen. Natürlich gab es keinen *musical turn*, der es an Bedeutung mit dem *linguistic turn* aufnehmen könnte; es gab aber, anders als etwa in der Diskussion um Bildlichkeit, in den letzten Jahren nicht einmal einen deutlich wahrnehmbaren *Versuch*, die Musik als relevante philosophische Instanz zur Geltung zu bringen. Auch wenn man sich die Zeiten, in denen sie als unmittelbare Artikulation des Weltprinzips verstanden werden konnte, nicht unbedingt zurückwünscht, so müsste doch die Frage gestellt werden, ob eine stärkere Berücksichtigung der Musik nicht nur als Spezialthema einer selbst als Spezialdisziplin aufgefassten Ästhetik nicht produktiv sein könnte. Es kann wohl nicht überzeugen, wenn die Musik noch einmal, aber nun mit anderen Mitteln als bei Schopenhauer, als die bessere Philosophie ausgegeben wird[31]; vielleicht kann man sich aber an tentativere, aber doch grundsätzliche Überlegungen wie die von Werner Stegmaier halten, der der Musik als »Prägnanz ohne Bedeutung«[32] Relevanz für die philosophische Selbstreflexion zuspricht, die sich damit eben nicht ausschließlich als Reflexion auf die Sprache vollziehen kann oder zumindest sollte.

Die Frage nach dem Zusammenhang von Musik und Sprache ist schwierig, weil sich mit ihr nicht nur höchst unterschiedliche Verständnisse der beiden Bereiche und ganz verschiedene Dimensionen dieses Zusammenhangs verbinden, sondern immer auch diskurspolitische Fragen. Es wäre allerdings etwas gewonnen, wenn die Auseinandersetzung mit und über Musik weder ausschließlich unter Spezialisten noch in einem diskursiven Ghetto geführt würde, sondern einen selbstverständlichen Platz im Diskurs der unterschiedlichen Disziplinen einnehmen könnte. Ein Ansetzen bei Musik und Sprache scheint mir hier einen besonders produktiven Ansatzpunkt zu versprechen.

Ausgangspunkt des vorliegenden Bandes war ein Workshop zu Albrecht Wellmers *Versuch über Musik und Sprache*, der Anfang 2011 an der Hochschule für Musik und Theater Hamburg stattgefunden hat. Die offene Diskussion wurde angereichert durch von den Teilnehmern verfasste Kommentare zu dem Buch und seinen Themen, die vorab zirkuliert waren. Ausgehend von diesen Kommentaren und der Diskus-

---

31 Wozu Andrew Bowie neigt: Vgl. *Music, Philosophy, and Modernity*, Cambridge: Cambridge UP 2007.
32 Werner Stegmaier, »Musik und Bedeutung. Zur Frage des Denkens des Denkens«, in: *Riethmüller, Musik und Sprache*, a.a.O. (Anm. 1), S. 37-47, hier 43.

sion ist ein Teil der hier vorliegenden Texte entstanden; darüber hinaus sind einige Beiträge hinzugekommen, deren Autoren nicht an dem Workshop teilgenommen haben. Wellmers Buch ist ohne Zweifel die umfang- und detailreichste Auseinandersetzung mit dem Problemfeld Musik und Sprache, die bis dato vorliegt, und insofern ist ein Bezug auf sie fast unvermeidlich. Die hier versammelten Texte sind aber nicht als Kommentare zu diesem Buch verstehen, sondern als eigenständige Beiträge zu dem Problemfeld selbst und seinen Fragen. Dabei zeigen sie, dass die hier unterschiedenen Dimensionen sich in der Diskussion nur schwer trennen lassen. Wenn sie eine Gemeinsamkeit haben, so ist es der Versuch, das Verhältnis eher *von der Musik her* zu denken als von der Sprache.

Alexander Becker und *Matthias Vogel* machen sich an eine genaue Lektüre von Adornos *Fragment über Musik und Sprache*, dessen einzelnen Facetten sie interpretativ nachgehen. In Adornos Motiv der Musik als Namenssprache sehen sie einen erfolgversprechenden Ansatzpunkt für eine Theorie der Musik, die allen Aspekten des musikalischen Weltbezugs nachgeht. Daher versuchen sie, dieses schwierige Motiv in seinen theologischen Anklängen ernstzunehmen und zugleich einer nüchterneren Neuinterpretation zu unterziehen, die beim Vollzug ansetzt.

Wolfram Ette wendet sich in seinem Text der Frage nach der Sprachähnlichkeit der Musik zu, die er für zentral für ein Verständnis von Musik überhaupt hält. Der entscheidende Punkt liegt für ihn in der ontogenetischen Entwicklung, in der der gemeinsame Ursprung aufzusuchen ist. Dabei verbinden sich systematische mit entwicklungspsychologischen Fragen – die allerdings weit davon entfernt sind, abschließende Antworten zu finden.

Auch *Andreas Luckner* arbeitet am Problem der Sprachähnlichkeit, allerdings mit zeichentheoretischen Mitteln, und greift dafür auf Peirce, Goodman und Bierwisch zurück. Die Musik verkörpert, so seine These, einen Aggregatzustand von Zeichenhaftigkeit, der vor dem der entwickelten Sprache liegt. Insofern verspricht eine zeichentheoretische Aufarbeitung der Musik nicht nur für diese selbst, sondern auch für die Sprache einen Mehrwert, die auf diese Weise zu einem vertieften Verständnis ihrer eigenen Grundlagen gelangen kann. Dabei kann sich die Untersuchung nicht auf die Kunstmusik beschränken, sondern muss auch anspruchslose, alltagsgebundene Musik einbeziehen.

Wenn *Johannes Picht* sich dem systematischen Vergleich von Musik und Sprache zuwendet, so geschieht dies weniger im Hinblick auf ihre Ähnlichkeit als vielmehr im Hinblick auf ihre Differenz, ja Inkommensurabilität, die gleichwohl auf eine Komplementarität verweist. Sein Ansatzpunkt ist dabei die je unterschiedliche Zeitlichkeit, von der ausgehend Musik gerade nicht als Zeichensystem, sondern als Ordnung von Ereignissen verstanden wird. Bewegung und Bedeutung werden dabei als komplementäre Momente ausgemacht, vermittels derer Musik und Sprache sich voneinander unterscheiden und aufeinander verweisen.

Elfie Miklautz geht von der Musik als einer spezifischen Form der Welterschließung aus, die besser auf ihre spezifische Evidenz und der Art, wie sie Welt erscheinen lässt, befragt werden sollte als im direkten Vergleich mit der Sprache. Im Anschluss an Schopenhauer, Proust, Wittgenstein und Schönberg zeichnet sie ein Bild einer musikalischen Welt, die die sprachliche Beschreibung prekär werden lässt, sie aber immer wieder anstößt, und die uns auf unmittelbare Weise angeht.

Simone Mahrenholz bezieht die These der Sprachähnlichkeit der Musik speziell auf die Neue Musik. Auch wenn Musik sich weit von der Sprache entfernt, muss sie doch, so ihre These, strukturelle Ähnlichkeiten zur Sprache aufweisen, um überhaupt rezipierbar zu sein. In Bezug auf die Bedeutung des sprachlichen Diskurses über die Musik artikuliert sie einige Skepsis angesichts von Versuchen, der Sprache hier ein konstitutive Rolle zuzusprechen. Sprachverwiesenheit und konstitutive Sprachabhängigkeit müssten hier deutlich unterschieden werden.

János Weiss nimmt sich in seinem Text eine Theorie des musikalischen Kunstwerks im Ausgang von Adorno vor, für die das Verhältnis von Musik und Sprache, Musik und Sinn eine zentrale Rolle spielen. Die Fragen nach der Einheit eines Musikwerks und ihrem Verhältnis zur Prozessualität und nach seinem Weltbezug lassen sich Weiss zufolge ohne eine Reflexion auf die unterschiedlichen Dimensionen, in denen Sprache ins Spiel kommt, nicht sinnvoll behandeln. Die Fixierung auf die Werke als solche soll dabei durch eine Berücksichtigung der Rolle von Rezeption und Diskurs für ihre eigene Realisierung relativiert bzw. komplementiert werden.

Steffen A. Schmidt versucht in seinem Text eine Bestandsaufnahme des Komplexes Musik und Sprache als einer bestimmten Kultur, also weniger theoretisch-systematisch als historisch und im Hinblick auf die Funktion der unterschiedlichen theoretischen und praktischen Dimensionen, die hier im Spiel sind. Dabei beschränkt er sich nicht auf die abendländische Kunstmusik, sondern bezieht populäre Musik mit ein, um ein kursorisches, aber reichhaltiges Bild der kulturellen Orte zu zeichnen, an denen das Verhältnis von Musik und Sprache eine Rolle gespielt hat und spielt.

Ingrid Allwardt widmet sich dem konkreten Zusammenspiel von Musik und Sprache anhand von drei sehr unterschiedlichen Umgangsweisen mit Texten von Friedrich Hölderlin bei Luigi Nono, Hans Zender und Peter Ruzicka. Im Mittelpunkt steht für sie dabei nicht nur die sprachliche Gestalt der Texte, sondern die je verschiedene Rolle der Stimme in den einzelnen Stücken als verschwiegene, verschränkte oder verschweigende. Die Zuwendung zu Hölderlins eigener Poetologie, auf die sich alle Komponisten auf unterschiedliche Weise bezogen haben, bildet dafür den Ausgangspunkt.

Cornelius Schwehrs Reflexionen über unterschiedliche Weisen, in denen Musik und Sprache zusammengehen, sind wesentlich eine Selbstreflexion, denn er beschäftigt sich mit einer Reihe von eigenen Stücken. Seine Ausführungen machen deutlich, wie weit sich die Einbeziehung von Sprache von der Vertonung als Normalfall entfernen kann und wie unterschiedlich die jeweiligen Bezugnahmen sein können. Die Rolle der Sprache beschränkt sich dabei nicht auf ihr eigenes Vorkommen in der fertigen Musik, sondern reicht von der Evokation bestimmter Stimmungen bis zu manifesten strukturellen Einflüssen.

Albrecht Wellmer selbst schließlich wendet sich den Themenkreisen seines Buches noch einmal zu und reagiert präzisierend und erweiternd auf direkte Kritik und andere Positionen. Er bezieht sich auf symboltheoretische Positionen, um mit ihnen bestimmte Aspekte – die Rolle anderer künstlerischer Medien, die (mit)konstitutive Rolle der Sprache für die Musik, das untrennbare Mit- und Gegeneinander von Sprach- bzw. Sinnnähe und -ferne etc. – zu klären und zu schärfen, und verfolgt das Motiv einer Krise des Subjektes in der zeitgenössischen Musik. Sein Text weist noch einmal deutlich darauf hin, dass die Linien des Problemfeldes Musik und Sprache weit über die Frage ihres unmittelbaren Zusammenhangs hinausweisen und Implikationen für die Situation der zeitgenössischen Musik als solche haben.

Alexander Becker und Matthias Vogel
Musik als Konfiguration der Vergegenwärtigung
Anmerkungen zu Adornos »Fragment über Musik und Sprache«

1. Vorbemerkung.

Adornos kurzes »Fragment über Musik und Sprache« kann man als eine Art Kondensat der adornoschen Musikphilosophie lesen. In erster Linie aber ist es eine Erkundung der Beziehung zwischen Musik und Sprache, deren große Tugend darin liegt, die Vielfalt der Aspekte dieser Beziehung zu berücksichtigen. Denn meistens steht beim Vergleich zwischen Musik und Sprache nur ein Aspekt im Vordergrund: der expressive oder semantische. Musik scheint etwas zu sagen; darum scheint sie eine Sprache zu sein. Aber Sprache hat noch andere Seiten. Sprechen ist ein Handeln, und das in zweifacher Weise: als Vollzug und als ein Handeln, das etwas über das Sagen-dass hinaus bewirken kann. Und Sprache ist Struktur. Heute sind wir geneigt, die Struktur als Syntax von der Semantik zu unterscheiden und zur bloßen Voraussetzung von sprachlicher Bedeutung herabzustufen. Doch kann man die Struktur selbst zwar nicht als Träger von Bedeutung, wohl aber als Träger von Bedeutungshaftigkeit betrachten, dann nämlich, wenn man die Struktur als Manifestation menschlicher Rationalität auffasst.

Unser Ziel auf den folgenden Seiten ist es, Adornos Argumentation im »Fragment über Musik und Sprache« in einer Weise zu rekonstruieren, die den dort angelegten Stand der Differenzierung im Verhältnis von Sprache und Musik explizit macht. Wir werden, dem Verlauf von Adornos Text folgend, mit der Seite der Struktur beginnen und dann zu den semantischen und pragmatischen Aspekten der Beziehung zwischen Sprache und Musik übergehen. Zum Schluss werden wir uns einer Frage widmen, die in Adornos Text eher durch eine Auslassungsstelle markiert ist: nämlich der Frage, warum wir eigentlich Musik hören. Es wird sich zeigen, dass für Adorno auch diese Frage eine Antwort in der Analogie zwischen Musik und Sprache hat, eine Antwort allerdings, die vielleicht nicht ohne Alternative ist.

2. Ausdruck und Rationalität

Rationalität gilt als eines der Spezifika des menschlichen Geistes, doch steht der Rationalitätsbegriff bekanntlich für ein großes Spektrum von Merkmalen. In einem Sinne kann man Rationalität als die Fähigkeit auffassen, Gedanken miteinander logisch zu verknüpfen. Diese Fähigkeit liegt dem Schließen, Rechtfertigen und planenden Handeln zugrunde und gilt insofern zu Recht als Voraussetzung einer ganzen Reihe von Fähigkeiten, die den Menschen kennzeichnen. Jedoch ist (nicht zuletzt aus einer adornoschen Perspektive) ein solcher Rationalitätsbegriff zu eng, weil er von sich aus keine Ziele setzen kann. Rationalität in diesem Sinne ist ein bloßes Instrument, das der Verfolgung arationaler Ziele dient und ihnen somit untergeordnet ist.

Ein Modell eines weiter ausgreifenden Verständnisses von Rationalität, das sich im Vergleich als hilfreich erweisen wird, hält die Antike bereit. Rationalität als Merkmal des menschlichen Verstandes galt dort im Kern als die Fähigkeit, Ordnung zu stiften. Der schlussfolgernde Verstand zielte nicht in erster Linie aufs Handeln; die Theorie war seine höchste Entfaltung, und Theorie zu betreiben hieß, die Begriffe so in ein Verhältnis zueinander zu bringen, dass die Beziehungen, die sie ordnen und miteinander verbinden, evident werden. Dieses Rationalitätsverständnis hatte zwei hauptsächliche Voraussetzungen: Erstens hatte Ordnung von sich aus einen Wert. Ordnung war nicht Mittel zu einem Zweck, der jenseits von ihr lag, sondern Ziel. Darum konnte eine ordnungsstiftende Aktivität des Verstandes als Selbstzweck angesehen werden. Zweitens reproduzierte der Verstand, der Ordnung schuf, erkennend die Ordnung der Welt. Daher stand die Relevanz der Betätigung des Verstandes außer Frage: Wer begriffliche Ordnung schuf, der erlangte im gleichen Zuge eine Orientierung in der Welt.

Beide Voraussetzungen dürften unwiederbringlich verloren sein. Wer heute bloße Ordnung zum Wert erklärt, setzt sich im günstigen Fall dem Vorwurf der Glasperlenspielerei aus, im ungünstigen Fall dem Vorwurf, der Realisierung verwerflicher Ziele in selbstverschuldeter Unwissenheit Vorschub zu leisten. Und zwischen den Fähigkeiten des denkenden sowie erkennenden Subjekts und der Welt besteht keine selbstverständliche Brücke mehr, seit die Möglichkeit im Raum steht, dass ein Cartesischer Dämon unseren Erkenntnisvermögen eine Welt bloß vorgaukelt. Der antike Rationalitätsbegriff hält darum keine wirkliche Alternative zum modernen, instrumentell verkürzten Rationalitätsbegriff bereit.

Im Falle der Musik ist die Lage jedoch komplizierter. In der Antike galt auch die Musik als eine Ordnung, die im menschlichen Produkt (der hörbaren, instrumentellen oder vokalen Musik) wie in der Natur (beispielsweise als Harmonie der Sphären) in gleicher Weise bestand;

dies allein hob bereits die Musik in die Sphäre der Rationalität. Aber die Relevanz der musikalischen Ordnung, der Grund, warum Musik für die Menschen bedeutsam war, hing nicht so sehr an ihrem Abbildcharakter, sondern daran, dass Musik auch Ordnung *stiften* konnte: Ordnung in der Seele des Hörers. Erklingende Musik machte Ordnung gegenwärtig; und diese Gegenwärtigkeit genügte, um auf ihre Hörer einzuwirken. Rationalität und Wirkung der Musik, strukturelle und pragmatische Dimension, gingen in der antiken Konzeption also Hand in Hand.[1]

Nun haben sich auch die Voraussetzungen der antiken Musikauffassung grundlegend gewandelt. Sie basierte auf einer Naturphilosophie, die annahm, dass die Natur nach einfachen Zahlenproportionen organisiert ist; eine solche Auffassung ist angesichts der modernen Naturwissenschaft obsolet geworden. Vor allem aber basierte sie auf einem sehr spezifischen Musikbegriff: Musik war in erster Linie das Tonsystem, das nach einfachen Zahlenproportionen geordnet war, und erst in zweiter Linie das, was Musiker mit diesem Tonsystem gemacht haben. Das musikalische Werk war daher ein bloßes Akzidens des Tonsystems und selbst nicht rational (sondern nur, insofern es eine Instantiierung des Tonsystems war). Dieser Musikbegriff ist gleich aus mehreren Gründen unhaltbar geworden. Das auf einfachen Zahlenverhältnissen basierende Tonsystem hat sich als unpraktikabel erwiesen, es wurde durch ein temperiertes System ersetzt, das – da es überwiegend irrationale Intervallverhältnisse aufweist – vom Standpunkt der alten Konzeption aus als irrational gelten muss. (Vom modernen Standpunkt aus ist es selbstverständlich rational, aber in einem instrumentellen Sinne: Der Wert des temperierten Systems liegt in dem, was man mit ihm machen kann).[2] Ferner ist anstelle des Tonsystems das Werk oder die Aufführung ins Zentrum der Musik gerückt, und – damit zusammenhängend – gilt Musik nun wesentlich als Strukturierung in der verlaufenden Zeit.

Es wäre jedoch zu einfach, wenn man diese Veränderungen kurzerhand als Übergang von einem mathematischen (und darum rationalen) zu einem rhetorischen (und darum irrationalen) Paradigma beschreiben würde. Gewiss stehen heute die Aspekte von Wirkung und Ausdruck im Vordergrund. Aber Musik hat sich auch zu einem hochgradig diffe-

---

1 Vgl. dazu auch Alexander Becker,»Die verlorene Harmonie der Harmonie. Musikphilosophische Überlegungen zum Stimmungsbegriff«, in: Hans-Georg von Arburg/Sergej Rickenbacher (Hg.): *Concordia discors. Ästhetiken der Stimmung zwischen Literaturen, Künsten und Wissenschaften*. Würzburg: Königshausen & Neumann 2012, S. 261-280.
2 Zur Rationalität der Musik unter diesem Gesichtspunkt siehe auch Max Weber, *Die rationalen und soziologischen Grundlagen der Musik*, Tübingen: Mohr 1972.

renzierten und artifiziellen Produkt weiterentwickelt, dessen Geschichte man als eine Geschichte der Entwicklung und Erkundung von Ordnungen beschreiben kann – solchen der Zeit, aber auch immer wieder solchen des Tonraums.

Es scheint nicht ausreichend, wenn man diese Entwicklung auf die Entwicklung eines besseren Instruments reduziert. Die Geschichte der Musik widerspricht dem, denn zu oft war das Erschaffen und Erproben von Ordnungen kompositorischer Zweck. Musik scheint also etwas von der antiken Idee bewahrt zu haben, dass Ordnung selbst einen Wert hat. Aber natürlich hat sich genauso die antike Vorstellung bewahrt, dass die Relevanz der Musik in ihrer Wirkung auf die Hörer liegt. Heute jedoch lassen sich beide Vorstellungen nicht mehr bruchlos zusammenbringen, im Gegenteil: Es scheint eine Kluft zwischen ihnen zu bestehen.

Die Musik ist darum von einer Spannung zwischen intrinsischer und instrumenteller Rationalität geprägt. Einerseits erscheint Musik als eine Ordnung, die um ihrer selbst willen erstellt wird. Doch läuft sie so Gefahr, nicht zu wirken und darum für uns irrelevant zu sein. Andererseits erscheint die Ordnung der Musik als ein bloßes Mittel, das der Wirkung untergeordnet ist. Dann aber scheint der Bezug der Musik zur Rationalität nicht größer zu sein als im Falle von Psychopharmaka: Wir können die rationale Leistung, die hinter ihrem Design steht, würdigen, aber diese Leistung steht nur in einem äußerlichen Zusammenhang zu dem, was uns eigentlich interessiert, nämlich der Wirkung auf uns.

Gibt es einen Ausweg aus diesem Dilemma? Kann man die musikalische Ordnung als eine Ordnung begreifen, die uns etwas angeht? Eine Antwort könnte sich finden lassen, wenn es gelingt, Ordnung und Wirkung als zwei Aspekte des Sprachcharakters der Musik zu begreifen.

3. Musikalische Vokabeln

Adorno war sich des skizzierten Dilemmas wohl bewusst. Die Geschichte der Musik war für ihn eine Geschichte fortschreitender Naturbeherrschung. Sie geschah im Geiste der Befreiung und um der Gewinnung kompositorischer Autonomie willen, aber sie geriet in einen Widerspruch zur subjektiven Ausdrucksintention.[3] In der *Philosophie der Neuen Musik* hat Adorno diesen Widerspruch in vereinfachender Weise auf die Pole von Zwölftonmusik und Atonalität projiziert, aber er hat auch dort keinen Zweifel daran gelassen, dass die sich widersprechenden Aspekte der Musik – Ordnung und Ausdruck – zusammengehören.

3 Vgl. Theodor W. Adorno, *Philosophie der Neuen Musik* (*Gesammelte Schriften* Bd. 12), Frankfurt am Main: Suhrkamp 1975, S. 65 ff.

Im *Fragment über Musik und Sprache* stellt Adorno die Analogie zwischen Musik und Sprache von Anfang an unter beide Aspekte. Unter den Merkmalen der Sprachähnlichkeit, mit denen er seinen Text eröffnet, sind sowohl solche, die zur semantisch-expressiven Seite gehören als auch solche, die zur syntaktisch-strukturellen Seite gehören. Auf der syntaktisch-strukturellen Ebene teilen Musik und Sprache das Merkmal »zeitliche Folgen artikulierter Laute zu sein«. Diese Laute sind jedoch keine bloßen Geräusche, sondern teilen die semantische Eigenschaft, etwas zu sagen, und zwar »oft ein Menschliches«[4].

Adorno eröffnet die Ausarbeitung der Analogie auf der Seite der Syntax. Interessanterweise weist er auf Gemeinsamkeiten, die hier in der Regel im Vordergrund stehen – Periodizität und das »Satzgefüge« im allgemeinen[5] – nur beiläufig hin und konzentriert sich statt dessen auf Bestandteile der Musik, die mit den Begriffen (bzw. Prädikatausdrücken) der Sprache etwas gemeinsam haben, also auf etwas, was man im Falle der Begriffe ihre »mehrfache Instantiierbarkeit« nennen würde. Adorno nennt diese Bestandteile musikalische »Vokabeln«. Vokabeln sind musikalische Einheiten, die durch ihre Funktion gekennzeichnet sind. Diese Funktion ist eine strukturbildende Funktion. Es kann sich um stehende Floskeln, um auszuarbeitende Schemata oder auch um strukturelle Merkmale handeln, die in verschiedenen Stücken eingesetzt werden können und jeweils die gleiche Funktion ausüben. Ein simples Beispiel ist das Kadenzschema, das das Ende einer Periode markiert. Komplexere Beispiele sind die Merkmale der harmonischen und motivischen Bestimmtheit, die im klassischen Sonatensatz den Beginn kennzeichnen, oder die harmonische Reduktion und motivische Verkürzung, die eine klassische Coda charakterisieren.[6] Es ist interessant, wie solche »Vokabeln« funktionieren. Ihre »Bedeutung« bzw. Funktion ist eine rein strukturelle; die codatypischen Merkmale etwa haben Bedeutung, insofern sie ein Stück beenden. Dieses Beenden kann aber auf zwei Weisen stattfinden: indem der Hörer die codatypischen Merkmale als solche identifiziert und *erkennt, dass* das Stück endet, aber auch, indem sie die Erfahrung des Endes *bewirken*. Die erste Weise setzt einen kundigen Hörer voraus, der über eine gewisse Kenntnis kompositorischer

---

4 Theodor W. Adorno, »Fragment über Musik und Sprache«, in: ders., *Musikalische Schriften I-III (Gesammelte Schriften* Bd. 16), Ffm 1978, S. 251-256, hier 251. Im Folgenden mit Seitenzahlen im Text zitiert.
5 Vgl. die Bemühungen von Lerdahl und Jackendoff, die linguistische Theorie der Sprachkompetenz auf die Musik zu übertragen: Fred Lerdahl u. Ray Jackendoff, *A generative theory of tonal music*, Cambridge, Mass.: MIT Press 1983.
6 Vgl. zu solchen »Vokabeln« auch Kofi Agawu, *Playing with signs: A semiotic interpretation of classic music*, Princeton: Princeton University Press 1991, Kapitel 3 (Agawu nimmt keinen Bezug auf Adorno).

Verfahren verfügt, ähnlich einem Sprecher, der nicht nur sprechen kann, sondern auch in der Lage ist, *über* die Sprache zu sprechen. Die zweite Weise ist schwieriger einzuschätzen: Die Wirkung tritt auf einer Ebene unterhalb expliziten musiktheoretischen Wissens ein und sollte daher auch dem unkundigen Hörer zugänglich sein. Gleichwohl scheinen solche Wirkungen auch von der Einübung in musikalische Stile abhängig zu sein. Nur bei einem Hörer, der genügend mit den Figuren des Endes in der europäischen Kunstmusik vertraut gemacht worden ist, werden die codatypischen Merkmale die Erwartung und das Gefühl eines Abschlusses herbeiführen können. Wenn Adorno die Vokabeln als eine »zweite Natur« bezeichnet (S. 252), dann dürfte er diese Mittelstellung der historisch etablierten Wirkung der Vokabeln im Blick haben.

Dass Adorno sich im Bereich der Syntaxanalogie auf die »Vokabeln« konzentriert, dürfte damit zu tun haben, dass hier unter den Voraussetzungen eines modernen Rationalitätsverständnisses leichter ein Zusammenhang zwischen Musik und Rationalität herzustellen ist. Eine Struktur, die analog zur Syntax der Sprache fungiert und die im Falle der Sprache auch kompetenten Sprechern außerhalb des Grammatik- und Linguistikstudiums selten bewusst wird, erscheint arational, bestenfalls eine notwendige Bedingung für die Ausübung von Rationalität. Entsprechend kann das bloße Herstellen von Ordnung auch durch eine Maschine geschehen, die vorgegebene Ordnungsregeln stur befolgt. Doch eine solche Maschine würden wir nicht selbst als rational bezeichnen; rational ist nur die dahinterstehende menschliche Leistung der Konstruktion und Programmierung der Maschine. Eine *rationale* Ordnung herzustellen oder zu finden setzt einen Spielraum von Alternativen voraus; die Rationalität zeigt sich im kreativen Umgang mit diesem Spielraum.[7] Es sind nun gerade die »Vokabeln« der klassischen Musik, die einen solchen Spielraum anbieten: Denn als Vokabeln – Adornos Metapher ist hier glücklich gewählt – ist ihre Verwendung eben nicht in jeder Hinsicht vorgegeben. Vielmehr können sie, wie Worte, in verschiedene Satzkontexte eingebaut werden und durch die Kontexte auch jeweils eine neue Nuancierung ihrer Bedeutung (das heißt ihrer Funktion) erfahren. Außerdem ermöglicht der bewusste Einsatz, der mit einem kundigen Hörer rechnen kann, das Spiel mit den Vokabeln. Der Komponist darf damit rechnen, dass der Hörer dieses Spiel als solches erkennt, dass er die Entscheidungen, ihre Motive und Hintergedanken erfasst und so beim Hören die Überlegungen des Komponisten rekonstruieren und würdigen kann. So tritt die Musik in eine Sphäre der Rationalität ein, in der sie nicht einem außerrationalen Zweck

---

7 Vgl. dazu Matthias Vogel, *Medien der Vernunft. Eine Theorie des Geistes und der Rationalität auf Grundlage einer Theorie der Medien*, Frankfurt am Main: Suhrkamp 2001, S. 391 ff.

instrumentell untergeordnet ist, sondern Selbstzweck wird: Eine intelligent komponierte Musik unterhält ihre Hörer, weil sie eine spielerische Entfaltung des rationalen Vermögens selbst ist. Für Adorno ist die Zeit der musikalischen Vokabeln jedoch vorbei. Geprägt von der Tonalität, haben sie mit dem kompositorischen Verschwinden der Tonalität gleichfalls ihre Grundlage verloren. In der Tat können Komponisten, die die Tonalität hinter sich gelassen haben, kaum noch mit jener Art kundiger Hörer rechnen, die eine Komposition als Entfaltung menschlicher Rationalität zu würdigen wissen. Ein großer Teil der neuen Musik ist technisch so komplex, dass selbst ein musikalisch gebildeter Hörer einen immensen Aufwand treiben müsste, um die Weise der Komposition nachvollziehen zu können. Komponisten, die weiterhin im System der Tonalität komponieren, bewegen sich dagegen nicht mehr auf der Höhe der Kompositionstechnik und können daher schwerlich in ein hinreichend interessantes und kreatives Spiel mit den Vokabeln der tonalen Musik eintreten. Denn das Spiel, das etwa Haydn mit größter Virtuosität spielte, zog seine Relevanz nicht allein aus der Betätigung der menschlichen Intelligenz. Es zog seine Relevanz auch aus dem Geist der Erkundung und Entdeckung, der das Zeitalter der Aufklärung prägte. Dieser Geist kann sich aber 200 Jahre später kaum noch an den gleichen Gegenständen entzünden.

Somit lässt sich als ein erstes Resultat festhalten: Es gibt in der Musik zwar eine weiter gefasste Art von Rationalität, die jenseits ihrer instrumentellen Beschränkung liegt und die im Herstellen von und Spielen mit Ordnungen besteht. Doch sie hat in mehrerlei Hinsicht historisch kontingente Voraussetzungen, die – jedenfalls nach Adornos Meinung – verloren sind. Ihre Relevanz kann Musik nur von der anderen Seite der Sprachanalogie her erhalten: von der Seite der Bedeutung und der Wirkung.

4. Göttliche Namen

Es ist offensichtlich, dass Adorno mit dem nächsten Schritt seiner Argumentation im *Fragment* auf die semantische Seite der Analogie zwischen Sprache und Musik wechselt. Er tut dies mit einem emphatischen und irritierenden Zug: indem er nämlich von einem »theologischen Aspekt« der Musik spricht. Bevor wir uns daran machen, diesen Zug zu deuten, ist es sinnvoll, sich kurz der Bedingungen eines semantischen Vergleichs zwischen Musik und Sprache zu versichern. Zu Beginn seines »Fragments« hatte Adorno einige Ähnlichkeiten zwischen Musik und Sprache in semantischer Hinsicht notiert. Musik sei sprachähnlich, so heißt es, weil sie eine Folge von Lauten sei, die »mehr sind als bloß Laut«; man darf wohl ergänzen: die ähnlich wie Zeichen über sich hinausweisen, da sie auf etwas gerichtet sind. Was Musik sagt, sei »ein Menschliches«; hier möchten wir als Paraphrase vorschlagen, dass Musik auch gestisch den Eindruck vermittelt, etwas zu sagen, nicht zuletzt, weil sie dem menschlichen, ausdrucksvollen Laut ähnelt.

Bereits mit dem Satz, der die Durchführung der Überlegungen zur Semantik eröffnet, markiert Adorno aber einen zentralen Unterschied: Musik sei keine meinende Sprache, heißt es dort (S. 252). Das Wort »meinen« steht für verschiedene Aspekte der Sprache, und vermutlich will Adorno hier auf sämtliche anspielen:

Meinen kann man *etwas*; das heißt, man richtet sich auf einen Gegenstand. Aber das Meinen richtet sich nicht bloß auf den Gegenstand als solchen, sondern auf eine *Hinsicht* an diesem Gegenstand. Darum führt das Meinen zur Meinung: Die Meinung sagt etwas über ihren Gegenstand. Das drückt sich in der Struktur des Urteils aus, in der mit einem Namen auf eine Sache Bezug genommen wird und mit dem Prädikatausdruck etwas über diese Sache gesagt wird. Dass man einen Gegenstand immer nur in einer Hinsicht meinen kann, verbindet sich mit einem anderen Aspekt des Meinens: dass eine Meinung nämlich in epistemischer Hinsicht einen subjektiven Standpunkt markiert. Wer sagt, dass er bloß meint, rückt seine Meinung nicht bloß vom Wissen weg, er betont auch die Differenz zwischen Subjekt und Objekt. Andererseits ist eine Meinung mitteilbar: Eine Meinung kann man kundtun, so dass andere sie in ihre eigene Sprache übersetzen, akzeptieren oder ablehnen können. Fast gleicht die Meinung einem Zahlungsmittel, das unter Sprechern kursieren kann, ohne je für seinen echten Wert eingelöst zu werden. Und schließlich sind Meinungen mit Absichten verknüpft: sei es als Prämisse oder Begründung von Handlungen, sei es selbst als Handlung der Meinungsäußerung. Auch diese Absichten sind subjektiv.

Dass Musik keine meinende Sprache sei, kann sich nun auf jeden dieser Aspekte richten: Musik würde demnach nicht etwas über etwas »sagen«, ihr fehlte die propositionale Struktur; Musik wäre nicht übersetzbar; das musikalische Bedeuten wäre nicht durch eine je subjektive Hinsicht oder Absicht von dem getrennt, worauf sie sich bedeutend richtet.

Wenn aber nicht auf die Weise des sprachlichen Meinens, wie kann Musik dann über sich hinausweisen? Die Alternative, die Adorno im Sinn hat, muss aus dem hervorgehen, was er als »theologischen Aspekt« der musikalischen Sprache markiert. Auf was diese Formel womöglich zielt, lassen die folgenden Sätze besser erkennen: Adorno bezeichnet dort die »Idee« der Musik als »die Gestalt des göttlichen Namens«. Sie sei »entmythologisiertes Gebet, befreit von der Magie des Einwirkens; der wie immer auch vergebliche Versuch, den Namen selber zu nennen, nicht Bedeutungen mitzuteilen« (S. 252).

Wichtig erscheint uns vor allem der Hinweis auf die Nennung des Namens. Denn wer allein durch die Nennung eines Namens auf etwas Bezug nehmen kann, benötigt die gegliederte Struktur des Satzes, in der immer etwas über etwas gesagt wird, nicht. Mit einem Namen allein bezieht man sich – der Idee nach[8] – nicht auf etwas als etwas, sondern auf die Sache selbst. Die nicht-meinende Sprache wäre also in der Tat eine Sprache, die nicht auf die propositionale Struktur des Satzes angewiesen ist.

Was ist mit der Gegenüberstellung von »den Namen nennen« und »Bedeutung mitteilen« gemeint? Unter »Bedeutung« dürfte hier ein Gehalt zu verstehen sein, der von einem Satz ablösbar ist – also dasjenige, was man »mit einem Satz meint« – und der von der einen Sprache in die andere übersetzbar ist. Vielleicht ist es sogar passend, den Bedeutungsbegriff an dieser Stelle in einem in der Sprachphilosophie gelegentlich verwendeten Sinne aufzufassen, nämlich als Ausdruck für eine zwischen Welt und sprachlichem Gebilde stehende Entität namens »Proposition«. In diesem Falle wäre eine nicht-meinende Sprache nicht nur eine, deren Gehalte unübersetzbar sind, sondern eine, deren Gehalte anstelle von »Propositionen« die bezeichneten Sachen selbst wären.

Diese Punkte genügen allerdings noch nicht, um der Rede von einem »theologischen Aspekt« gerecht zu werden; noch könnte man sich an eine antiquierte Zeichentheorie erinnert fühlen, der zufolge Zeichen unabhängig von jeder Einbettung in eine Struktur für eine Sache stehen. Nun spricht Adorno ferner vom »göttlichen« Namen. In Erinnerung an Benjaminsche Motive[9] könnte man denken, Adorno gehe es hier um eine adamitische Ursprache, in der der Name einer Sache das Wesen der Sache ausdrückt. Doch ist der göttliche Name offensichtlich nicht ein von Gott verwendeter Name, sondern der Name des Gottes; der Verweis auf das Gebet macht dies klar.[10] Der Verweis auf das Gebet gibt aber noch einen ganz anderen Hinweis: dass es nämlich nicht primär um die Zeichenfunktion des Namens geht, sondern um die pragmatische Dimension der Verwendung von Namen. Wer im Gebet den göttlichen Namen ausspricht, der tut dies nicht, um auf Gott zu referieren. Er tut etwas, was über die Sprache hinausgeht: er ruft einen Gott

---

8 Dies ist die Idee, die Adorno hier zunächst ins Spiel bringt; aus sprachphilosophischer Perspektive halten wir die Auffassung, dass Namen außerhalb des Satzkontextes referieren können, für falsch. Auch Adorno wird diese Idee modifizieren.
9 Vgl. Walter Benjamin, »Über Sprache überhaupt und über die Sprache des Menschen«, in: ders., *Gesammelte Schriften*, Bd. II-1, Frankfurt am Main: Suhrkamp 1991, S. 140-157.
10 Wie sollte es Menschen auch möglich sein, mit dem Namen des Gottes das Wesen des Gottes anzugeben?

an, mehr noch: er ruft ihn herbei. Es geht also nicht um Bezeichnung, sondern um einen Appell, der die Präsenz des Gottes herstellen soll. Das Aussprechen des göttlichen Namens könnte man als den Versuch einer *Beschwörung* bezeichnen.[11]

Diese Lesart ermöglicht es, von der Sprache wieder einen Weg zur Musik zu finden, und hierbei erweist sich der Blick auf die Antike erneut als hilfreich. Denn das Ineinander von Präsenz und Wirkung kennzeichnet auch die antike Auffassung musikalischer Ordnung: Musik macht Ordnung hörbar und damit gegenwärtig; dies wiederum zieht unmittelbar nach sich, dass sie auch in ihren Hörern Ordnung herstellt. Wollte man Adornos Auffassung mit der antiken engführen, könnte man Musik als den Namen einer Ordnung bezeichnen, der nicht als Zeichen zugleich die Abwesenheit der Ordnung markiert (Zeichen verwenden wir unter anderem dann, wenn die bezeichnete Sache nicht zur Hand ist). Musik wäre vielmehr der Name der Ordnung, der durch seine bloße Artikulation Ordnung vergegenwärtigt.

Wenn dies die »Idee« der Musik ist, die Adorno vor Augen hat, dann ist die Differenz zur »meinenden Sprache« offensichtlich: In der meinenden Sprache steht eine Äußerung, die etwas meint, für etwas, das nicht da ist. Zugleich ist das, was sie meint, durch eine andere Äußerung sagbar; insofern verweist in einer meinenden Sprache eine Äußerung immer auch auf andere. Die Musik dagegen kann nicht in ein solches Verweisungsspiel zwischen den Zeichen eintreten. Da ihre bloße Realisierung ihren Gehalt sinnlich gegenwärtig macht, kann nicht einfach ein Zeichen durch ein anderes ersetzt werden. In der meinenden Sprache findet die Bezugnahme immer in einer Hinsicht statt, und das in zweifacher Weise: durch ein Prädikat und durch eine subjektive Absicht. In einer Sprache, in der das »Zeichen« die Gegenwart des Bezeichneten herstellt, ist das Bezeichnete in seiner ganzen Fülle und als Objekt gegenwärtig. In einer späteren Passage vergleicht Adorno die Musik mit einem »überstarken Licht«, das »das Auge blendet, welches das ganz Sichtbare nicht mehr zu sehen vermag« (S. 254). Es scheint uns naheliegend, diese Metapher mit der Präsenz des vom musikalischen »Namen« vergegenwärtigten Objekts in einer nach Hinsichten ungegliederten Merkmalsfülle gleichzusetzen.

Nun bezeichnet Adorno die Gestalt des göttlichen Namens lediglich als *Idee* der Musik und er macht auf verschiedene Weise deutlich, dass Musik diese Idee nicht realisiert. Gleich nach dem Fanal des »theolo-

---

11 Den Zusatz »befreit von der Magie des Einwirkens« lesen wir im Sinne des Einwirkens *auf die Welt*: Wer Gott etwa in einer Zauberformel anruft, der versucht, mittels des Gottes auf die Welt einzuwirken. Eine solche Einwirkung fehlt der Musik, im Einklang mit der Vorstellung von der Zweckfreiheit der Kunst.

gischen Aspekts« schränkt er ein, dass das, was durch den Namen beschworen wird, »als Erscheinendes bestimmt zugleich und verborgen« ist (S. 252). Es ist bestimmt zu erscheinen; aber es zeigt sich doch nicht so, wie es ist. Klarer wird der Text, sobald Adorno den Begriff der Intention ins Spiel bringt. In der Sprachphilosophie wird dieser Begriff seit dem späten 19. Jahrhundert in einer doppeldeutigen Weise verwendet: für die Absicht eines Handelnden, aber auch für die Ausrichtung eines sprachlichen Zeichens auf etwas anderes. Wir hatten oben bereits angemerkt, dass beide Weisen sich im Merkmal der Subjektivität überschneiden; und es scheint, dass Adorno hier bewusst mit beiden Bedeutungen von »Intention« operiert. »Musik zielt auf eine intentionslose Sprache« – dieser erneute Hinweis auf die »Idee« der Musik lässt sich nach der bisher entwickelten Lesart ohne weiteres mit der Idee eines göttlichen Namens, der das Benannte unmittelbar vergegenwärtigt, gleichsetzen –, aber Musik sei »allenthalben [...] von Intentionen durchsetzt« (S. 252). Welche Intentionen sind dies? Adorno spricht im folgenden Satz von den Bemühungen, »über die Sprachähnlichkeit zu verfügen«. Das deutet darauf hin, dass es um die Intentionen handelnder Menschen geht – genauer gesagt: der Komponisten –, die mit der Musik dank ihrer Sprachähnlichkeit etwas sagen wollen. Andererseits beschreibt Adorno die Intentionen in Metaphern, die eher nicht eine Sicht des Handelnden implizieren, sondern an eine Herkunft jenseits des kompositorischen Handelns gemahnen: Intentionen »strömen ein«, sie »blitzen auf« und müssen »innerviert« werden.

Jedenfalls sind diese Intentionen nicht beliebig; sie sind es, die die Musik davor bewahren, ein irrelevantes Spiel zu werden. Denn eine »Musik ohne alles Meinen, der bloße phänomenale Zusammenhang der Klänge, gliche akustisch dem Kaleidoskop« (S. 252). Wenn Adorno weiter schreibt, dass das Resultat der Innervierung die *Struktur* sei (S. 253), dann zeichnet sich ein anderes Bild der musikalischen Ordnung ab als dasjenige, das wir – ausgehend von Adornos Bemerkungen zu den musikalischen Vokabeln – als eine Art von »vernünftigem Spiel« rekonstruiert haben. Die Struktur, um die es hier geht, wäre nicht angemessen als eine, sei es auch kreative und intelligente, Instantiierung von Regeln beschrieben. Das käme zwar dem Verständnis von Intentionen als Handlungsabsichten nahe, aber es ließe die Metaphern des Einströmens und der Innervierung gänzlich unklar. Regeln bedeuten außerdem ein Abrücken von der Präsenz, denn sie sind von dem, was sie regeln oder strukturieren, ablösbar.

Eine Struktur dagegen, die wesentlich präsent ist, könnte eine Struktur sein, die wesentlich an den Vollzug gebunden ist; es wäre keine statische Struktur, sondern eine Struktur, die sich in der Präsenz der Musik herstellt. Dieser Vollzugscharakter gibt der Struktur einen prekären Status, der den Metaphern, die Adorno verwendet, näherkommt.

Vor allem kann der Vollzug der Struktur mit Blick auf die Intentionen, verstanden als Absichten, zwei unterschiedliche Ausprägungen annehmen, die sich beide in Adornos Text antreffen lassen: Es kann der wie beabsichtigt gelingende, triumphale Vollzug sein, dem aber womöglich Spuren eines gewalttätigen Prozesses anhaften, mit dem das Subjekt (der Komponist) die Struktur vollzogen hat. In diesem Sinne lässt sich Adornos Bemerkung verstehen, dass unter den Intentionen der Musik »eine der eindringlichsten ›Das ist so‹« sei, die in den »gewalttätigsten Augenblicken großer Musik [...] eindeutig beredt« werde (S. 253 f.). Es kann aber auch ein Vollzug sein, der nicht in die Durchsetzung von Absichten mündet, sondern über die einzelnen Handlungsabsichten hinausreicht. Diese Möglichkeit tritt insbesondere hervor, wenn Adorno später noch einmal auf den Zusammenhang von Struktur und Intention eingeht und schreibt, »das Ganze« realisiere sich »gegen die Intentionen« (S. 254); kurz zuvor heißt es, »Musik bricht ihre versprengten Intentionen aus deren eigener Kraft und lässt sie zusammentreten zur Konfiguration des Namens«.

Was meint Adorno hier? Die Rede vom »Namen als Konfiguration« bringt die Momente der Vergegenwärtigung und der Struktur zusammen. Wenn die bisherige Rekonstruktion seiner Überlegungen richtig ist, dann ist das nur durch den gegenwärtigen Vollzug eines Prozesses möglich. Der gegenwärtige Vollzug eines Prozesses ist aber mehr als die Vorführung eines solchen Prozesses: Es heißt, ihn tatsächlich auszuführen. Das ist es, was den Namen als Konfiguration vom Kaleidoskop unterscheidet, und was Musik, die für uns relevant ist, von irrelevanter Musik unterscheidet. Denn in der Ausführung des Prozesses finden wir uns als Handelnde wieder: Die Intentionen ermöglichen es uns, den Prozess zu unserem eigenen zu machen. Worauf nun sollte dieser Prozess zielen? Wenn er das beschwörende Aussprechen eines Namens ist, dann sollte er auf die schlichte Gegenwart des Benannten zielen. Aber dies können wir nicht beabsichtigen, da unsere Absichten sich immer nur auf *Hinsichten* des Benannten richten können. Wir sind nicht in der Lage, hinsichtslose Absichten zu fassen. Wenn die beabsichtige Vergegenwärtigung gelingen soll, dann geht das folglich nur gegen diese Absicht selbst. Übertragen auf die Musik heißt das: Die allgemeinste Absicht ist es, einen musikalischen Prozess tatsächlich auszuführen. Das heißt: ihn von einem wohlbestimmten Anfang zu einem wohlbestimmten Ende zu führen. Die Absicht richtet sich also aufs Ganze. Doch sieht Adorno hier ein notwendiges Scheitern: Das Ganze lässt sich nicht durch die Absicht selbst erreichen, es lässt sich nur erreichen, wenn sich die Absicht zurücknimmt, wenn sie zu einer »intermittierenden« wird, wie Adorno ihre Rolle im Werk beschreibt (S. 252). Der »musikalische Name« ist daher eine Konfiguration, die über die Absichten hinaus und womöglich auch gegen sie zustande kommt.

Um zu verstehen, warum Adorno hier von einem notwendigen Scheitern spricht, muss man unserer Auffassung nach noch einen Schritt weiter gehen; darauf werden wir im nächsten Abschnitt zurückkommen. Zuvor ist dieser Rekonstruktion der Argumentation noch ein Element hinzuzufügen, das sich aus dem bisher Gesagten aber leicht ergibt. Dass musikalische Struktur Vollzug ist, hat nämlich auch Konsequenzen für die Rezeption der Musik. Die Haltung des Kenners ist ihr unangemessen, denn der Kenner rezipiert, indem er unter Regeln bringt. Der Vollzug lässt sich hingegen nur erfahren, indem man selbst etwas vollzieht.[12] Genau in diesem Sinne beschreibt Adorno den Unterschied zwischen dem Verstehen von Sprache und dem Verstehen von Musik durch eine prägnante Formel: »Sprache interpretieren heißt: Sprache verstehen; Musik interpretieren: Musik machen.« (S. 253) Verstehen ist nicht das Erfassen einer ablösbaren Bedeutung. Verstehen ist auch nicht das Anstaunen dessen, was durch die Nennung des »musikalischen Namens« präsent wird. Verstehen ist eine erneute Hervorbringung der Struktur, und zwar in genau jener Spannung zwischen Umsetzung und Scheitern der Intention, die wir gerade versucht haben zu skizzieren. Darum ist die musikalische Interpretation ein »Vollzug, der als Synthesis die Sprachähnlichkeit festhält und zugleich alles einzelne Sprachähnliche tilgt« (S. 253). An der Sprachähnlichkeit hält der Vollzug fest, weil der Hörer sich die Intentionen, die hinter dem Werk stehen, mimetisch zu eigen macht. Und er tilgt sie, weil er auch den Schritt zum Ganzen über die Intentionen hinaus ausführt.

5. Eine Diagnose

Es ist bemerkenswert, dass Adorno seine Untersuchung der Ähnlichkeiten und Differenzen zwischen Musik und Sprache nicht auf wenige ins Auge springende Aspekte beschränkt, sondern dazu nutzt, ein komplexes Feld sich gegenseitig stabilisierender und erhellender Charakterisierungen zu entfalten. Vermittels derer wird ein Ort ausgezeichnet, an dem man der Musik als semantischem Phänomen Rechnung tragen kann, ohne dabei unterstellen zu müssen, dass Musik eine angebbare Bedeutung hätte. Vergegenwärtigen wir uns das Netzwerk dieser Bestimmungen noch einmal von einem allgemeineren Standpunkt aus:

---

12 Überlegungen, die wir zum Nachvollzugsmodell angestellt haben, finden sich in Alexander Becker,»Wie erfahren wir Musik?« und Matthias Vogel,»Nachvollzug und die Erfahrung musikalischen Sinns«, beide in: dies. (Hg.), *Musikalischer Sinn. Beiträge zu einer Philosophie der Musik*, Frankfurt am Main: Suhrkamp 2007.

Weil Musik *keine begrifflichen Mittel* hat, um Gegenständen multipel instantiierbare Eigenschaften zuzuschreiben, weil sie also keine prädikative Struktur hat, vermag sie es nicht, propositionale Gehalte (Intentionen) zu artikulieren, auf die wir uns intentional beziehen könnten, wie wir das in Einstellungen des Meinens, Behauptens, Wünschens oder Vermutens tun. Nichts an der Musik lässt sich so analysieren, als hätte es die Urteilsform »*s* ist *F*«. Zwar hat die Musik eine *expressive* Dimension, aber diese Dimension ist zum einen nicht geeignet, einen Gehalt zu bestimmen, da die Ausdrucksrelation unbegrenzbar vieldeutig bleibt. Den Gehalt der Musik als expressiven zu bestimmen, würde zum anderen aber den Gehalt auf die Umsetzung einer Absicht reduzieren – und damit auf eine Hinsicht beschränken, während Musik doch als etwas unendlich Reiches präsent sein soll. Im Sinne einer formalen Ästhetik könnte man die Präsenz der Musik als eine Präsenz von Formen, als ein Spiel von Vokabeln auffassen, die nicht etwas Abwesendes bezeichnen, sondern hier und jetzt eine Funktion ausüben. Aber diese Antwort lässt nicht nur die Frage offen, wozu die Formen in Beziehung stehen und welche Relevanz sie für uns haben sollten, sie stellt auch keine theoretischen Ressourcen dafür bereit, die Frage auf eine Weise zu beantworten, dass deutlich wird, warum ein Werk diese Form und nicht eine andere hat.

Die Defizite der formalen Ästhetik machen deutlich, dass wir eine Theorie der Musik brauchen, die es uns erlaubt, alle Spezifika der Musik in ihren Relationen zu Außermusikalischem zu erfassen. Daran scheitert trotz des Bezugs auf Außermusikalisches die Ausdrucksästhetik, und eine Rekonstruktion dieses Bezugs im Rückgriff auf begriffliche Hinsichten ist schlicht unmöglich. Die einzige Weise, einen Bezug auf Außermusikalisches zu rekonstruieren, von dem die Relevanz der Musik für uns abhängt – das hat Adornos kritischer Durchgang ergeben – ist das Modell des Namens.

Namen stehen prototypisch in einer Relation zu etwas Außersprachlichem, auf das sie Bezug nehmen. Aber wo sie das tun, tun sie es nicht – wie Kennzeichnungen – vermöge von Eigenschaften dessen, worauf sie referieren, sondern durch eine nicht nach Hinsichten gegliederte Bezeichnungsrelation. Um das Modell des Namens als Modell der Beziehung auf Außermusikalisches plausibel zu machen, müssen allerdings zwei weitere Bedingungen ins Spiel gebracht werden. Wäre ein musikalischer Name ein völlig arbiträrer Nominator, der notfalls per Ad-hoc-Taufe an seinem Referenten befestigt werden könnte, würde man von jeder spezifischen Beschaffenheit musikalischer Werke absehen können. Jedes könnte sich dann auf den gleichen außermusikalischen Referenten beziehen. Dieser Anforderung trägt Adorno Rechnung, da ihm zufolge der musikalischen Name die Form einer sinnlich erfahrbaren Konstellation hat, deren Merkmale allesamt zur Bestimmung dessen beitragen, worauf der Name sich bezieht. Eine zweite Bedingung besteht darin, den Namen nicht auf seine Funktion eines referierenden Ausdrucks zu reduzieren, sondern einen Gebrauch des Namens in den Vordergrund zu rücken, der an der Rolle des göttlichen Namens im Gebet präparierbar ist – denn der Name Gottes hat nicht die Funktion zu referieren (wie auch?), sondern zu vergegenwärtigen.

Alles in allem hat es den Anschein, als gelinge es Adorno, eine Beziehung der Musik auf Außermusikalisches auszeichnen zu können, die Bedingung ihrer Relevanz für uns ist, dabei aber nicht den Einwänden anheimfällt, die angesichts der von ihm herausgearbeiteten Spezifika etablierten Musiksemantiken gemacht werden müssen. Das stellt nicht nur angesichts der Kürze des Textes eine bemerkenswerte Leistung dar. Umso irritierender ist es allerdings, dass das Bild der Musik, das sich im Anschluss an Adornos Überlegungen abzeichnet, überwiegend negativ bestimmt bleibt.

Der theoretische Ort, den die Musik einnimmt, ist nicht primär dadurch ausgezeichnet, dass wir ein Verständnis ihrer Rolle für unser Leben vor Augen haben. Er scheint vielmehr dadurch gefunden worden zu sein, dass falsche Charakterisierungen der Musik vermieden wurden. Welche Rolle spielt Vergegenwärtigung im Medium der Musik in unserem Leben? Warum empfinden wir Lust, wenn wir gelungene Musik hören? Was vergegenwärtigen wir uns, wenn wir Musik hören? All das bleibt merkwürdig unerwähnt und unbestimmt.

Eine Weise, mit diesem Befund umzugehen, könnte darin bestehen, die negative Charakterisierung als Ausdruck jener theoretischen Haltung zu lesen, die Adorno sich in seiner Kritik am subsumierenden Denken überhaupt zu eigen gemacht hat. Wir halten es jedoch für fruchtbarer, ihn aus dem Gang der Überlegungen im *Fragment* heraus zu erklären, genauer: aus den Vorannahmen, die Adorno trifft. Dazu möchten wir noch einmal auf eine Bemerkung blicken, die wir bereits als Schlüssel für Adornos Konzept der Vergegenwärtigung herangezogen haben:

> »Die meinende Sprache möchte das Absolute vermittelt sagen, und es entgleitet ihr in jeder einzelnen Intention, lässt eine jede als endlich hinter sich zurück. Musik trifft es unmittelbar, aber im gleichen Augenblick verdunkelt es sich, so wie überstarkes Licht das Auge blendet, welche das ganz Sichtbare nicht mehr zu sehen vermag.« (S. 254)

Wir möchten nun den Fokus auf Adornos Rede vom Absoluten richten. Angesichts der Komplexität der Formulierung scheint eine kleinschrittige Übersetzung geboten zu sein. Unsere sprachlichen Äußerungen sollen also darauf gerichtet sein, das zu artikulieren, was das Absolute ist. Dabei kann das Absolute nur etwas sein, das – selbst wenn es niemals faktisch gesagt werden kann – doch als etwas gedacht werden kann, dass gesagt werden *könnte*. Es muß also die Form einen potentiellen Gehalts für Sprecher haben. Daher ist das Absolute nicht das Ganze der Welt, sondern ein potentielles *Wissen*, das dann vorläge, wenn es ein Wissen in allen Hinsichten wäre, und so ein Wissen um alle seine Bedingungen einschlösse. Das Absolute wäre gemäß dieser Lesart etwas kognitiv Vergegenwärtigbares, das *wahr* ist, das *von allem* in *jeder Hinsicht* handelt und das *keine Bedingungen* mehr hat, die nicht in der Artikulation seiner Rechtfertigung erwähnt werden. »Vermittelt« ist dieses Wissen qua der Tatsache, dass es urteilsförmig ist, also in Akten der Prädikation artikuliert wird. Dabei artikulieren Prädikate Begriffe, die Eigenschaften bestimmen, die Gegenständen zukommen oder nicht. Derart vermitteltes Wissen hat die Form eines komplexen unendlichen Urteils, das durch unendlich viele begriffliche Hinsichten strukturiert werden müsste. Jedes faktisch vollzogene Urteil muss jedoch an dem Anspruch scheitern, der unendlichen Bestimmtheit des Ganzen gerecht zu werden. Insofern entgleitet jedem einzelnen Urteil, das immer einen endlichen Akt der Bestimmung darstellt, das unendlich Bestimmte.

Auch Musik scheitert am Absoluten, aber auf eine signifikant andere Weise. Als »urteilsloses Medium« hat Musik keine prädikative Struktur, sondern eine vergegenwärtigende Funktion. Jedes einzelne Musikstück ist ein unendlich reich bestimmter Gegenstand, der die Funktion der Vergegenwärtigung hat und der, sobald es aufgeführt wird, einen Gegenstand sinnlich präsent macht. Insofern scheint Musik geeignet zu sein, das unendlich reich bestimmte Ganze zu vergegenwärtigen. Aber als ein Komplex, der unendlich reich an Eigenschaften ist, stellt sie keine Hinsicht bereit, die geeignet wäre, dem Ganzen eine wahrnehmbare Struktur zu verleihen, die sie vergegenwärtigt. So wie für Kant Anschauungen ohne Begriffe blind sind, so blenden für Adorno Musikstücke ihre Hörer durch das Licht ihrer unendlich vielen Eigenschaften.

Während die Sprache an der Aufgabenstellung scheitert, das Absolute vermittelt zu sagen, weil wir im Medium der Sprache immer nur ein Netzwerk endlicher Bestimmungen produzieren können, das das Absolute nur partiell zu erfassen vermag, scheitert die Musik an der Aufgabenstellung, das Absolute zu vergegenwärtigen, weil die hinsichtslose unbestimmte Vergegenwärtigung des Unendlichen gar nichts zu vergegenwärtigen vermag.[13] Musik scheitert nicht wie die Sprache

13 Was Adorno hier offenbar vor Augen hat, lässt sich im Rekurs auf Überlegungen Nelson Goodmans ganz gut veranschaulichen. In Goodmanschen Begriffen könnte man die Leistung eines Musikstücks angesichts der Aufgabe, das Absolute zu vergegenwärtigen, so beschreiben, dass ein Musikstück seine unendlich vielen Eigenschaften exemplifiziert, ohne die sprachliche Bestimmung einer Hinsicht aber nicht die Rolle einer *Probe*

an der Unendlichkeit (sie »trifft« das Absolute[14]), sie scheitert an der Hinsichtslosigkeit. Worin liegt das Tertium, mit Bezug auf das dieses Scheitern diagnostiziert wird? Nun, man muß wohl annehmen, dass Adorno das sprachliche Sagen und das musikalische Vergegenwärtigen als Erfolgsbegriffe verwendet, der Erfolgsfall aber als ein epistemischer Status gedacht wird. Kurz: Sprache und Musik werden auf eine Utopie der *Erkenntnis* bezogen, gemessen an der beide je auf spezifische Weise scheitern. Dies scheint uns der verborgene tiefste Punkt der Analogie zwischen Sprache und Musik zu sein, die Adorno herstellt.[15] Das aber wirft die Frage auf, ob sprachliche und musikalischer Äußerungen in unserem Leben denn tatsächlich eine primär epistemische Rolle spielen.

Selbst wenn wir davon absehen, dass Musik daran scheitert, uns das Absolute zu vergegenwärtigen, sie also nicht als Form der Erkenntnis des Absoluten verstanden werden kann, ist fraglich, welche Rolle der Vergleich von Musik und Sprache hinsichtlich einer epistemischen Utopie spielt. Eine entspannte Lesart wäre: Der Vergleich hat seine Schuldigkeit getan, wenn die Differenz des Scheiterns deutlich geworden ist und so eine weitere Bestimmung der Musik gewonnen wurde. Dagegen kann man jedoch einwenden, dass der Vergleich unterstellt, dass sowohl Sprache als auch Musik im Prinzip geeignet wären, Erkenntnisse darzustellen. Denn auch wenn wir verstehen, warum sprachliche Äußerungen an der Utopie der Erkenntnis scheitern, so betrachten wir sprachliche Urteile doch als etwas, das Wahrheits- und Rechtfertigungsbedingungen hat. Und wir nehmen an, dass Urteile diese Bedingungen erfüllen können. Müssen wir dann nicht, angesichts des von Adorno diagnostizierten Scheiterns, auch von musikalischen Äußerungen verlangen, vergleichbare Bedingungen zu haben, die einige unter ihnen erfüllen könnten? Was aber könnte es heißen, dass für eine unendlich reich be-

---

für eine seiner Eigenschaften spielen kann. Vgl. dazu Matthias Vogel, »Nachvollzug und die Erfahrung musikalischen Sinns«, a.a.O., S. 348-351.

14 Die Tatsache, dass Kunstwerke das Absolute treffen können, macht verständlich, warum Adorno an anderem Ort davon ausgeht, dass Kunstwerke einander zu vernichten trachten: als Gegenwart des Absoluten lässt keines Platz für ein anderes. Vgl. Theodor W. Adorno, *Minima Moralia*, Frankfurt am Main: Suhrkamp 1951, S. 92 (»De gustibus est disputandum«).

15 Das Thema der Erkenntnis wird im *Fragment* nur an wenigen Stellen überhaupt angesprochen, doch eine davon ist verräterisch: »Im Gegensatz zum Erkenntnischarakter von Philosophie und Wissenschaften verbinden sich in der Kunst die zur Erkenntnis versammelten Elemente durchweg nicht zum Urteil«, heißt es auf S. 253. Adorno setzt hier wie selbstverständlich die Ausrichtung der Kunst auf Erkenntnis voraus.

stimmte sinnlich erfahrbare Konstellation Bedingungen bestehen, deren Erfüllung ihr den Status übertrüge, Erkenntnis zu sein? Was hieße es etwa für eine derartige Konstellation wahr zu sein? Da klar ist, dass musikalische Äußerungen keine prädikative Struktur haben, Wahrheitsbedingungen aber auf das Zu- oder Absprechen von Eigenschaften angewiesen sind, ist klar, dass diese Frage ohne Antwort bleiben muß. Musikstücke sind nicht wahrheitsfähig. Dann aber bleibt nur zu fragen, ob es eine Anforderung dafür geben könnte, dass etwas zu Recht den Anspruch darauf erhebt, eine Vergegenwärtigung zu sein. Hier stößt man schnell auf eine gravierende Schwierigkeit, denn es scheint doch so zu sein, dass eine sinnlich erfahrbare Konstellation jede ihrer unendlichen vielen Eigenschaften vergegenwärtigt und mithin an einer Vergegenwärtigungsaufgabe gar nicht scheitern *kann* – zumal diese Vergegenwärtigungsrelation ja nicht äußerlich an Musik herangetragen werden darf.

Vielleicht helfen folgende Überlegungen weiter. Dass sprachliche Äußerungen angebbare Bedeutungen haben und etwa Urteile artikulieren, verdanken sie der Tatsache, dass wir sie im Rahmen einer Sprachpraxis als Behauptungen behandeln oder interpretieren. Das bildet die Grundlage dafür, dass sie Wahrheitsbedingungen haben, die in der Regel nicht durch ihr bloßes Geäußertwerden erfüllt werden. Analog dazu sind auch musikalische Äußerungen nicht unabhängig von unserem Verhältnis zu ihnen – sozusagen für sich genommen – schon Vergegenwärtigungen. Wir hatten oben darauf hingewiesen, dass wir Musik nicht durch das Abhorchen eines klingenden Namens, sondern performativ verstehen: indem wir, wie Adorno sagt, »Musik machen«. Wenn wir also nach den Bedingungen dafür fragen, dass eine musikalische Äußerung als Vergegenwärtigung gelten kann, dann müssen wir danach fragen, inwiefern es uns gelingt, sie so wahrzunehmen, dass wir dabei selbst eine Struktur hervorbringen, qua derer die Musik *post hoc* den Status einer Vergegenwärtigung gewinnt. In solchen produktiven Prozessen nehmen wir die sinnlich erfahrbaren Impulse, darunter die körperlichen Effekte der Musik auf, strukturieren sie mit Hilfe von Bildern, Gesten und unterstellten Intentionen, die niemals genug Halt am Gehörten finden (und daher nur aufblitzen), als dass sie seine Beschaffenheit instrumentell erklären könnten.

Nicht zuletzt weil Adorno deutlich macht, dass tätig-produktives Verstehen von Musik eher dem Abschreiben eines Textes als dessen Dechiffrierung (S. 253) ähnelt, wird nun deutlich, dass die Vergegenwärtigung keine epistemische Relation ist, in der ein Musikstück zu etwas, das unabhängig von unserem produktiven Verstehen ist, stehen kann. Einzig das Ganze des Stücks und seine Beschaffenheit stellen etwas dar, woran unsere Interpretationen maßnehmen müssen, wenn wir Interpretationen, durch die Musikstücke den Charakter von Vergegenwärtigungen gewinnen, von bloßen Assoziationen unterscheiden wollen. Zwar ist es richtig, dass musikalische Werke für unsere Fähigkeit, sie zu verstehen, unterschiedlich herausfordernde Angebote ganz verschiedener Arten darstellen. Ebenso richtig ist, dass diese Herausforderungen je einen historischen Index tragen, weil sich unsere Interpretationsfähigkeit an ihnen entwickelt (und jene an diesen). Es gibt aber keine von uns als Interpreten unabhängige Tatsache, die ein Musikstück zu einer zutreffenden Vergegenwärtigung machen könnte.[16]

Diese Überlegungen machen eines deutlich: Wir können Musik nicht nur aufgrund ihrer Urteilslosigkeit, sondern auch aufgrund des Fehlens einer subjektunabhängigen Erfolgsbedingung für Vergegenwärtigungen nicht als auf Erkenntnis bezogen verstehen. Daraus aber folgt zugleich, dass wir die Relevanz, die Musik für uns hat, nicht mit Blick auf ihre Erkenntnisfunktion bestimmen können – selbst dann nicht, wenn wir diese Funktion wie Adorno nur vor dem Hintergrund ihres Scheiterns bestimmen.[17] Wenn das richtig ist, stellt sich allerdings erneut die Frage, wie man es vermeiden kann, in der Musik lediglich ein akustisches Kaleidoskop zu sehen: ein kontingentes Spiel, in dem immer auch alles anders sein könnte und das bestenfalls die Relevanz eines oberflächlichen Zeitvertreibs mit unterhaltenden Aspekten hat.

Als Antwort auf diese Frage möchten wir vorschlagen, die Relevanz der Musik für uns – *reflexiv* – im Rückgriff auf ihre Rolle für das Ganze unseres Verstehensvermögens zu bestimmen.[18] Dies bietet sich insbesondere deshalb an, weil gerade in die Erfolgsbedingungen des Vergegenwärtigens notwendig eine subjektive Komponente eingeht. Während Adorno die Relevanz der Musik daraus zu begründen versucht, dass sie

16 Adorno schreibt in der *Ästhetischen Theorie*: »Verstanden werden Kunstwerke erst, wo ihre Erfahrung die Alternative wahr oder unwahr erreicht oder, als deren Vorstufe, die von richtig und falsch. Kritik tritt nicht äußerlich zur ästhetischen Erfahrung zu, sondern ist ihr immanent.« (Theodor W. Adorno, *Ästhetische Theorie* (*Gesammelte Schriften* Bd. 7), Frankfurt am Main: Suhrkamp 1975) Aber es ist fraglich, ob hier von Wahrheit und nicht von der Erfüllung normativer Anforderungen an gelungene Kunstwerke die Rede ist. Zur Wahrheit als potentieller Eigenschaft von Kunstwerken bei Adorno vgl. Max Paddison, *Adornos's Aesthetics of Music*, Cambridge: Cambridge University Press 1993, S. 60 ff.

17 Weil es ein logisches Primat der Funktionalität vor der Dysfunktionalität gibt, lässt sich die Diagnose des Scheiterns nicht unabhängig von der Möglichkeit der Erfüllung denken. Eine bloß metaphorische Rede von der Erkenntnisbezogenheit der Musik vermag jedoch die Last der Relevanzbedingung nicht zu tragen.

18 Wir versuchen damit das Verständnis der Relevanz zu vertiefen, dass wir oben dadurch bestimmt hatten, dass wir in Prozessen des Musik selbst tätig sind.

auf das Ganze als Gegenstand einer Erkenntnisanstrengung bezogen ist, schlagen wir also vor, ihre Relevanz aus ihrer Relation zu jenem Ganzen verständlich zu machen, das unser Verstehen ausmacht. Dazu müssen wir die zahlreichen Bestimmungen, die Adorno im Vergleich von Musik und Sprache entwickelt, nicht beiseite räumen. Im Gegenteil: Dass wir im Prozeß einer produktiven Vergegenwärtigung der sinnlichen Struktur von Musikstücken aufblitzenden Intentionen nachgehen und dabei das sinnlich Gegenwärtige in Hinsichten strukturieren, von denen wir wissen, dass sie nicht in der Urteilsförmigkeit der Musik verankert sein können – all das bleibt richtig. Allein, der Prozess der tätig-produktiven Strukturierung des sinnlichen Gegenwärtigen dient nicht der Erkenntnis; er ist nicht auf ein Ziel festgelegt, an dem er scheitert.[19] Vielmehr entfaltet er spielerisch das Netzwerk unserer Verstehensvermögen. Dieser Prozess ist für uns relevant, weil wir verstehende Wesen sind, und die *Lust,* die wir am vergegenwärtigenden Verstehen haben können, ist ein Indiz dieser Relevanz. Er ist nicht deshalb relevant, weil er eine didaktische Funktion für ein Verstehen hat, das sich außerhalb des musikalischen Verstehens instrumentell bewähren soll. Seine Relevanz hängt gerade nicht davon ab, dass Verstehensprozesse der Erkenntnis – der Einsicht in das Ganze – dienen, sondern davon, dass wir in diesem Verstehen *frei* einer Tätigkeit nachgehen, die uns gemäß ist und deren Vollendung nicht außerhalb ihrer selbst, sondern nur in ihrem Vollzug gefunden werden kann.

Entlässt man Adornos Analyse aus ihrer Fokussierung auf Erkenntnis, dann stellt sie insofern wichtige Elemente für ein Verständnis dieser Lust bereit, als sie deutlich macht, dass das Verstehen von Musik einen wunderbar prekären Ort im Haushalt unserer Gemütskräfte hat.

---

19 Was irritierenderweise doch nur geeignet wäre zu erklären, warum wir mit dem Hören von Musik eher Frustration als Lust verbinden sollten.

Wolfram Ette
Thesen zur Sprachähnlichkeit der Musik

1.

Eine für Albrecht Wellmers *Versuch über Musik und Sprache* zentrale Unterscheidung ist die zwischen *Sprachähnlichkeit* und *Sprachbezug* der Musik. Der Begriff der Sprachähnlichkeit zielt auf Gemeinsamkeiten, eine reale Schnittmenge zwischen Musik und Sprache. Die Rede vom Sprachbezug hingegen umfasst, wenn ich Wellmer richtig verstehe, alle Fragen, die sich darauf richten, wie über Musik überhaupt und wie von ihr angemessen gesprochen werden könne. Der mich hier interessierende Begriff ist der erste, der der Sprachähnlichkeit. Die von ihm berührten Probleme scheinen mir tiefer zu reichen als diejenigen, die der Frage zugrunde liegen, wie man über Musik richtig reden könne, und von denen Wellmers Buch in der Hauptsache handelt. Im Ansatz ist mein Beitrag also weniger als Kritik denn als – wenn auch notwendige – Ergänzung des Wellmerschen Unternehmens zu verstehen.

Ich will freilich nicht verhehlen, dass ich die Schwierigkeiten, die zweifelsohne auftauchen, wenn man versucht, eine musikalische Erfahrung zu versprachlichen, tendenziell für überschätzt halte. Dass angesichts der Musik alle Sprache verstummt, ist die Wahrheit, aber doch auch ein Klischee. Es ist vorderhand nicht einzusehen, warum das Reden über Musik von Hemmnissen belastet sein sollte, die sich prinzipiell von denen unterscheiden, die das Reden über andere Gegenstände bereiten mag. Ich finde es ebenso schwierig, ein Streichtrio von Webern angemessen zu beschreiben wie ein Gedicht von Hölderlin. Die Schilderung eines Gletschers oder einer Lilie kann ebenso und aus denselben Gründen entgleisen wie die Interpretation einer Mozart-Symphonie. Thomas Mann tat sich mit dem achten Kapitel des ›Doktor Faustus‹ und der berühmten Beschreibung der c-moll-Sonate op. 111 von Beethoven zwar besonders schwer, dennoch stand er nicht vor prinzipiell anderen Problemen als in seinen anderen erzählerischen Unternehmungen oder in den Teilen des Musikerromans, die nicht von Musik handeln.

2.

Sprachähnlichkeit ist etwas der Musik spezifisch Zukommendes. Ja, man ist versucht, einmal in Umkehrung der weitverbreiteten Meinung von der Sprachferne oder -fremdheit der Musik dem Gedanken nachzuhängen, dass die Musik die *einzige* unter den Künsten ist, die im strengen Sinn beanspruchen darf, der Sprache ›ähnlich‹ zu sein. Bei der bildenden Kunst etwa dürfte zumindest dort, wo sie gegenständlich bleibt, der Sprach*bezug* in der Tat inniger ausgeprägt sein als bei der Musik. Von Sprach*ähnlichkeit* aber kann doch nur entfernt die Rede sein. Die Musik scheint nicht die sprachfernste, sondern die sprachnächste Kunst zu sein.

Dafür spricht schon, dass unter allen Künsten die Musik und die Wortkunst die solideste Verbindung miteinander eingegangen sind. In den meisten, vermutlich in allen Kulturen gilt für kaum übersehbare Zeiträume, dass »Poesie« nichts anderes sei als das gesungene, musikalisch unterlegte Wort. Umgekehrt ist die strikte Trennung von Dichtung und Musik, wo immer sie in Erscheinung tritt, gesamtkulturell wohl als minoritäre Sondererscheinung zu betrachten – auch in Europa mit seiner stattlichen Produktion absoluter, Instrumentalmusik und seiner eindrucksvollen Geschichte des reinen, gesprochenen oder gelesenen Gedichts. Denn was vermögen sie gegen die überbordende Menge des Liedguts, der Chormusik und von 100 000 Opern?

3.

Aber die These von der besonderen Sprachnähe der Musik lässt sich nur aufrechterhalten, wenn man vom signifikativen Aspekt der Wortsprache zunächst einmal absieht. Das Sprache und Musik material Gemeinsame ist der Klang. Diesen Unterbau der signifikativen Sprache, ihre prosodischen: melodischen und rhythmischen Qualitäten, hat die Musik zu einem eigenen System ausgebaut und entwickelt. So formuliert es auch Wellmer: Anders als er bin ich allerdings der Ansicht, dass die Sprach*ähnlichkeit* der Musik *ausschließlich* im Hin- und Widerspiel von musikalischem und sprachlichem Rhythmus und im wechselseitigen Verweisungszusammenhang von sprachlichem und musikalischem Melos fundiert ist.

Die *syntaktischen* Beziehungen zwischen Musik und Sprache, auf die Adorno großen Wert legt und die auch bei Wellmer eine gewisse Rolle spielen, beruhen letztlich auch auf klanglicher Grundlage, darauf also, dass durch gemeinsame prosodische Schemata (Steigen – Fallen; Rede – Gegenrede; dynamische Entwicklung oder Kontrastwirkungen; die Aufeinanderfolge von strukturbildenden und strukturauflösenden Phasen) Sinneinheiten produziert werden. Jeder Versuch, darüber hinauszugehen und zum Beispiel die grammatische Struktur des Satzes in musikalischen Verläufen wiederfinden zu wollen, arbeitet mit Analogien, die im Einzelnen zu prüfen sind.[1] Unterm grammatischen Aspekt

---

[1] Diese Prüfung sind auch Adornos Überlegungen zum Verhältnis von

sind Musik und Sprache erst einmal verschieden: So kennt die Musik weder Negation noch Tempus.

Musik und Sprache verhalten sich zueinander wie Mensch und Affe in evolutionärer Perspektive. Ihre genetischen Gemeinsamkeiten sind beträchtlich und der gemeinsame Vorfahr, nach dem die Anthropologen fahnden, ist in ihrem Fall der Sprechgesang, in dem Klang und Sinn eine noch näher zu bestimmende Einheit bilden.[2]

4.

Daraus resultiert eine spezifische Dialektik, die auf den Bezug von Musik und Sprache durchschlägt und ihn mit den spezifischen Widerständen belastet, an denen das Klischee, dass man über Musik nicht reden könne, denn doch seine Wahrheit hat. Denn gerade weil Musik und Sprache einander so nah, so ähnlich sind, tritt ihre Fremdheit gegeneinander umso schmerzhafter in Erscheinung. Musik ist so verfasst, dass sie einem aufdrängt, über sie zu reden; sie möchte gleichsam zur Sprache gelangen, verweigert es aber gleichzeitig auf das Bestimmteste. Es ist das Problem der kleinen Differenz. Gerade die Gemeinsamkeiten machen die Unterschiede erschreckend fühlbar. So mag ein Westdeutscher unter Umständen in Frankfurt/Oder einer massiveren kulturellen Fremdheitserfahrung ausgesetzt sein als während seines Jahresurlaubs in Indonesien.

5.

Um das Verhältnis von Musik und Sprache in der gebotenen Allgemeinheit in den Blick nehmen zu können, erscheint es mir nicht ausreichend, von einem bestimmten Stand musikalischer Entwicklung auszugehen, wie sie etwa die tonale Musik nach 1600 und die atonale Musik des zwanzigsten Jahrhunderts darstellen. Man läuft Gefahr, dabei elementare Gemeinsamkeiten der beiden Ausdrucksformen zu übersehen.

Daher schlage ich ergänzend eine Perspektive auf sie vor, die ihre ontogenetische Entwicklungsgeschichte berücksichtigt.[3] Wenn es stimmt,

»Musik und Begriff« zu unterziehen (vgl. Theodor W. Adorno, *Beethoven. Philosophie der Musik*, Frankfurt am Main: Suhrkamp 1993, 31 ff.)
2 Vgl. das instruktive Schema in: Steven Brown, »The ›Musilanguage‹ Model of Music Evolution‹, in: Nils L. Wallin, Bjön Merker u. Steven Brown (Hg.), *The Origins of Music*, Cambridge / London: MIT Press 2001, S. 271-300, hier 275.
3 Vgl. Martin B. Buchholz, »Die Geburt der Sprache aus dem Geist der Musik«, in: Bernd Oberhoff (Hg.), *Die seelischen Wurzeln der Musik. Psycho-*

dass Musik und Sprache einander ähneln, weil sie einen gemeinsamen Ursprung haben, dann muss man auf ihn zurückgehen, um Charakter und Reichweite ihrer Ähnlichkeit wirklich zu verstehen.
Der gemeinsame Ursprung von Musik und Sprache liegt in der frühkindlichen Erfahrung. Es ist eine der Entwicklungspsychologie vertraute Tatsache, dass der Periode des Spracherwerbs im engeren Sinn, die von dem Moment an datiert, in dem das Kind das Morphem als bedeutungstragendes Zeichen zu verstehen lernt, eine mal mehr, mal weniger ausgedehnte Phase vorangeht, in der sich das Kind an den klanglichen Qualitäten des Gesprochenen orientiert.[4] Diese klangliche Qualitäten haben für es eine signifikative Funktion – wie übrigens auch für uns, nur dass für uns die Bedeutung der melodisch-rhythmischen Qualitäten des Gesprochenen meist unbewusst aufgenommen wird, da es von den Sprachzeichen im engeren Sinn und ihrem syntaktischen, textuellen und pragmatischen Zusammenhang verdeckt wird. Das Kind unterscheidet Frage- und Aussagesatz, es liest der Lautstärke, dem Sprechtempo, dem Tonfall, der melodischen Kurve dessen, was es hört, elementare Stimmungen ab und reagiert auf seine Weise darauf; es unterscheidet verschiedene Personen anhand ihrer Stimme und ordnet sie den Gefühlen zu, die es mit diesen Personen verbindet; es vermag Geschichten anhand ihrer melodischen Muster wiederzuerkennen und lebt alles in allem in einer Welt, in der die Sprache nicht Musik ist, aber musikähnlich – und zugleich bedeutend.

6.

Bei Lichte besehen, trägt also die Differenzierung der Sprache in einen signifikativen und einen nicht-signifikativen ›Anteil‹[5] den Tatsachen der Erfahrung und den Ergebnissen der Entwicklungspsychologie nicht Rechnung. In der entwickelten Wortsprache haben sich vielmehr zwei nach Gegenstand und Art des Bedeutens divergierende *Zeichensysteme* miteinander überlappt und verbunden.[6]

analytische Erkundungen, Gießen: Psychosozial Verlag 2005, S. 87-122.
4 Vgl. für vieles andere: Colwyn Trevarthen, »Origins of musical identity: evidence from infancy for musical social awareness«, in: Raymond MacDonald u. a. (Hg.), *Musical Identities*, Oxford u. New York: Oxford UP 2002, 21-40; Christian Grüny, »Figuren von Differenz. Philosophie zur Musik«, in: *Deutsche Zeitschrift für Philosophie* 57, 6 (2009), S. 907-932, hier 923 ff.
5 Vgl. z. B. Dieter Mersch, *Was sich zeigt. Materialität, Präsenz, Ereignis*, München: Fink 2000.
6 Man könnte von einer ›Sprache hinter dem Sprechen‹ reden, wenn die Pa-

Ihr *Gegenstand* ist ein anderer, weil die frühkindliche Erfahrung eine andere ist als die des Erwachsenen; sie ist körperlicher und affektiver getönt, und entsprechend ist auch der Zeichenvorrat ein anderer. Die *Art des Bedeutens* wiederum ist eine andere, weil das Klangzeichen mit dem, was es bedeutet, sozusagen metonymisch verwachsen ist. Das gesprochene Zeichen ist, im Gegensatz zum arbiträren Schriftzeichen, immer auch Resonanz und Selbsterregung des sprechenden Körpers. Es stellt dar, was es bedeutet, es ist, mit einem Wort, Ausdruck.

Dieses ›zweite‹ Zeichensystem, das in der Sprachpraxis des erwachsenen Menschen abgeblendet wird, wird von der Musik ausgekoppelt und zu einer Ausdruckssphäre eigenen Rechts erklärt.[7] In ihr überlebt, vielfach gebrochen und stilisiert, die Erinnerung an die akustischen Erfahrung der frühen Kindheit. Wenn wir Musik hören, lauschen wir dem Klang von Worten, die wir nicht verstehen, der für uns aber dennoch Sinn ergibt.

In einer Psychoanalyse kommt es immer wieder vor, dass nicht das, was der Analytiker sagt, sondern der Tonfall seiner Rede einen Übertragungsprozess in Gang setzt.[8] Solche Übertragungsprozesse geschehen unaufhörlich, wenn man Musik hört. Deshalb wirken Menschen, die konzentriert Musik hören (oder ausüben), häufig wie Kinder: Hörend werden sie zurückgeleitet in frühe Phasen der Welterschließung, in den Erfahrungsraum einer Sprache vor der Sprache.

7.

Die Annahme, die musikalische Erfahrung ginge *insgesamt* auf frühe Spracherfahrung zurück, die von der Musik zu einem umfassenden melodisch-rhythmischen System ausgebaut hat, ist freilich abwegig. Jedes Kind macht irgendwann prägende akustische Welterfahrungen, die nicht daran gebunden sind, dass jemand spricht, und die Musik integriert sie selbstverständlich in ihr System.

riser *societé linguistique* nicht 1866 ein ausdrückliches Verbot formuliert hätte, diese Frage weiter zu verfolgen… In diese Richtung argumentiert auch Donald Meltzer, *Traumleben. Ein Überprüfung der psychoanalytischen Theorie und Technik*, München u. Wien: Klett-Cotta 1988, S. 134 ff.
7 Vgl. Simone Mahrenholz, *Musik und Erkenntnis. Eine Studie im Ausgang von Nelson Goodmans Symboltheorie*, Stuttgart u. Weimar: Metzler 1998, S. 198
8 Vgl. Mauro Mancia, »Dream actors in the theatre of memory: Their role in the psychoanalytic process«, in: *International Journal of Psychoanalysis* 84 (2003), S. 945-952, bes. 947.

Insbesondere aber reicht sie in Zonen der vorgeburtlichen Erfahrung zurück.[9] Bereits das pränatale Wesen setzt sich mit akustischen Phänomenen auseinander, die nicht sprachlicher Natur sind. Das sind die Geräusche des Herz-Kreislauf-Systems, also der Doppelschlag des Herzens und das Rauschen der Blutgefäße an der Gebärmutterwand; Geräusche, die durch Körperbewegungen wie Laufen entstehen; der Rhythmus des Atems, sowie alle Geräusche, die durch Trinken, Essen und bei der Verdauung entstehen.

Auch das hat die Musik in ihr System inkorporiert und in den verschiedenen Erscheinungsweisen ›rituell‹ organisierter Musik – minimal music und Techno, aber auch in älterer Kirchenmusik – bricht es dann durch. Musik ist regressiv, nicht in einem wertenden, sondern rein deskriptiven Sinn, und innerhalb der Regression auf ein frühkindliches Zeichen- und Erfahrungssystem, die sie vollzieht, stellen jene Strömungen eine zweite Regression dar, welche die Sphäre klangsprachlicher Welterschließung hinter sich lässt.

Offene Fragen

Bleiben wir bei der sprachlichen Dimension der Musik, in dem Bereich also, in dem Musik und Sprache in einem realvermittelten Zusammenhang stehen, so ergeben sich daraus viele Fragen, auf die Antwort geben zu können so notwendig wie von herausfordernder Schwierigkeit erscheint. Zwei dieser Fragenkomplexe möchte ich am Schluss dieser Überlegungen wenigstens benennen:

(1) Gibt es innerhalb des frühkindlichen Zeichen und Erfahrungssystems kulturelle und historische Konstanten? Es liegt nahe, danach zu suchen, da die Erfahrungen verschiedener musikalischer Kulturen sich leichter miteinander austauschen als Sprachen. Eine fremde Sprache, so würde ich behaupten, ist uns unverständlicher als eine fremde Musik; das, was wir intuitiv erfassen, wenn wir eine fremde Sprache hören, geht eben aus uns vertrauten Korrelationen zwischen Sprachklang und Situation hervor. Es ist tendenziell ideologisch, von der einen, alle verbindende Sprache der Musik zu reden, aber so ganz falsch auch nicht.

Leonard Bernstein hat einmal gesagt, dass in allen Sprachen der Welt der Ruf nach der Mutter in etwa einer fallenden Terz entspreche: Sollen wir also, gesetzt einmal, es stimmt, eine generelle Verknüpfung der fallenden Terz mit Vorstellungen, die um das Bild der Mutter gelagert

---

9 Vgl. Ludwig Janus,»Pränatales Erleben und Musik«, in: Oberhoff, *Die seelischen Wurzeln der Musik*, a.a.O. (Anm.3), S.9-20 (mit vielen Literaturhinweisen); Richard Parncott,»Pränatale Erfahrungen und die Ursprünge der Musik«, in: a.a.O., S.41-64.

sind (hier beginnen freilich schon die kulturellen und individuellen Differenzen) annehmen? Sind »laut« und »leise«, solche Invarianten, die weitgehend kulturunabhängig ein vergleichbares Gefühlsspektrum freisetzen? Wie sieht es mit den elementaren Tempounterschieden aus? Werden sie überall auf ähnliche Weise wahrgenommen?

Ich äußere diese Fragen mit Skepsis, denn das Gebiet historischer und kultureller Differenzen zwischen dem lautlichen Grundbestand der verschiedenen Sprachen und Sprachfamilien erscheint demgegenüber gewaltig. Wenn wir an tonhöhenorientierte Sprachen wie Chinesisch oder Thai denken, so liegt auf der Hand, dass die frühen klangsprachlichen Erfahrungen, auf denen das musikalische System basiert, fundamental andere sind als bei uns; entsprechend ist der Sprachcharakter der Musik ein spezifisch anderer.

(2) Selbst in unserer eigenen Kultur hat sich in der Zeit, die akustisch dokumentiert ist, die Art zu sprechen, ersichtlich verändert. Hören wir eine Rundfunkannahme aus den zwanziger Jahren, eine Bundestagsdebatte aus den fünfziger Jahren – niemand spricht heute mehr so! Das Sprechtempo und die melodischen Bögen – ja sogar die Stellung des Sprechers zur Sprache – hat sich fundamental verändert. Die kleinste bedeutungstragende Einheit der öffentlichen Rede scheint nicht mehr der vom Sprecher organisierte und durchgeformte Satz zu sein, sondern Elemente, die unterhalb seiner liegen, mehr oder weniger vorformulierte Floskeln und Bausteine, aus denen er zusammengesetzt wird. Das Subjekt erscheint weniger als Autor denn als passiver Träger der Synthese des Satzes; und dass dem so ist, lässt sich vor allem den prosodischen Verläufen abhören, die sich in der öffentlichen Rede eingebürgert haben, also ihrer musikalischen Qualität. Die Frage ist nun, ob eine solche Entwicklung, wenn es mit der hier gestellten Diagnose halbwegs seine Richtigkeit haben sollte, beziehungslos neben der musikalischen Entwicklung des 20. Jahrhunderts hergelaufen sein sollte. Ich kann es mir jedenfalls kaum vorstellen. Gibt es Korrespondenzen zwischen der sprachlichen und der musikalischen Praxis – Korrespondenzen, die sich ihrerseits auf veränderte akustische Erfahrungen in der frühen Kindheit zurückführen lassen könnten?

Eine Antwort auf diese Fragen muss ich schuldig bleiben. Immerhin aber können sie als Hinweis darauf dienen, dass es notwendig ist, Musik und Sprache *beide* in ihrer historischen Dynamik und kulturellen Vielfalt in den Blick zu nehmen, wenn man ihrer Ähnlichkeit auf die Spur kommen will.

Andreas Luckner
»Wortferne Kunst und doch im Umkreis der Sprache zu Haus«

Überlegungen zu einer Philosophie der Musik, ausgehend von einer Sentenz Albrecht Wellmers

Albrecht Wellmer hat in seinem *Versuch über Musik und Sprache* eindringlich darauf hingewiesen, dass bei der Erfahrung von Musik Sprache in konstitutiver Weise sich ins Spiel bringt. Die Bestimmtheiten festhaltende Rede mischt sich nicht nur in das musikalische Hören ein, indem sie versucht, das namhaft zu machen, was präreflexiv durch und in der Musik erfasst würde; die Musik fordert auch notwendiger Weise das Sprachvermögen heraus.[1] Roland Barthes, den Wellmer ausführlich zitiert, sprach in diesem Zusammenhang von der Musik – allerdings der Musik Robert Schumanns – als einem von Verlusten durchlöcherten Körper, der zu einer Benennung, zur Sprache hindränge.[2] Ich kann mich an einen Vortrag von Wolfgang Rihm in Freiburg in den achtziger Jahren erinnern, in dem dieser in einer mir bis heute unvergesslichen Formulierung davon sprach, dass Musik keine Sprache, sondern die *Suche nach einer Sprache* sei und dies in jedem Stück Musik auf neuerliche Weise.

So scheint die Musik, wie hier Barthes, Rihm und Wellmer übereinstimmend zu meinen scheinen, erst in der Sprache zu sich zu kommen; die Musik braucht die Worte, »um ganz sie selbst zu sein; wortferne Kunst und doch im Umkreis der Sprache zu Haus«[3] ›Wortfern‹ heißt nicht ›wortlos‹ – irgendwie ist die Musik in dem, was sie uns ›sagt‹ doch schon auf Wortartiges, auf Begrifflichkeit und Reflexivität bezogen – es ist allerdings hier noch nicht klar, *inwiefern* die Musik im Umkreis der Sprache zu Haus ist. Vorläufig mag hier von einer der Musik konstitutiv innewohnenden Sprachtendenz gesprochen werden.

---

1 Vgl. Albrecht Wellmer, *Versuch über Musik und Sprache*, München: Hanser 2009, S. 102 ff.

2 Roland Barthes, »Rasch«, in: *Der entgegenkommende und der stumpfe Sinn*, Frankfurt am Main: Suhrkamp 1990, S. 299-311, hier 307; vgl. auch Wellmer, *Versuch über Musik und Sprache*, a.a.O. (Anm. 1), S. 118.

3 A.a.O., S. 110. Im Grunde kulminiert und endet mit dieser Sentenz der Essay Wellmers über das Verhältnis von Musik und Sprache. Es folgt noch ein Exkurs über Mozart und Barthes, der nicht über diesen Satz hinausgeht (oder, anders gesagt, der nicht tiefer schürft, als dieser Satz es tut). Die fol-

Auf der Grundlage dieser Tendenz der Musik zur Sprache kann nun leicht erklärt werden, woher es kommt, dass immer wieder versucht wurde, die Musik selbst schon als eine Art Sprache anzusprechen oder ihr Sprachähnlichkeit zuzuschreiben (etwa bei Theodor W. Adorno[4]). Gleichwohl kann aber *auch* erklärt werden, wieso es dementgegen immer wieder Versuche gegeben hat, die Musik als ein *eigenständiges* Ausdrucks- und Mitteilungsmedium jenseits der Sprache zu verorten (explizit gegen Adorno etwa Dieter Schnebel[5]); mögen ihre Ausdrucksmöglichkeiten auch in bestimmten Epochen der abendländischen Kunstmusik sich den sprachlichen stark angenähert haben, so ist sie doch ein eigenständiges Ausdrucksmedium neben der Sprache. Der Streit löst sich zumindest teilweise auf, wenn man sieht, dass beide Parteien zugestehen können sollten, dass Musik die Nähe zur Sprache suchen und finden *kann* (genauer noch: *können muss*) – dass sie es tatsächlich tun muss, um Musik zu sein und nicht nur tönendes Kaleidoskop, wäre die weitergehende These, welche die beide Parteien voneinander trennt.

Allein aber der Umstand, dass Musik sich in ihren Ausdrucksmöglichkeiten in Sprachnähe bringen kann – wobei es an dieser Stelle noch alles andere als klar sein dürfte, was dies eigentlich genau heißen mag – lässt das Thema ›Musik und Sprache‹ unter (sprach)philosophischen Gesichtspunkten äußerst interessant erscheinen, auch und gerade deswegen, weil in der Betrachtung der verschiedenen und doch auch tendenziell konvergierenden Zeichensystemen von Sprache und Musik nicht nur Wesentliches über Musik, sondern vor allem und gerade über Sprache gelernt werden kann.

Der Satz Wellmers, der die Sprachtendenz der Musik benennt – Musik halte sich im Umkreis der Sprache auf, ja, sei dort »zu Haus« – soll hier als Ausgangspunkt für weitere Überlegungen dienen; diese sind daher auch als Kommentare und Erläuterungen dieser prägnanten Sentenz lesbar.

---

genden Kapitel des Buches handeln von anderen Dingen, von der Eigenart musikalischer Werke und weiterer im engeren Sinne ästhetischen Fragen der Musik. Hier aber geht es um eine Frage, die jenseits der Ästhetik liegt, sie betrifft die Ontologie (im weitesten Sinne) der Musik und der Sprache.

4 Stellvertretend für viele Texte sei hier genannt das äußerst dichte »Fragment über Musik und Sprache«, in: ders., *Musikalische Schriften I-III (Gesammelte Schriften Bd. 16)*, Ffm 1978, S. 251-256.

5 Vgl. Dieter Schnebel, »Der Ton macht die Musik, oder: Wider die Versprachlichung! Überlegungen zu Periodik, Abweichung und Wiederholung«, in: ders., *Anschläge – Ausschläge. Texte zur Neuen Musik*, München: Hanser 1993, S. 27-36; die ganze Diskussion en detail in Wellmer, *Versuch über Musik und Sprache*, a.a.O. (Anm. 1), S. 11 f. und dann v.a. S. 36-48.

ÜBERLEGUNGEN ZU EINER PHILOSOPHIE DER MUSIK

Ich möchte meine Überlegungen in drei Teile gliedern; im ersten Teil soll es um die Gemeinsamkeiten und Unterschiede der sprachlichen und musikalischen Zeichensysteme gehen. Hierfür sollen, anders als bei Wellmer, vor allem zeichenphilosophische Überlegungen in Anschluss an Peirce, Goodman und Bierwisch eine Rolle spielen. Der erste Teil war ursprünglich mit »Wortferne Kunst« – dem ersten Teil auch der Wellmer-Sentenz – überschrieben, die Kunst findet aber nun erst im zweiten Teil statt. Denn es soll zunächst einmal eine sinnvolle Vergleichsebene zwischen Musik und Sprache gesucht werden; es ist typisch und zugleich problematisch für die Untersuchungen des Verhältnisses von Musik und Sprache – von Adorno bis Wellmer, von Georgiades bis Bierwisch – dass sie den Gebrauch musikalischer Zeichen in Musikwerken mit dem Zeichengebrauch in der alltäglich gesprochenen Sprache vergleichen.[6] Auf einer Vergleichsebene ohne Verwerfungen stünden sicherlich musikalische und sprachliche Kunstwerke. Auf dieser Hochebene des Geistes kann man allerdings schnell mal aus den Augen verlieren, was man eigentlich hat vergleichen wollen: sprachlichen und musikalischen Zeichengebrauch. Sicherlich gilt alles, was man von musikalischen Zeichen sagen kann, auch für diejenigen, die in den Musikwerken von Bach bis Mahler verwendet werden; nur irritiert die Eminenz dieser Werke mitunter den nüchternen Blick auf die musikalische Codierung von Inhalten eher, wie mir scheint (und ebenso in Bezug auf Kunstwerke der Sprache). Wenn der Vergleich erlaubt ist: Die Funktionsweise eines Automotors sollte man auch besser nicht an den ingenieursmäßigen Höchstqualitätsprodukten im Formel-1-Bereich demonstrieren, sondern an möglichst schlichten und einfachen – also weniger kunstvollen – Motoren, auch wenn der Formel-1-Motor der unter ingenieursästhetischen Gesichtspunkt an der weitaus lohnenswertere Untersuchungsgegenstand wäre. Bei einer im Wald dahingepfiffenen Melodie – die gleichwohl ein Stück Musik ist (denn was sollte sie sonst sein) – können dagegen viele Faktoren, die bei der Konstitution musikalischer Kunst-Werke zu berücksichtigen sind (und ein solches ist die gepfiffene Melodie im Wald sicher nicht) außer Acht gelassen wer-

---

6 Wellmer ist sich dieser Problematik zwar bewusst, wie seine Ausführungen zeigen (vgl. a.a.O., S.48f.), aber er belässt es schließlich bei der Behauptung, dass es im Grunde keine Musik jenseits ihrer Kunstform gäbe: "Was es allenfalls gibt, ist schlechte Musik." (A.a.O., S.48) Schlechte Musik wäre dann aber auch immerhin Musik, und eine Philosophie der Musik müsste auch eine Philosophie der schlechten Musik sein können, so wie die schlechte Umgangssprache einer Person immerhin auch Sprache wäre. Davon abgesehen ist es die Frage, ob eine alltägliche Umgangsweise mit sprachlichen oder musikalischen Zeichen sinnvoller Weise ästhetischen Kategorien unterzogen werden sollte.

den; und dies ist ein Vorteil sicherlich dann, wenn es um die Frage des Verhältnisses von Musik und Sprache *überhaupt* geht. Alles, was von Musik überhaupt gilt, gilt auch von Musik als Kunst, aber nicht umgekehrt. Es soll also hier der Vergleich von Musik und Sprache auf der Ebene der beiderseitigen alltäglichen Verwendungsweisen geschehen.[7]

Schwerer noch als diese eher darstellungstechnische Problematik wiegt allerdings der Umstand, dass die Verwendung musikalischer Zeichen in Kunstwerken sich von derjenigen in alltäglichen Verwendungsweisen auch in gewisser Weise *systematisch* unterscheidet. Denn in Aufführungen musikalischer Werke werden die Verwendungsweisen musikalischer Zeichen noch einmal eigens vorgeführt, und das macht etwas mit diesen Zeichen. Dies gilt ebenso für den Gebrauch sprachlicher Zeichen: Ein ähnlicher Unterschied bestünde zwischen einem alltäglichen Dialog zweier Personen am Esstisch in deren Wohnzimmer und demselben Dialog am Esstisch auf einer Theaterbühne.

Es sind also zunächst einmal die alltäglichen Verwendungsweisen musikalischer Zeichen, die mit der Analyse alltäglicher sprachlicher Zeichenprozesse verglichen werden sollen, auch wenn natürlich das Problem musikalischer Bezugnahme in der Kunstmusik bei weitem interessanter (aber eben auch bei weitem komplexer) ist. Ich habe daher aus der Überschrift des ersten Abschnitts das Wort ›Kunst‹ gestrichen.

Die Besonderheit der Bezugnahme musikalischer Zeichen in Werken soll dann aber in einem kurzen zweiten Teil näher beschrieben werden. Die zentrale Aussage dabei wird sein: Musikalische Zeichen sind selbstikonisch, d. h. sie verweisen im Unterschied zu bloßen akustischen

---

7 Obwohl ich von der Richtigkeit von fast allem, was Manfred Bierwisch in seinem grundlegenden und umfangreichen Aufsatz »Musik und Sprache. Überlegungen zu ihrer Struktur und Funktionsweise« (in: *Jahrbuch Peters 1978*, Leipzig: Peters 1979, S. 9-102) geschrieben hat, überzeugt bin, halte ich seine Annahme, dass es bei Musik im Unterschied zur Sprache gar *keine alltägliche Form analog der Umgangssprache gibt* (vgl. a. a. O., S. 10 ff.), die Wellmer wiederholt (s. Anm. 6), für nicht plausibel. Natürlich gibt es musikalischen Alltag, Musik ist nicht nur dort, wo sie eigens aufgeführt wird. Nicht jede Musik ist ja schon per se kunstvoll, nicht jedes Stück Musik ist schon ein Werk. Unsere Welt ist angefüllt mit musikalischen Dingen, Kinderliedern, gepfiffenen Melodien im Wald, südamerikanischen oder russischen Musikgruppen in Fußgängerzonen, klavierübenden Nachbarn, allerlei kadenzierten Interjektionen usw. Selbst bei der Verwendung von Musik auf Tonträgern, in Rundfunk, Fernsehen, auf Homepages und in Kaufhäusern kann man sich fragen, ob es sich eigentlich um Musik als Kunst, insofern hier ja doch zumeist ganz andere Zugangsweisen im Spiel sind. Die Musik als Werkaufführung tendenziell als einzigen Fall von Musik überhaupt zu charakterisieren beruht m. E. nach auf einem ästhetischen Vorurteil.

Zeichen einerseits, (laut)sprachlichen Zeichen andererseits, aber ganz ähnlich wie Gesten in pantomimischen Aufführungen, in konstitutiver Weise auf sich selbst.

Die zeichenphilosophischen Betrachtungen aus den ersten beiden Teilen sind dann geeignet dafür, nicht nur auf die äußerlichen Unterschiede und Gemeinsamkeiten von Musik und Sprache, sondern auch die interne Verwiesenheit der musikalischen und des sprachlichen Zeichensysteme zu erläutern, wie dies im dritten und abschließenden Teil dieses Beitrages zumindest angedeutet werden soll. Dieser Teil ist denn auch mit dem zweiten Halbsatz der Wellmer-Sentenz (»und doch im Umkreis der Sprache zu Haus«) überschrieben. Hier soll ein vorläufiger Antwortversuch auf die Frage gegeben werden, warum und inwiefern Musik überhaupt – und nicht nur in Bezug auf die Interpretation musikalischer Kunstwerke[8] – auf Sprachlichkeit angewiesen ist. Damit soll die oben genannte These von der konstitutiven Sprachtendenz der Musik näher erläutert werden. Es läuft dabei alles darauf hinaus, dass in und durch Musik sich ein sprachlich verfasstes Wesen vorführt, wie es über das Vorführen von akustischen Zeigehandlungen zur Sprache kommt. Musik ist, so gesehen, Proto-Sprache, Sprache *in statu nascendi* – allerdings nur in der Retrospektive eines schon in der Sprache Wohnenden. In der Aufführung musikalischer Kunstwerke führt sich ein Sprachbewohner sein In-der-Sprache-Wohnen noch einmal eigens vor.

1.»Wortferne...«

Wer Musik mit Sprache vergleicht, stellt sich in eine lange Tradition – man denke nur an die Musik als »Klangrede« (Johann Mattheson), als »Sprache des Herzens« (Johann Nikolaus Forkel), als der universalen »Sprache der Gefühle« (Richard Wagner). Von solchen weitgehend metaphorischen Verwendungsweisen von Musik als einer Sprache soll hier abgesehen werden; Musik und Sprache haben schließlich auch in einem wörtlichen, unmetaphorischen Sinn Gemeinsamkeiten: Sowohl (gesprochene) Sprache als auch Musik bestehen immerhin beide in strukturierten Folgen von Lautzeichen, die als solche eine Mitteilungs- und Ausdrucksfunktion haben.

Es ist immer wieder bezweifelt worden, dass Musiken überhaupt durch Zeichen gebildete Zusammenhänge sind. Ob dies so ist oder nicht hängt nun sicherlich auch vom jeweils investierten Begriff des Zeichens ab. Wer unter Zeichen nur Sprachzeichen versteht, ist trivia-

---

[8] Gemeint ist mit ›Interpretation‹ hier und im Folgenden freilich nicht die Aufführung von Musikstücken, sondern die ästhetisch reflektierende (sprachliche) Auslegung von Musik.

ler Weise mit seiner Skepsis gegenüber spezifisch musikalischen Zeichen im Recht. Aber ein musikalisches Zeichen ›funktioniert‹ anders als ein sprachliches, weshalb man die These vom musikalischen Zeichenzusammenhang nicht missverstehen darf: Es soll gerade nicht gesagt werden, dass musikalische Zusammenhänge in derselben Weise wie sprachliche gebildet werden, im Gegenteil.

a) Musikalische Zeichen?

Der Zeichencharakter musikalischer Elemente (also z. B. bestimmter melodischer oder rhythmischer Motive) ist, soviel sei der Skepsis bezüglich der Existenz musikalischer Zeichen zugestanden, nicht so ohne Weiteres offensichtlich und das liegt eben daran, dass die Art der Bezugnahme dieser Zeichen sich grundsätzlich von derjenigen sprachlicher Zeichen (also z. B. Worten oder Sätzen) unterscheidet. Auf dem Feld der Sprache ist der Zeichen(sequenz)charakter unfraglich, was einfach daran liegt, dass in der Sprache typischer Weise Zeichen und Bezeichnetes, also Bedeutungsträger und das mit ihnen Gemeinte, Zeichenform und -inhalt, im Regelfall leicht unterscheidbar ist. Auch wenn uns diese Zweischichtigkeit der Sprache[9] (Helmuth Plessner), also die Differenz von Sagen und Gesagtem nicht bewusst sein muss, während wir sprechen oder jemanden sprechen hören, können wir doch aufgrund dieser immer bestehenden Differenz jederzeit unsere Aufmerksamkeit auf den Zeichencharakter der Sprache richten. Der Ausdruck ›Sessel‹ und der Sessel, auf dem ich sitze, haben so gut wie nichts miteinander gemein, sowenig wie derselbe Sessel mit den Ausdrücken ›chaise‹ oder ›chair‹ gemein hat: Das, was ausgesprochen wird, und das, worauf Bezug genommen wird, fällt in verschiedene Kategorien, das eine ist ein Sprachlaut, das andere ein Gegenstand, auf dem man sitzen kann. Mit anderen Worten: Bei (gesprochenen) Sprachzeichen[10], etwa Worten, handelt sich (zumeist) um sogenannte »arbiträre« Zeichen, d. h. die *Lautung* des Zeichens ist rein konventionell und daher auch in ihrer Bestimmtheit nicht entscheidend für die Bezugnahme des Zeichens.[11]

9 Vgl. hierzu Helmuth Plessner, *Zur Hermeneutik nichtsprachlichen Ausdrucks*, in: ders., *Ausdruck und menschliche Natur (Gesammelte Schriften Bd. 7)*, Frankfurt am Main: Suhrkamp 1982, S. 459-479.
10 Im Folgenden meine ich mit ›Sprachzeichen‹ immer die Lautzeichen gesprochener Sprache.
11 Insofern es in einer Sprachgemeinschaft festgelegt ist, wie eine bestimmte Lautung in der jeweiligen Sprache verwendet wird, steht diese Verwendungsweise freilich nicht im *individuellen* Belieben der Sprecher. Konventionalität heißt *überindividuelle* Beliebigkeit, wie auch immer deren Entstehung und Regulierung zu denken sein mag.

Dies ist nun in der Musik offensichtlich anders, hier kommt es ja nun gerade alles auf die Lautung der Zeichen an: Schließlich heißt es nicht von ungefähr: »Der Ton macht die Musik.« Interessant ist es in diesem Zusammenhang, dass man diese Redewendung ja zumeist gerade für *sprachliche* Äußerungen verwendet, wenn man sagen möchte, dass in kommunikativen Zusammenhängen die pragmatische Dimension einer Äußerung eine entscheidende Rolle spielt – also ob beispielsweise mit dem Ausdruck »Die Tür steht offen« eine Feststellung, eine Mahnung, eine Warnung oder eine Handlungsaufforderung gegeben werden soll. »Der Ton macht die Musik« bedeutet in diesem Zusammenhang: Die Lautung der Äußerung, also das prosodische und artikulative Ausdrucksmoment legt (mit) fest, wie und als was die Äußerung verstanden werden kann, soll oder muss. Ob der Satz »Die Tür steht offen« geflüstert, gebrüllt oder nüchtern-sachlich ausgesprochen wird macht für das, was gesagt wird – den propositionalen Gehalt –, keinen Unterschied, aber freilich einen großen Unterschied für das, was *damit* gesagt wird (genauer: als was das Gesagte gezeigt wird bzw. sich zeigt). Ich will hier nicht behaupten, dass diese expressiven bzw. pragmatischen Dimensionen der Sprache nebensächlich wären; im Gegenteil, es lassen sich nur schwerlich Kontexte vorstellen, in denen diese Dinge keine Rolle spielen würden. Selbst wenn der Satz so objektiv-nüchtern wie möglich ausgesprochen wird, geht von der Modifikationsleistung der pragmatischen Äußerungssituation kein Deut verloren, denn die objektiv-nüchterne Ausdrucksweise dieses Satzes markiert ja, als was dieser Satz verstanden werden soll, eben nicht als Aufforderung, die Tür zu schließen, nicht als Warnung, sondern (etwa in ›sachlichen‹ Wissenschaftskontexten) als Konstatierung eines Sachverhalts.

Sprachliche Zeichen (ob einfache wie z. B. Worte oder komplexe, wie Sätze) sind aber konstitutiv immer *auch*, was ihren Bezug auf Gegenstände, Ereignisse, Sachverhalte angeht, *arbiträr*: Es lassen sich im Prinzip auch andere Lautungszeichen verwenden. Wäre dem nicht so, wären alle lautlichen Äußerungen einer Person bloßer Ausdruck (wie wir ihn etwa in Schmerzensäußerungen vor uns haben). Dies wiederum ist zugleich der Möglichkeitsgrund dafür, dass es *die* Sprache eigentlich ja gar nicht gibt, oder zumindest nicht gesprochen werden kann; was gesprochen werden kann, sind verschiedenen Sprachen wie Deutsch, Englisch, Chinesisch usw., zwischen denen Übersetzungen angefertigt werden können (bei allen Schwierigkeiten, die wiederum damit verbunden sein mögen).

Dies ist, noch einmal, bei der Musik offensichtlich anders. Hier haben wir *keine* Übersetzungsmöglichkeiten, aber auch keine Übersetzungsnotwendigkeiten – was nicht heißt, dass eine uns fremde Musik nicht unverständlich sein könnte, aber das hat andere Gründe als diejenigen für die Fremdheit bzw. Unverständlichkeit einer Fremdsprache.

Wer eine Musik nicht versteht, muss und kann sich, ähnlich wie in seine Muttersprache, in sie ›einhören‹. Seine Muttersprache lernt man ja auch nur dadurch, dass und indem man an einer gemeinsamen Praxis, in der diese Sprache Ausdrucks- und Mitteilungsfunktionen hat, teilhat. Eine Fremdsprache kann man nun *auch* in dieser Weise lernen, aber man kann sie auch lernen, indem man Übersetzungen in die Muttersprache anfertigt. Genau dies aber ist auf dem Felde der Musik unmöglich. Musik lässt sich nicht übersetzen, man kann nicht eine musikalische Struktur aus der, sagen wir, indischen Musik in die, sagen wir, französische Musik ›übersetzen‹, so wie das auch ja analog auch bei Bildern nicht möglich wäre. Und das liegt eben daran, dass musikalische (und bildhafte) Zeichen *nicht-arbiträr* sind, d. h. Form und Inhalt bei musikalischen (und ästhetischen Zeichen überhaupt) nicht voneinander getrennt werden können.

Nun muss man einschränkend und ergänzend zur Nicht-Arbitrarität musikalischer Zeichen sagen: Zeichenform und Zeicheninhalt lassen sich *im Normalfall* in der Musik nicht voneinander trennen, aber es kommt durchaus in der Musik als ein *Sonderfall* vor, etwa in der barocken Figurenlehre, bei Klangmalerei und bestimmten Signalen, in der Programmmusik oder in der Leitmotivtechnik, um hier nur einige Beispiele zu nennen.[12] Aber eine solche quasi-sprachliche Art der Bezugnahme musikalischer Zeichen auf Außermusikalisches ist weder notwendige (noch hinreichende) Bedingung für die Bedeutung musikalischer Zeichen, denn musikalische Sinnzusammenhänge können rein innermusikalisch gestiftet sein. Die sprachähnliche Bezugnahme ist eine Möglichkeit, die ein Musiksystem ausbilden kann, aber nicht muss.

Eine hier interessierende Frage ist freilich, wie es denn überhaupt möglich ist, dass sie solches kann. Hierzu folgende Überlegung: Wenn musikalische Zeichen sich *immer auch* arbiträr auf Außermusikalisches bezögen, wären sie eben gerade deswegen keine musikalischen Zeichen

12 Auf diesem Phänomen beruhen die einflussreichen, aber in die Irre gehenden Überlegungen Deryck Cookes in *The Language of Music*, Oxford: Oxford UP 1958. Dass es in der abendländischen tonalen mehrstimmigen Musik zu einer weitgehenden Annäherung der Musik an die Sprache gekommen ist, soll dabei nicht bestritten werden (vgl. auch Thrasybulos Georgiades, *Musik und Sprache. Das Werden der abendländischen Musik*, Berlin, Heidelberg u. New York: Springer 1984, S. 72 ff., der den Höhepunkt dieser Entwicklung bei Heinrich Schütz sieht; ähnlich auch ders., *Nennen und Erklingen. Die Zeit als Logos*, Göttingen: Vandenhoeck & Ruprecht 1985, S. 181 ff.). Bestritten werden soll lediglich, dass es sich bei der Sprachlichkeit der Musik um etwas für Musik Konstitutives handelt: Es gibt genügend Beispiele für Musiken, die mit dieser Art Bezugnahme auf Außermusikalisches nichts zu tun haben.

mehr, sondern sprachliche. Man denke etwa an so etwas wie einen gemorsten Text, bei dem ja die (auf differenzierte Weise gruppierten) Lautungszeichen auf Buchstaben des Alphabets Bezug nehmen (so wie in ähnlicher Weise etwa die Schriftzeichen unserer Sprache), oder eine ›Musik‹, die Buchstaben mit bestimmten fixierten Tonhöhen codieren würde (so dass man z. B. beliebige Texte wie Gedichte oder Kochrezepte in solche Tonhöhenfolgen ›übersetzen‹ könnte). Hierbei hätten wir es, bei dem, was wir da hören können, zunächst nicht mit musikalischen Zusammenhängen zu tun – was nicht heißt, dass man nicht auch z. B. einen gemorsten Text als ein Stück Musik hören könnte, aber dann verändert man eben genau deswegen die Zeichenfunktion dessen, was man hört und ›verwandelt‹ im Hören sprachliche in musikalische Zeichen. Es muss aber, wie gesagt, diese Möglichkeit der Bezugnahme auf Außermusikalisches nicht geben, um dennoch von musikalischen Sinnzusammenhängen sprechen zu können – denken wir nur an eine Fuge von Bach oder an ein serielles Stück aus den 1950er Jahren: Was sollen die bedeuten außer sich selbst? Und da, wie Wellmer treffend sagt, die Musik »wortfern« ist – d. h. nicht erst dann verstanden wird, wenn wir den musikalischen Zeichen Bedeutungen zuordnen, so wie wir den Lautungszeichen der gesprochenen Sprache, insofern sie Wörter sind, Bedeutungen zugeordnet haben – kann es sein, dass wir so etwas wie musikalischen Sinnzusammenhänge haben, ohne dass wir hier eine Übersetzung in eine (Wort-)Sprache vornehmen könnten.

Aufgrund der fehlenden (Notwendigkeit der) Arbitrarität musikalischer Lautungszeichen ist es zwar einigermaßen schwierig, anzugeben, worin eigentlich überhaupt der Zeichencharakter von musikalischen Elementen liegt, einfach deswegen, weil wir arbiträre Zeichen für paradigmatisch halten; der nicht-arbiträre Charakter musikalischer Zeichen sollte einen deshalb aber nicht dazu führen, wie General-Kritiker einer musikalischen Semantik in über (vermeintlicher) Nachfolge Hanslicks dies getan haben, zu behaupten, dass Musik bzw. musikalische Elemente *überhaupt* nicht Bezug nehmen würden. Das wäre freilich Unsinn; insofern musikalische Strukturen einen Sinn transportieren, d. h. in einer gewissen, noch zu klärenden Weise verstanden werden können und müssen, haben wir es natürlich auch mit Zeichen zu tun. Dass Musiken *sinnvolle* Strukturen haben bzw. sind, ist ja nun gerade das Phänomen, von dem wir ausgehen, das Phänomen, was erklärt werden soll.[13] Hierfür ist eine Betrachtung der Eigenart der Bezugnahme musikalischer

---

13 Dies gilt auch und gerade dann, wenn die Sinnhaftigkeit musikalischer Strukturen negiert werden soll, wie in bestimmten radikalen Formen des Free-Jazz, wo die Entstehung eines Rhythmus oder gar einer melodischen Gestalt ja möglichst gerade unterbunden werden soll. In genau diesem Bemühen ist das, was negiert wird, in negativer Weise bestimmend.

Zeichen notwendig. Wenn unser semiologisches Analyseinstrumentarium, das im wesentlichen an sprachlichen Zeichen entwickelt wurde, in Bezug auf die sinnhaften Strukturen von nicht-sprachlichen Ausdrucks- und Kommunikationssystemen sich als nicht geeignet herausstellen sollte, müssten wir das Instrumentarium erweitern oder verändern und nicht die Existenz des Phänomens in Frage stellen.

b) Musikalische als besondere ikonische Zeichen

Zunächst: Es ist der Zeichencharakter musikalischer Elemente, der einen *musikalischen* von einem rein *akustischen* Zusammenhang unterscheidet. Wer den Zeichencharakter musikalischer Elemente leugnete, könnte Musik nicht unterscheiden von beliebigen Ordnungen akustischer Elemente, man denke etwa an ›rhythmische‹ Muster, die bei fahrenden Zügen beim Rattern über die Schweißnähte von Schienen entstehen oder an den ›Gesang‹ der Vögel. Damit solche Ordnungsstrukturen akustischer Ereignisse *musikalischen* Sinn erhalten, bedarf es einer bestimmten Interpretation dieser akustischen Ereignisse. Akustische (Ordnungs-)Muster sind durchaus nicht *per se* Musik – sie können freilich, wie alles akustische Material, als musikalische Zeichen ›eingesetzt‹ werden. Niemand würde ja die Geräusche in einer Maschinenhalle z.B. *per se* schon für Musik halten, auch ein Cageaner nicht – bis einer herkäme (und wenn es wir selbst wären) und diese Geräusche auf eine bestimmte Weise, nämlich als Zeichen in einem bestimmten (musikalischen) Sinne, hören oder hören lassen würden. Nehmen wir also einmal an, ein Komponist interessierte sich für die rhythmischen Muster, die in einer solchen Maschinenhalle im Zusammenklang der Maschinen entstehen und er würde die Geräusche aufnehmen. Wenn er sich nun die Aufnahme auf die rhythmischen Strukturen hin anhören würde, hätten wir es m.e. hier schon nicht mehr mit einer rein akustischen Struktur zu tun, denn es würde ja eben das, was man da hören kann, schon unter dem ›Aspekt‹ der rhythmischen Struktur angehört, also unter ästhetisch-musikalischen Gesichtspunkten (man müsste ja eigentlich hier ›Gehörpunkte‹ sagen). Es ist leicht vorstellbar, dass er später einmal die rhythmischen Strukturen montiert oder herausstellt – vielleicht wäre aber auch noch nicht einmal das nötig und er könnte sozusagen minimal-invasiv vorgehen und einfach nur ein bestimmtes Stück der Aufnahme herausschneiden und als eine Komposition, eben als ein Tonbandstück mit dem Titel *Maschinenhalle I* bei einem Konzert für Tonbandmusik aufführen. Diese werkkonstituierenden Prozesse, die, wie schon angedeutet, unangebrachter Weise eine Vielzahl von bestimmenden Faktoren in unsere Betrachtung einschleusen würde, sollen uns hier an dieser Stelle aber erst einmal nicht interessieren; bevor der

Komponist hier überhaupt ein wie auch immer geartetes Werk entstehen lässt, hat er schon im Anhören seines Tonbandmaterials einen Umgang mit dem akustisch strukturierten Material, den man wohl nicht anders denn ›musikalisch‹ nennen kann (um Fragen künstlerischer Qualität soll es hier nicht gehen). Was wäre hier nun also der Unterschied dieses Stücks Musik zu einer rein akustischen Folge? Nun, im Falle der Bandaufnahme würden akustische Ereignisse in einer Weise so gehört, *dass* mit ihnen und durch sie etwas gezeigt bzw. vorgeführt wird – eben die hörbaren rhythmischen Strukturen. Allein die Vorführung der akustischen Struktur als einer, die *gehört werden soll*, reicht aus, um das, was dort gehört wird, als zeichenhaft zu verstehen.

›Zeichenhaft‹ heißt hier dabei zunächst nur, nach der klassischen Definition, dass das, was hier gehört wird, für etwas steht (*aliquid stat pro aliquo*). Freilich ist aber dies, was dort gehört wird, Zeichen nicht in einem symbolisch-arbiträren Sinn *sensu* Peirce. Aber in welchem Sinne dann?

Nach der gängigen peirceschen Klassifikation der Zeichenbezugnahmen hätten wir noch mit zwei weiteren Formen zu rechnen, die beide nicht-symbolisch, d. h. nicht-arbiträr sind: erstens den *indexikalischen* Zeichen, bei denen eine kausierende Relation zwischen Bezeichnetem und Bezeichnendem besteht (so dass z. B. Rauch für Feuer steht bzw. stehen kann oder das Klopfen an der Tür für eine Person, die davorsteht und Einlass begehrt). Bei unserem Beispiel würde man die akustischen Muster dann etwa als indexikalische Zeichen für die Maschinen auffassen, die sie hervorgebracht haben; diese Höreinstellung wäre aber sicherlich keine musikalische, sondern vielleicht diejenige eines Maschinenbauers, der aufgrund dieser rhythmischen Muster z. B. auf den Zustand oder das Laufverhalten der Maschinen schließen könnte o. ä. Es bleiben noch, zweitens, die *ikonischen* Zeichen, für die es charakteristisch ist, dass die Zeichenträger Eigenschaften mit dem, was sie bezeichnen, teilen, so wie etwa Bildzeichen, woher diese Zeichenbezugsart ihren Namen (eben *icons*) hat. Ikonische Zeichen sind allerdings nur vom Namen, nicht von der Sache her aufs Visuelle beschränkt. Musikalische Elemente, wenn wir sie als ikonische Zeichen ansprechen, würden auf akustische Weise auf etwas verweisen bzw. Bezug nehmen, dem sie ähnlich (d. h. in irgendeiner Hinsicht gleich) sind.[14] Hier fallen einem

14 Es wird hierbei also auf *hörbare* Weise gezeigt. Es ist ja ein verbreitetes Vorurteil, dass Etwas-zeigen nur im Sichtbaren möglich sei, so als wenn Blinde sich nichts zeigen könnten oder ob man jemandem nicht den neapolitanischen Sextakkord auf dem Klavier zeigen (vorführen) könnte, indem man ihn dem Fragenden hören lässt. ›Vorführen‹ ist hier offener als ›Zeigen‹; ›Zeigen‹ aber wiederum steht dem Wort ›Zeichen‹ näher. Im Folgenden werden beide Ausdrücke gebraucht.

sofort die oben schon genannten Beispiele von Tonmalerei, Figurenlehre usw., wo musikalische Elemente aufgrund bestimmter Strukturähnlichkeiten mit dem durch sie Dargestellten Bedeutung haben (ein Halbtonschritt abwärts kann daher für einen Seufzer und damit für Traurigkeit stehen, ein großer Sextsprung aufwärts für Jauchzen und damit auch für Freude usw.). Aber, wie schon angedeutet, hierbei handelt es sich um akzidentielle, nicht etwa musikkonstitutive Möglichkeiten der Bezugnahme. Musik muss nicht Bezug nehmen auf Außermusikalisches. Dagegen eignet den musikalischen Zeichen notwendig eine besondere Art der Ikonizität: Musikalische Zeichen sind nämlich ikonisch insofern, als dass sie auf *sich selbst* verweisen, wie das Maschinenhallenbeispiel zeigen kann.

c) Musikalische als besondere ikonische, auditiv-ästhetische Zeichen

Musikalische Zeichen sind, wenn man so will, *selbst-ikonisch*, welche Eigenschaft nicht von ungefähr grundlegend ist auch für das in der Musik formbildende Prinzip der (wie auch immer variierenden) Wiederholung. Sie können, wie zu zeigen sein wird, deshalb auf sich selbst verweisen, weil sie als Zeichen gezeigt, d. h. vorgeführt werden.

Doch einen Schritt nach dem anderen. Der Startpunkt des letzten Abschnitts war der Unterschied zwischen akustischen und musikalischen Strukturen, der darin zu sehen war, dass letztere aus Zeichen gebildet werden, erstere nicht. Hier könnte sich die Frage stellen, ob es nicht auch *rein akustische* Zeichen gibt und wie dann *diese* zu unterscheiden von den musikalischen wären. Man denke nur an die vielfältigen akustischen Signale aus der Welt des Verkehrs oder der Kommunikation, man denke an Signale wie das Tuten eines Nebelhorns, den Schlusspfiff beim Fußballspiel oder das Klopfen an der Türe. Nun, klarer Weise sind auch dies Zeichen! Dies heißt aber weder, dass eine akustische Struktur aus solchen Zeichen bestehen müsste – und sie muss es nicht, um akustische Struktur, d. h. Ordnung von (in diesem Falle dann nicht-zeichenhaften) Elementen zu sein – noch heißt dies, dass es sich dabei schon wegen des Zeichencharakters um Elemente einer Musik handelt (akustische Signale sind freilich *mögliche* Elemente der Musik, aber eben auch nur dann, wenn mit ihnen ein Zeichenfunktionswechsel vollzogen wird).

Also nochmal: Es gibt rein akustische Zeichen, die keine musikalischen sind. Zu hören sind sie beide, insofern könnte man auch sagen, musikalische Zeichen sind eine besondere Art akustischer Zeichen; und die Lautzeichen der gesprochenen Sprache wären eine weitere besondere Art akustischer Zeichen. Musik- und Sprechzeichen sind aber offenbar nicht *rein* akustische Zeichen.

ÜBERLEGUNGEN ZU EINER PHILOSOPHIE DER MUSIK

Worin aber besteht hier der Unterschied? Auch hier liegt der Unterschied in der Art der Bezugnahme, wie leicht zu sehen ist. Nehmen wir einmal ein rein akustisches Zeichen: Ein Pfiff kann für den Schluss eines Spieles stehen, eine Sirene für ›Gefahr‹ usw. Rein akustische Zeichen stehen notwendiger Weise für etwas anderes, als sie selbst sind. Für was stehen aber nun die musikalischen Zeichen aus dem Tonband zu *Maschinenhalle I*? Nun, die Antwort wurde schon gegeben, auch wenn sie immer noch schwer verständlich sein mag: Sie stehen *für sich*. Musikalische Zeichen, insofern sie zunächst einmal sich selbst zeigen, sind, was immer sie *noch* sein mögen, eine bestimmte Art ikonischer, gleichwohl auditiver Zeichen, nämlich solcher, die für sich stehen. Allein der Umstand, dass sie (für etwas) stehen, macht sie zu Zeichen, und dass sie *für sich* stehen, macht sie zu musikalischen Zeichen. Akustische Signale stehen dagegen für etwas anderes als das, was sie selber sind, ganz gleich, ob es sich dabei um symbolische (Bsp. ein bestimmter Sirenenalarm für Angriff mit ABC-Waffen) oder indexikalische Zeichen (Bsp. Nebelhorn, Klopfen an der Tür) handelt.[15]

Aber – was soll das heißen, sie *stehen für sich*? Hier ist es nun sinnvoll, die schon erwähnte besondere Ikonizität musikalischer Zeichen in einer etwas anderen Weise zu erläutern.

Sowohl mit sprachlichen Zeichen, als auch mit rein akustischen Zeichen als Signalen (zumindest denen, die Symbole sind) als auch mit musikalischen Zeichen wird ja etwas mitgeteilt bzw. kommuniziert, m.a.W. sie haben einen Sinn. Nehmen wir der Einfachheit halber hier nun die sprachlichen Zeichen zum Vergleich – für die es ja, wie für akustische Signale, konstitutiv ist, (auch) für anderes zu stehen: Mit sprachlichen Zeichen *sagen* wir etwas (die Bedeutungen sind Begriffe, Propositionen usw., also letztlich *logische* Formen), mit musikalischen (generell ästhetischen) Zeichen *zeigen* wir etwas. Kürzestmöglich Bierwisch: »Die Sprache sagt, die Musik zeigt, was sie mitteilt.«[16]

Sagen und *Zeigen* sind nun zwei sehr verschiedene Formen des Bezugnehmens (des Für-Etwas-Stehens). Das Zeigen wiederum gibt es in (mindestens) zwei Formen: erstens Zeigen als Verweisen, als *Zeigen-auf*

---

[15] Man könnte hier nun lange Überlegungen darüber anstellen, was nun eigentlich rein akustisch, symbolische Zeichen von den Sprachzeichen unterscheiden würde. Nur ganz kurz, weil das hier nicht eigentlich Thema ist: Die rein akustischen symbolischen Zeichen sind parasitär zu den Sprechzeichen, setzen also Sprache schon voraus, sind Elemente einer »Zeichensprache«. Anders ist dies bei den indexikalischen akustischen Zeichen (lautes Donnern für Gefahr usw., die ja schon von Tieren interpretiert werden können).

[16] Bierwisch, »Musik und Sprache«, a.a.O. (Anm. 7), S. 60. Im Folgenden vgl. a.a.O., S. 61 f.

– einfachstes Beispiel ist hierfür der ausgestreckte Arm mit dem ebenfalls ausgestreckten Zeige-Finger, der auf einen Gegenstand weist (dies entspricht grosso modo dem Peirceschen *index*), und zweitens Zeigen als Aufweisen, als *Etwas-Zeigen*, d.h. Vorführen einer Bewegung oder eines Gegenstandes (dies entspricht, wie schon gesagt, (nur) einer bestimmten Teilklasse Peircescher *icons*). Ein Beispiel für letzteres wären die Bewegungen, die ein Tanzlehrer seinen Schülern und Schülerinnen vorführt, womit er ihnen zeigt, wie ein bestimmter Tanz ›geht‹. Die Bewegungen, die der Tanzlehrer vollführt, stehen für die charakteristische Schrittfolge eines Tanzes, aber sie stehen in der Vorführung für diese Schritte so, dass sie zugleich auch diese Schrittfolgen *sind*. Und dies ist nun ein wichtiger Punkt beim Zeichengebrauch im Sinne des Etwas-Zeigens bzw. des Vorführens: In einem solchen Zeigen als Vorführen sind das Zeichen (das, womit gezeigt wird, das *Zeigezeug* um mit Heidegger zu sprechen[17]) und das mit dem Zeichen Gezeigte *ein und dasselbe* – und doch auch wiederum nicht, weil ja die Differenz von Zeigendem und Gezeigten in dieser vorführenden Bewegung gleichwohl besteht.

Man kann auch sagen, dass die Schritte des Tanzlehrers *Proben* dessen sind, was gezeigt werden soll. Und so, wie z.B. ja auch eine Stoffprobe die Eigenschaften des Stoffes, von dem er eine Probe ist und auf den er damit zeigend bzw. vorführend verweist, tatsächlich selber besitzt, so auch hier. Mit Nelson Goodman gesprochen: wir haben es hier mit einer *Exemplifikation* zu tun.[18] Auch bei musikalischen Zeichen: Sie stehen für bestimmte Eigenschaften, *indem* sie diese exemplifizieren, d.h. als ihre eigenen Eigenschaften vorführen. Das können sie freilich nur dann, wenn sie diese Eigenschaften tatsächlich auch besitzen. Damit stehen musikalische Zeichen *für sich*, wie überhaupt Selbstvorführung ästhetischer Zeichen, ihr Präsentationscharakter, vor allem im Bereich der Kunst stattfindet.[19] Im Falle der Musik ist Exemplifikation, das Vorführen von Eigenschaften notwendige, allerdings noch nicht hinreichende Bedingung für die spezifische Art der Bezugnahme ästhetischer Zeichen, die man mit Goodman in einem weiten Sinne als ›Ausdruck‹

17 Vgl. Martin Heidegger, *Sein und Zeit*, Tübingen: Niemeyer [15]1979, S. 76 ff. (§ 17).
18 Vgl. zum folgenden auch Nelson Goodman, *Languages of Art. An Approach to a Theory of Symbols*, Indianapolis: Hackett [2]1976, S. 52 ff.
19 Ganz ähnlich scheibt Christian Grüny in Bezug auf den musikalischen Ton (allerdings ohne Rekurs auf Goodman): Der musikalische Ton »emanzipiert sich mühelos vom Indexcharakter, den das Hörbare sonst trägt, und wird nicht als spezifisches Geräusch eines Instruments oder einer Stimme gehört, sondern eben als Ton, als in sich stehendes Sinnereignis. Er verweist auf nichts anderes als sich selbst.« (Christian Grüny, »Figuren von Differenz. Philosophie zur Musik«, in: *Deutsche Zeitschrift für Philosophie* 57, 6 (2009), S. 907-932, hier S. 914).

(*expression*) fassen kann. Ästhetische Zeichen drücken etwas aus, indem sie eine Eigenschaft *metaphorisch* exemplifizieren. Ein Bild, auf dem graue Schlieren zu sehen sind, kann Trauer ausdrücken, weil es eine Eigenschaft hat und vorführt (eben ›exemplifiziert‹), die von der Sprachgemeinschaft als ›traurig‹ bezeichnet werden kann. Klar, dass das Bild, die Melodie, die wir ›traurig‹ nennen, nicht selbst traurig ist, sondern eben nur metaphorisch, will sagen: Die Melodie, das Bild drückt Trauer aus.[20] Weil die Bezugnahme metaphorisch, übertragend ist, d.h. hierbei Eigenschaften vorgeführt werden, die *in anderen Kontexten* als traurig usw. bezeichnet werden, ist es für das Ausdrucksmoment von Musik (wie überhaupt für Kunst) nicht notwendig, dass hier Imitationen, Ähnlichkeiten etc. vorliegen müssen. Nicht in diesem Sinne also müssen musikalische Zeichen ikonisch sein – diese Art der Bezugnahme ist zwar *auch* möglich, aber, wie gesagt, der Musik akzidentiell – sondern nur in dem Sinn, dass sie überhaupt exemplifizieren, d.h. eigene besessene Eigenschaften ›selbstikonisch‹ vorführen.

Der Umstand, dass musikalische (wie überhaupt ästhetische) Zeichen notwendiger Weise für sich selbst stehen, bevor sie auch noch evtl. für etwas anderes stehen, kann eigentlich nur für denjenigen irritierend sein, der (was allerdings weit verbreitetet ist) davon ausgeht, dass Zeichen *für etwas anderes* als sie selber stehen müssten und dann, sozusagen als eine zusätzliche Option, *auch noch* auf sich selber verweisen könnten – wie dies etwa bei sogenannten Metabezugnahmen, also Zitationen, Anführungen, Paraphrasierungen usw. geschieht, die es sowohl im sprachlichen als auch im musikalischen Bereich gibt.[21] *Hierbei* ver-

20 Goodman hat in *Languages of Art* den Ausdruckscharakter musikalischer Zeichen nicht thematisiert; lediglich die Notationszeichen in Partituren (die freilich von völlig anderer Art sind) werden von ihm analysiert. Freilich lässt sich aber das Goodmansche symboltheoretische Instrumentarium in fruchtbarer Weise auch auf musikalische Zeichen anwenden, wie die Arbeiten von Simone Mahrenholz, *Musik und Erkenntnis. Eine Studie im Ausgang von Nelson Goodmans Symboltheorie*, Stuttgart: Metzler 2000 und Matthias Vogel, »Medienphilosophie der Musik«, in: Mike Sandbothe u. Ludwig Nagl (Hg.), *Systematische Medienphilosophie*, Berlin: Akademie 2005, S. 163-180.
21 Vgl. hierzu Jakob Steinbrenner, *Zeichen über Zeichen. Grundlagen einer Theorie der Metabezugnahme*, Heidelberg: Synchron 2004. Im musikalischen Bereich findet man solche Metabezugnahmen in den musikalischen Zitaten und Anspielungen an andere Werke, Stile etc. Ein Paradebeispiel der Metabezugnahme musikalischer Zeichen ist Bernd Alois Zimmermanns *Musique pour les soupers de Roi Ubu* von 1966, das in der Orchesterfassung von 1968 nahezu komplett aus musikgeschichtlichen Zitaten besteht. Dies ist aber eine Selbstbezugnahme von Musik auf Musik, die von ganz anderer Art ist als die hier zur Debatte stehende

hält es sich gerade so wie bei dem allbekannten Umstand, dass man mit seinem Finger auf alles mögliche zeigen kann und *schließlich* auch auf sich selbst als Zeigenden. Aber so sehr man sich auch krümmen mag, man kann mit dem zeigenden Finger nicht auf den zeigenden Finger zeigen und um gerade ein solches ›internes‹ Selbstverhältnis im Zeichen wäre bei einer Selbstbezugnahme hier zu unterstellen. Es handelt sich bei dieser fraglichen Bezugnahme also nicht um eine *Meta*-Bezugnahme – die neben der Bezugnahme auf alles mögliche dann auch noch eine auf sich selbst wäre – sondern, wenn man so will, um eine *Proto*-Bezugnahme. Das erste Zeigen überhaupt ist das *Herzeigen*, das Vorführen, das Präsentieren seiner selbst und seiner Eigenschaften, nicht das Repräsentieren (das Stehen-Für-Anderes). Wenn sich jemand oder etwas zeigt, d. h. in Erscheinung tritt, sich präsentiert, aufstellt bzw. darbietet, ist dies offensichtlich nicht ein Fall von Zeigen-auf, sondern ein Fall von Sich-Zeigen, reine, sich ereignende Deixis, die zunächst nicht auf etwas anderes bezogen ist, sondern sich rein als Zeigen zeigt. Das Sich-Zeigen, das Präsentieren ist damit die ursprüngliche Zeichenfunktion, auf dem alle Arten von Bezugnahme, das Zeigen-Auf (im Sinne der Indexikalität und Nicht-Selbstikonizität) und letztlich auch das Sagen-dass (im Sinne der Symbolizität) aufbauen können. Der Grund dafür, dass ein Zeichen überhaupt auf etwas anderes als es selbst verweisen kann, liegt darin, dass es zunächst einmal *überhaupt* verweist und das tut es primär in diesem Sinne des Sich-Zeigens als Exemplifikation seiner Eigenschaften.[22]

2. »...Kunst...«

Wenn man Sagen und Zeigen als zwei Grundformen des Mitteilens fein säuberlich voneinander trennt, wie es aus methodischen Gründen naheliegend ist – etwa um sprachliche von musikalischen Zeichen sys-

> Selbstikonizität. Man könnte vielleicht von einer *primären* und einer *sekundären* Selbstbezugnahme sprechen; die musikalische Zitation als sekundäre Selbstbezugnahme setzt, wie jede musikalische Bezugnahme, die primäre und konstitutive Selbstbezugnahme musikalischer Zeichen voraus.
>
> 22 Wie es wiederum möglich ist, dass sich überhaupt etwas präsentiert bzw. etwas sich rein deiktisch präsentieren kann, ist eine Frage, die uns an dieser Stelle (zum Glück) nicht mehr zu interessieren braucht. An der Selbstikonizität musikalischer Zeichen liegt es übrigens auch, dass der Umgang mit ihnen notwendiger (und erfreulicher) Weise den Charakter des Spiels hat. Musik wird gespielt, wogegen das Spiel mit Signalen – zumal, wenn es sich um solche handelt, die in der Verkehrskommunikation eine wichtige Funktion haben – fatale Folgen haben dürfte.

tematisch zu unterscheiden –, dann muss allerdings gefragt werden, ob nicht eine ganz wesentliche Sache übersehen wird, nämlich das interne Verhältnis von Sagen und Zeigen, das eben nicht im äußerlichen Aufweis von Gemeinsamkeiten und Unterschiede erfasst werden kann. ›Sagen‹ ist nur möglich aufgrund von Zeigen, und in der Sprache zeigt sich daher auch immer etwas, was selbst nicht gesagt werden kann, wie uns Wittgenstein und Heidegger gelehrt haben. Umgekehrt bedeutet dies aber auch, dass wir als sprachlich verfasste Wesen auf unserer Sprechwarte zurückschauen (können) auf das, was unser Sprechen ermöglicht. Und indem wir musikalische Zeichen verwenden – zunächst durchaus in einem alltäglichen Sinne von Musizieren, das keinen kunstvollen Anspruch auf Werkhaftigkeit erhebt – führen wir (uns) genau dieses vor, wie aus reiner Deixis des Sich-Zeigens eine Sinnstruktur durch Verweise gebildet wird. Wenn nun dieser vorführende Zeichenprozess in seiner Eigenart noch einmal eigens vorgeführt, wenn also das spezifische Sich-Zeigen musikalischer Zeichen eigens gezeigt, dann (erst) betreten wir das Feld der musikalischen Kunstwerke.

Vom Zeigen als Vorführen (dem Sich-Zeigen) muss also, so der Vorschlag noch einmal unterschieden werden das höherstufige Zeigen als *Aufführen*. Aufführen heißt: das Vorführen vorführen, das Zeigen zeigen. Aufführungen finden nun offenbar nicht nur in der Musik statt, sondern auch im Tanz, auf dem Theater oder, deutlicher noch, in Performance-Kunst, und, am deutlichsten, in der Pantomime. Von letzterer ist zwar oft nicht klar, ob sie es überhaupt zu einer eigenständigen Kunstform gebracht hat, d. h. ob es so etwas wie Werke der Pantomime gibt oder gegeben hat oder geben wird können; der Aufführungscharakter pantomimischer Darbietungen aber dürfte außer Frage stehen. An der Pantomime lässt sich die komplexe Zeichenverwendung in Aufführungen nun relativ überschaubar demonstrieren – besser jedenfalls als an musikalischen Werken bzw. deren Aufführungen.

Im Unterschied zu bloßen Vorführungen – bloßem Zeigen, wie man etwas macht etwa – wird in einer Aufführung zudem auf die gleichwohl vorgeführten Bewegungen *als Vorführung* verwiesen. Wenn ein Pantomime beide Arme waagrecht vor sich von sich streckt, mit hochgeklappten Händen, dazu vielleicht noch die Augen weit aufreißt, vollzieht er (überdeutlich) eine Geste der Abwehr. Weder aber will er damit gerade jemanden oder etwas abwehren (1. Stufe des Zeichengebrauchs), noch will er nur vorführen bzw. zeigen, ›wie es geht‹ bzw. ›wie man es macht‹, zu zeigen, dass man jemanden oder etwas abwehrt (2. Stufe des Zeichengebrauchs), sondern er *führt* die Abwehrgeste *auf* (3. Stufe des Zeichengebrauchs), indem er sie sozusagen in Reinform zeigt. Wir betrachten die Abwehrgeste, ohne dass wir einen Gegenstand oder eine Person, der bzw. die mit dieser Geste abgewehrt würden, sehen könnten oder auch nur danach suchen würden – wenn wir dies täten, hätten wir nicht verstanden, was der Pantomime tut[23], nämlich »Abwehr« in Reinform, platonisch gesprochen: als Idee zeigen, Abwehr an sich, Abwehr überhaupt. Es sind also die reinen gestischen Formen, die in einer solchen pantomimischen Aufführung vorgeführt werden (oder formelhafter: Aufführung ist Vorführung von Gesten in Reinform und damit Zeigen ihres Vorführungs- bzw. Zeigecharakters (im Sinne des Sich-Zeigens).

Nun sind musikalische Zeichen ebensolche, die nach Manfred Bierwischs instruktiver Analyse *gestische Formen* exemplifizieren (vorführen), lediglich mit dem Unterschied, dass dies nicht im visuellen, sondern im auditiven Feld geschieht.[24] Es sind damit so etwas wie klangliche Gesten, die in einer musikalischen Aufführung vorgeführt werden (und zwar in einem unmetaphorischen Sinn, es sind ja wirklich Gesten, nur eben Gesten in Reinform). Man kann es auch metaphorisch und ein wenig flapsig ausdrücken: Musik ist, in der Aufführung von Werken, Klangpantomime.

Sowohl bei der Pantomime (bei Tanz und Theater ist es so ähnlich, aber weniger deutlich) als auch bei der Musik haben wir es nun in den Aufführungen mit Zeichen zu tun, die sich selber zeigen, d. h. die als Zeichen vorgeführt werden.

Nun könnte man nach diesen Analysen den Eindruck haben, dass es sich ja dann bei der Musik, zumindest in ihrer künstlerischen Verwendungsweise um ein recht eitles Spiel der Zeichen handelt. Und kaum ein Musiker wird doch ein solch komplexes bzw. kompliziertes Bild von der Musik haben, die er aufführt! Natürlich will ich nicht behaupten, dass jemand, der Musik aufführt, dabei an die hier involvierten Zeichenprozesse denkt; dies tut er so wenig, wie jemand, der gut Schachspielen kann, z. B. daran denkt, Regeln des Schachspieles einzuhalten. Hier, in

23 Wenn man hier nun noch eine Zeigegeste als Beispiel nimmt, etwa den ausgestreckten Arm mit ausgestrecktem Zeigefinger, wird es dann fast schon verwirrend, kann aber dennoch durchgespielt werden. Mit Arm- und-Finger-Ausstrecken kann dementsprechend folgendes gemeint sein: 1. Stufe: Ich zeige auf etwas, 2. Stufe: Ich führe vor (zeige), wie Zeigen-auf ›geht‹, 3. Stufe: Ich führe auf, wie Zeigen-auf vor-(und übrigens auch ein-)geführt wird. Als Pantomime kann ich also zeigen, wie Zeigen-auf gezeigt wird. Das kann ich aber nur deswegen, weil in letzter Instanz (also auf der 3., aber auch schon auf der 2. Stufe) das Zeigen kein Zeigen-auf, sondern ein Sich-Zeigen ist. Um es vollends ins absurd Klingende zu wenden: Das Zeigen wird als ein Sich-Zeigen gezeigt.
24 Dies ist für Bierwisch geradezu das Definiens von Musik überhaupt: »Jede musikalische Struktur muss minimale Merkmalskonfigurationen enthalten, die als solche eine gestische Bedeutung haben.« (Bierwisch, »Musik und Sprache«, a. a. O. (Anm. 7), S. 80) So wie Sprache auf eine logische Form verweist, verweist die Musik nach Bierwisch auf eine gestische Form, indem sie zeigt, was sie mitteilt.

einem sich als philosophisch verstehenden Beitrag, geht es darum, wie ein solcher Prozess, wie wir ihn bei der musikalischen Entwicklung von Formen vor uns haben, gedacht werden kann bzw. muss. Wer Musik aufführt bzw. Musikaufführungen beiwohnt, und damit sich die elementare Vorzeigefunktion von Zeichen vorführen lässt, hat genau damit zu tun (auch wenn er davon aktual in seinem Tun nichts wissen muss, ja nicht einmal wissen darf, um musizieren zu können): Er vollzieht nämlich nicht viel weniger als die Herkunft der Sprache aus dem Geiste der Musik nach. Die musikalischen Zeichen sind (noch) keine sprachlichen, aber sie teilen mit (zeigen), wie es ist, ein sprachlich-geistiges Wesen zu sein: Immer unterwegs zu den Nennakten für das, was sich von sich her als musikalisches Zeichen, klingend, zeigt.[25] In der (Kunst-)Musik, die in Werke im weitesten Sinne gegossen ist, wird dieser Prozess in Reinform eigens vorgeführt.

3. »...und doch im Umkreis der Sprache zu Haus«

Kommen wir noch einmal zurück zu der Frage nach dem Verhältnis von Musik und Sprache. Bisher haben wir nur Gemeinsamkeiten und Unterschiede im Blick gehabt, also gewissermaßen das äußerliche Verhältnis der beiden Zeichensysteme bzw. Medien. Hier nun soll es abschließend um das innere Verhältnis von Musik und Sprache gehen, also die interne Verwiesenheit der musikalischen Zeichen auf das System der sprachlichen Zeichen – und es ist sicher ein großes Verdienst des Essays Albrecht Wellmers, dieses innere Verhältnis in vielen Facetten thematisiert zu haben. Die Sprachtendenz der Musik ist ein ihr wesentlicher Zug.

Musikalische Zeichen (z.B. Motive) können auf andere Zeichen verweisen (Zeigen als Zeigen-auf, Verweisen), weil sie zu diesen in Ähnlichkeits- oder Kontrastbeziehungen stehen (Goodmansch gesprochen: weil sie die durch dieselben sprachlichen Ausdrücke bzw. *labels* denotiert werden); durch diese Verweise werden in Form von Variation, Wiederholung, Modulation, Entwicklung oder Wiederholung musikalische Formzusammenhänge gebildet. Dass es aber *überhaupt* möglich ist, dass sich musikalische Motive als Zeichen(vorkommnisse) auf andere Zeichen(vorkommnisse) beziehen können bzw. bezogen werden können (denn sie tun dies ja nicht von sich aus) liegt daran, so sagten wir, dass sie sich überhaupt *als Zeichen*, als ein Stehen-für, *präsentieren* (bzw. präsentiert werden, denn auch dies tun sie ja nicht von sich aus). Musikalische Zeichen stehen für sich, sind selbstikonisch (Zeigen als Sich-Zeigen bzw. Vorführen).

[25] Dies scheint mir einer der zentralen Gedanken zu sein, um den Thrasybulos Georgiades' Nachlasswerk *Nennen und Erklingen* (vgl. Anm. 12) kreist.

Nun, warum ist letzteres so wichtig? Ich denke, ohne diese Überlegung kann man gar nicht in die Denk-Dimension gelangen, in der allererst geklärt werden könnte, was ein musikalischer Zusammenhang ist. Musikalische Zeichen sind, so sagten wir, proto-sprachlich, d. h. sie sind nicht selber sprachlich-repräsentierend, aber als ästhetische Zeichen dennoch nicht unabhängig von sprachlicher Bezugnahme denkbar, denn die Eigenschaften, die das musikalische Zeichen vorführt, müssen *sprachlich* identifiziert werden, damit wir den Ausdruck – das, was das musikalische Zeichen metaphorisch exemplifiziert – auch verstehen können.

Was hier bei den klanglich-auditiven Zeichen der Musik in Betracht kommen könnte, wäre allerdings so etwas wie die eine ›ungesättigte‹ Exemplifikation.[26] Denn schon die Zeichenträger sind ja im Falle der Musik *wesentlich* flüchtig und müssen (variierend) wiederholt werden, damit so etwas wie ein musikalischer Sinnzusammenhang entsteht (dass die Laute der gesprochenen Sprache flüchtig sind, ist ihnen nicht wesentlich). Was die musikalischen Zeichen bedeuten, kann somit in keinem Lexikon festgehalten werden, auf das dagegen Sprachlaute wie auch immer verweisen. Nur im Umkreis der Sprache aber ist so etwas wie Exemplifikation von Eigenschaften überhaupt möglich, nur im Horizont der denotativen, festhaltenden sprachlichen Bestimmungen können wir Eigenschaften der Musik allererst identifizieren und damit wissen, welche Eigenschaft im musikalischen Zeichen vorgeführt wird (wie z. B. dass es schnell, langsam, dicht oder weniger dicht, dumpf oder hell, schwer oder leicht, hoch oder tief, sprunghaft oder gemächlich usw. usw. ist).[27] Die Existenz bestehender sprachlicher Bestimmungen (*labels*) ist also eine Voraussetzung für das Wissen darum, was in einer bestimmten Musik *direkt* exemplifiziert wird. *Nicht aber* ist die Existenz dieser Denotationen Voraussetzung für das Verstehen der *metaphorischen* Exemplifikation, d. h. des Ausdrucks, der mit den Zeichen verbunden ist. Das bedeutet: Das *label*, sozusagen die Schublade der *metaphorischen* Eigenschaft, von dem wir in der Musik eine klingende Probe vorführen oder vorgeführt bekommen, müssen wir nicht schon haben, ja, vielleicht können oder sollten wir im Falle der Musik eine solche auch gar nicht haben. Bei der metaphorischen Exemplifikation ist es generell möglich, und also auch und gerade beim musikalischen Ausdruck, dass das Prädikat, auf das metaphorisch verwiesen wird, in seiner begrifflichen Bestimmtheit erst noch gesucht werden muss. Ja,

---

26 Einen ähnlichen Gedanken verfolgt Mahrenholz, *Musik und Erkenntnis*, a. a. O. (Anm. 20), S. 67 ff.
27 ›Schwere‹, ›Tiefe‹, ›Höhe‹ sind zwar auch Metaphern, aber mit ihnen werden Eigenschaften benannt, die die Musik wirklich besitzt und daher nicht metaphorisch, sondern direkt exemplifiziert bzw. vorführt.

noch mehr: Das musikalische Zeichen stößt gleichsam den sprachlich-begrifflichen Suchprozess an; es ist beim musikalischen Hören daher immer möglich (genauer: es muss immer möglich sein), sich zu fragen: »Wovon ist dies, was hier klingt, eigentlich Ausdruck?«

Genau dies nun macht die Sprachtendenz der Musik aus, ihr Charakter eines Suchens nach Sprache. Wir versuchen (oder vorsichtiger ausgedrückt: manche von uns versuchen manchmal) das, was musikalisch vorgeführt wird – und a fortiori dann, wenn es aufgeführt wird – zu erfassen, indem wir sagen, das klingt wie X, wie Y oder wie Z. Es ist, wie Wellmer sagt: Die Musik ist zwar konstitutiv wortfern, aber eben doch notwendig auf die Sprache bezogen, was schlicht und einfach heißt, dass Musik und Sprache nur koexistieren können.[28] Wesen, die nicht sprachlich verfasst sind, kennen auch keine Musik (und das ist notwendiger Weise so).

Kommen wir zum Abschluss noch einmal zurück auf die elementaren Unterschiede zwischen musikalischen und sprachlichen Zeichen und der durch sie initiierten Prozesse. Musikalische Zeichen können Bezug auf Außermusikalisches nur auf präsentierende, genauer: *metaphorisch exemplifizierende* Weise nehmen, sprachliche Zeichen, aufgrund ihrer Arbitrarität, tun dies auf gänzlich andere, nämlich denotative bzw. repräsentierende Weise. Das Anfangsmotiv des ersten Satzes der fünften Sinfonie Beethovens nimmt nicht auf so etwas wie Schicksal in der Weise Bezug, wie das Wort ›Schicksal‹ auf Schicksal Bezug nimmt, sondern nur so, dass es eine Eigenschaft seiner selbst vorführt (nämlich irgendwie ›klopfend‹ zu sein), so dass man *metaphorisch* von diesem Motiv mit Beethoven sagen kann: »So klopft das Schicksal an die Tür«. Das heißt eben nicht, dass dieses Anfangsmotiv der Fünften für ›Schicksalsklopfen‹ steht. Es steht vielmehr für sich, präsentiert sich als ein bedeutsames Motiv, das durch Variation und Kontrastierung mit anderen Motiven in einen musikalischen Sinnzusammenhang verflochten wird und so letztlich als Teil einer Struktur, einer musikalischen Form sich präsentiert. Es stellt sich solchermaßen in seiner Vielseitigkeit vor und wir können metaphorisch auf dieses Motiv *labels* anwenden – und dies sicher nicht individuell beliebig, sondern nach Maßgabe unserer

28 Ich würde in diesem Beitrag nur die These vertreten wollen, dass es keine Musik ohne Sprache geben kann (im Sinne einer schwachen Koexistenzbehauptung); nicht aber zusätzlich auch die These, dass es Sprache nicht ohne Musik geben könne (starke Koexistenzbehauptung), was auch denkbar ist, hier aber nicht begründet werden kann. Auch nach der schwachen Koexistenzthese sieht es schlecht um die genannte *animal music* aus. Selbst der herrlichste Gesang der Vögel, Wale und Wölfe kann nur *für uns* Musik sein, nicht für die Tiere.

gemeinsamen kulturellen Praxen, aber darin durchaus auch nicht auf eine bestimmte Bedeutung festgelegt.

Man könnte hier nun auf den weiteren – hier nicht mehr zu verfolgenden – Gedanken kommen, dass die Musik nicht nur im Horizont der Sprache zu Hause ist, sondern diesen Horizont beständig erweitert und sich hiermit als eine Agentin oder Pionierin der Sprache betätigt, indem sie Bereiche der Welt erschließt, die auf ihre Benennung warten.

Johannes Picht
Bewegung und Bedeutung. Sprache, Musik und Zeitkonstitution

Für Gertrud und Hans Zender

Wer im Feld von Musik und Sprache auf trennscharfe Definitionen aus ist, hat schon im Ansatz verloren; dennoch sind erste Verständigungen notwendig.

Ich verstehe im Folgenden als Modell von Sprache in erster Linie die Wortsprache, wohl wissend, dass »jedes Verständnis von Sprache unzureichend wäre, das neben der Wortsprache nicht auch die Wurzeln der musikalischen, bildnerischen oder tänzerischen Ausdrucks- und Darstellungsformen in sich beschlösse«.[1] Jede sprachliche Handlung bewegt sich in einem Resonanzspektrum transmodaler und intermedialer Wahrnehmung und Mitteilung, und praktisch alle Handlungen können sprachlich fungieren. Als Versuch einer ausreichend allgemeinen Kennzeichnung lässt sich sagen: Sprache ist, wenn Zeichen bedeuten.[2] Dies ist als ein Ausgangspunkt zu verstehen, von dem aus sich ein Horizont ergibt.

Musik wird landläufig als die Kunst der Töne, Klänge und Rhythmen verstanden. Die musikalische Moderne hat jedoch vor allem in den 50er und 60er Jahren des 20. Jahrhunderts – jedenfalls der oft umstrittenen Intention nach – schlechterdings jedes herkömmliche Merkmal von Musik transzendiert und die Grenze der Musik zur Nichtmusik praktisch aufgehoben[3]. Ein Aspekt hiervon ist das Bestreben, die Musik aus dem Herrschaftsbereich der Sprache, dem sie sich in den 1000 Jahren zuvor in Europa zunehmend eingegliedert hatte, zu befreien.[4] Musik hat, zum

---

1 Albrecht Wellmer, *Versuch über Musik und Sprache*. München 2009: Hanser, S. 24
2 Dieser Zeichenbegriff umfasst das gesamte Feld von Signifikanz, De- und Konnotation. Vgl. Susanne K. Langer, *Philosophy in a New Key – A Study in the Symbolism of Reason, Rite, and Art*, Cambridge Mass.: Harvard UP 1942
3 Vgl. Albrecht Wellmer, *Versuch über Musik und Sprache*, a. a. O. (Anm. 1), S. 229 ff.
4 Vgl. Dieter Schnebel, »Der Ton macht die Musik oder: Wider die Versprachlichung! Überlegungen zu Periodik, Wiederholung und Abweichung«, in: Dieter Schnebel, *Anschläge – Ausschläge. Texte zur Neuen Musik*, München: Hanser 1993, S. 27-36; Thrasybulos Georgiades, *Musik*

Beispiel als »visible music« (Schnebel) oder als Musik des Raums und des Lichts, den Bereich des Akustischen verlassen und ist darüber zu einer umfassenden Exploration der Frage, »... wie die Zeit vergeht ...«[5], hinausgewachsen. Erst im Licht dieser Entwicklung gewinnt die Frage nach dem Verhältnis von Musik und Sprache ihre heutige Prägnanz.

Vielleicht lässt sich als Ausgangspunkt angesichts der Notwendigkeit, einen hinreichend weiten Horizont zu eröffnen, der Satz wagen: Musik ist, wenn Ereignisse bewegen.

Albrecht Wellmer schreibt, Musik und Sprache seien unter anderem darin unterschieden, dass erstere immer eine Kunstform sei, während letztere eine Alltags- und eine Kunstform kenne.[6] Aber ist es nicht andererseits so, dass Sprache gelernt werden muss, während Musik gegeben ist? Wellmer will diejenigen Formen von Musik nicht zur Kenntnis nehmen (bzw. als schlechte Musik abtun), die sich einem von ihm vorausgesetzten Konzept von Kunst nicht einfügen, und grenzt damit gerade diejenigen Regionen aus, in denen das Verhältnis von Musik und Sprache als grundsätzliches Problem zutage tritt.[7] Auch dagegen rebelliert die musikalische Moderne. Sie fordert zu einer radikal uneingeschränkten und offen Wahrnehmung des »Phänomens Musik« auf und sucht die Freisetzung aus überkommenen Konzepten und Rollenverteilungen von Kunst und Werk, von Komponist, Interpret und Hörer.[8]

Meine Ausgangspunkte sind somit die Kategorien von Bewegung und Bedeutung. Sie eröffnen ein Feld, in dem sich auch beschreiben lässt, was vor sich geht, wenn Sprache bewegt bzw. wenn Musik bedeutet. Als Drittes muss ich meinem Gedankengang, dessen Anspruch es ist, das Verhältnis von Musik und Sprache aus der Perspektive der Zeitkonstitution zu entfalten, eine zeitphilosophische Überlegung voranschicken.

Wir können nichts denken und erfahren, was nicht in der Zeit ist. Aber die Art und Weise, wie wir Zeit – und damit Denken und Erfahren – konstituieren, ist nicht eindeutig und stabil, sondern wandelbar und vielschichtig. Dies zeigt nicht nur ein Blick in die Geschichte, sondern ist, wenn wir einmal darauf aufmerksam werden, an jeder Wahrnehmung

und Sprache. Das Werden der abendländischen Musik, Berlin, Heidelberg u. New York: Springer 1984.
5 So der Titel eines Schlüsselaufsatzes von Karlheinz Stockhausen, in: Karlheinz Stockhausen, *Texte zur elektronischen und instrumentalen Musik*, Band 1, Köln: Dumont 1963, S. 99-139.
6 Albrecht Wellmer, *Versuch über Musik und Sprache*, a.a.O. (Anm. 1), S. 48.
7 Vgl. Johannes Picht, »Werk-Sein durch Diskurs? Zu Albrecht Wellmers ›Versuch über Musik und Sprache‹«, in: *Musik & Ästhetik* 14 (2010), S. 61-72.
8 Vgl. Johannes Picht, »Dieter Schnebel und die Psychoanalyse«, in: *Musik & Ästhetik* 16 (2012), S. 5-17.

nachzuweisen. Die Physik hat Zeit als Parameter konzipiert, so dass sie messbar ist und sich in mathematische Modelle einfügen lässt. »Unter dem Diktat der physikalischen Zeit«[9] ist uns beigebracht worden, alle anderen Formen von Zeiterfahrung auf Zeit als Parameter zu beziehen. Man hat uns gelehrt, damit wüssten wir, was Zeit ist. Wir können uns aber bewusst machen, dass Zeit, wenn sie als Zeitstrahl – also mittels einer räumlichen Metapher – konzipiert wird, uns in räumlicher Gleichzeitigkeit als streng lineares Hintereinander von Zeitpunkten vor Augen geführt wird. Dieses Modell von Zeit bildet die phänomenale Differenz und das Ineinandergreifen der Zeitmodi – Vergangenheit, Gegenwart, Zukunft – nicht ausreichend ab. Wir erfahren Zeit nicht so. Die Zeit der klassischen Physik ist – wie die Physiker selbst bereits erkannt haben – nur eins von vielen Zeitkonzepten. Sie leistet als Abstraktion zum Zweck der Messbarkeit Erhebliches, wenn es um Naturbeherrschung geht, stimmt aber mit unserer Erfahrung der Zeit im Erfahren von Phänomenen und von uns selbst nicht überein.[10]

Jede Zeitkonstitution enthält zweierlei: die Differenzierung der Zeitmodi und deren Verschränkung zu einer Einheit. Vergangenheit, Gegenwart und Zukunft treten auseinander; sie sind als eine Zeit miteinander verbunden. Aber diese Einheit erscheint in unterschiedlichen Formen. Die Einheit der Zeit ist uns – in welcher Gestalt auch immer – nicht vorgegeben, sondern wir müssen sie in unserem Weltbezug – und den Weltbezug durch sie – erst »machen«, herstellen. Dies kann unterschiedlich ausfallen, es kann scheitern und verlorengehen. Es gibt eine Pathologie der Zeitkonstitution.

Nicht nur finden sich in anderen Kulturen und Epochen – wie sich besonders an Kunstwerken ablesen lässt – andere Auffassungen von Zeit als heute und bei uns; sondern unterschiedliche Weisen des Weltbezugs gehen mit unterschiedlichen Gestalten der Einheit von Zeit einher. Es gibt in diesem Sinne nicht eine Zeit, sondern unzählbar viele Zeiten. Hören und Sehen bedingen unterschiedliche Zeitgestalten, die wiederum von den Gestalten von Zeit im Bereich der anderen Sinne, auch der

---

9 Georg Picht, »Unter dem Diktat der physikalischen Zeit«, in: ders., *Hier und Jetzt – Philosophieren nach Auschwitz und Hiroshima*, Band II, Stuttgart: Klett-Cotta 1981, S. 377-382. Für das Folgende vgl. a. Georg Picht, *Der Begriff der Natur und seine Geschichte*, Stuttgart: Klett-Cotta 1986; *Kunst und Mythos*, Stuttgart: Klett-Cotta 1986; *Zukunft und Utopie*, Stuttgart: Klett-Cotta 1992; *Glauben und Wissen*, Stuttgart: Klett-Cotta 1994.
10 Die Kritik am Zeitbegriff der Physik steht mindestens seit Bergson und Heidegger im Zentrum der modernen Zeitphilosophie. Eine Übersicht ermöglicht Walther Ch. Zimmerli u. Mike Sandbothe (Hg.): *Klassiker der modernen Zeitphilosophie*, Darmstadt: WBG ²2007.

Propriozeption und der Affektwahrnehmung, unterschieden sind. Deren Kommensurabilität ist nicht selbstverständlich, sondern stellt eine ständige Aufgabe der Synthese, deren Bewältigung wir nicht mehr wie Kant als Apriori voraussetzen können. Unsere Angewohnheit, von »der Zeit« zu sprechen, verdeckt vielmehr, dass wir in mehreren Zeitformen »zugleich« leben, aus deren Interferenz sich unser Weltbezug ergibt. Dieses »zugleich« ist das synthetische Problem; wir können es nicht hinter uns lassen, nicht aus der Zeit heraustreten. Somit konstituiert sich Zeit aus der Interferenz unterschiedlicher Formen des Verschränktseins der Zeitmodi zu einer Einheit.

Mitgedacht ist hierbei der Raum; denn Zeit und Raum lassen sich nicht unabhängig voneinander denken. Bewegung setzt Raum voraus und schafft ihn. Zeit als reines Fließen, in dem jeder Augenblick den vorangehenden austilgt, nur um sogleich vom nächstfolgenden verschlungen zu werden, würde allerdings weder die Konstitution eines Raumes noch einen Begriff von Bewegung oder von Veränderung erlauben. Eine solche Zeit ist nicht vorstellbar, da Raum die Form ist, in der Zeit anschaulich wird. Es gäbe in einer solchen Zeit überhaupt kein Bewusstsein von irgendetwas. Bewusstsein und Raum entstehen mit der ersten Stockung in diesem Zeitfluss, mit dem ersten Verharren einer Erinnerung, dem ersten Warten auf etwas Antizipiertes. Erst damit treten die Zeitmodi auseinander.[11] Dieser Raum ist immer vom Kollaps bedroht und muss ständig verteidigt werden; die Formen unseres Denkens sind Formen der Abwehr.[12] Die klassische Trennung von Zeit und Raum, eine dieser Denkformen, setzt den Raum als Bereich, der dem zeitlichen Fluss a priori entzogen ist, und führt in einen metaphysischen Horizont, in dem Erkenntnis als reine Betrachtung dem Erkannten gegenüber zeitlos verharrt. Das ist nicht die Form unseres Bewusstseins. Wir leben vielmehr, so wie in verschiedenen Zeiten, auch in mehreren Räumen; so ist der Raum unseres Hörens (unter dem Primat der Sukzession) ein anderer als der unseres Sehens (ein simultaner Raum), und so fort. Zeitkonstitution meint also immer die Interferenz und Synthese unterschiedlicher Gestalten der Raumzeit, die in immer anderer Weise eine Spannung zwischen fließender Veränderung und beharrender Struktur vermitteln.

Bewegung und Bedeutung spiegeln die Pole dieser Spannung wider.

11 Martin Heidegger spricht von »reißender« und »aufgerissener« Zeit; vgl. Martin Heidegger, *Erläuterungen zu Hölderlins Dichtung*, Frankfurt am Main: Klostermann ⁵1981, S. 39f.
12 Dies meint durchaus den psychoanalytischen Begriff der Abwehr. Ein verwandter Begriff ist in der Psychoanalyse der des Widerstands: Die Formen des Denkens sind Formen des Widerstands gegen den Kollaps des Denkvermögens.

Sprache ist aber nicht nur Bedeutung, Musik nicht nur Bewegung. Auch hier hilft das Bild der Interferenz: Wenn und insofern Sprache und Musik voneinander unterschieden werden können, dann im Hinblick auf die Interferenzen, die sich im Bereich und im Gebrauch dieser beiden Medien aus Bewegung und Bedeutung ergeben. Hiermit ist das Gelände abgesteckt, in dem von der Sprache der Musik und von der Musik der Sprache die Rede sein kann. Bewegung kann etwas bedeuten, Bedeutung kann bewegen. Dies will ich näher auszuführen versuchen.

Ich nähere mich zunächst von der Sprache aus. Wir können Sprache nur verstehen, wenn wir die Zeichen, im Fall der Wortsprache vor allem die Wörter, verstehen. Wörter weisen auf Kategorien hin, die, wenn das Wort verstanden werden soll, bekannt sein müssen; ein Wort verstehen heißt, diesen Hinweis verstehen. Kategorien sind Klassen von Erscheinungen. Was in Sprache erscheint, wird aus der Singularität herausgehoben und einer solchen Klasse zugeordnet, es wird als der Klasse zugehörig identifiziert. Die Klasse von Erscheinungen ist zeitlich anders konstituiert als das einzelne Erscheinende; während dieses im einmaligen »Jetzt« der Gesamtheit dessen steht, was um es herum vor sich geht, ist die Kategorie, der es mit dem Wort zugeordnet wird, diesem »Jetzt« enthoben. Signifikant (sprachliches Zeichen), Signifikat (Kategorie) und das, was im Akt des Bezeichnens jeweils der Kategorie zugeordnet wird, unterscheiden sich in ihrer Zeitlichkeit; das Jetzt wird Exemplar von etwas, was nicht nur jetzt ist. Auch in jenen (für die Musik interessanten) Grenzfällen, wo ein Zeichen sich selbst bezeichnet, ist, wenn dies nicht eine leere Tautologie sein soll, die Rede von dieser Differenz: Jedes Zeichen meint nicht nur das Bezeichnete, sondern darüber hinaus das Potenzial der Wiederholung des Bezeichneten.[13] Das Bezeichnete wird durch das Zeichen vom Moment seines Auftretens und vom Hintergrund seiner Umgebung abgelöst. Der Vorgang des Bezeichnens schafft einen Abstand, das Bezeichnete wird dadurch hervorgehoben und sichtbar. Auch der Abstand des Bezeichneten zu dem, der bezeichnet, wird dadurch bekräftigt. Wer ein Wort benutzt, stellt sich der Welt gegenüber, hebt sich aus deren Lauf heraus. Das Zeichen schafft einen Raum.

Bedeuten umfasst aber mehr als Bezeichnen. Das Wort bezeichnet nicht nur, es evoziert. Der Raum der Vorstellung, den die Sprache schafft und braucht, enthält mehr als nur »Sachvorstellungen«,[14] und diese um-

---

13 Vgl. Jürgen Habermas, *Der philosophische Diskurs der Moderne. 12 Vorlesungen*, Frankfurt am Main: Suhrkamp ⁴1988, S. 209 f.

14 Die Verbindung von Wort- und Sachvorstellungen ist konstitutiv für Sigmund Freuds Bewusstseinstheorie. Vgl. Sigmund Freud, »Das Unbewusste«, in: ders., Gesammelte Werke Bd. X, Frankfurt am Main: S. Fischer ⁸1981, S. 264-303.

fassen mehr als nur die mittels des Wortes isolierten und kategorisierten »Sachen«. Nichts ist vorstellbar ohne jenen Hof von Bezügen, Bedingungen und Möglichkeiten, der es der Welt einfügt. Damit ein Wort etwas bedeuten kann, muss es daher zugleich die ganze Welt bedeuten.[15] Diese Welt ist mehr als das Jetzt, sie ist bereits ein Aufriss der modal differenzierten Zeit. Dennoch ist die Form, in der die Welt der Vorstellung erscheint, wenn das Wort gesprochen wird, die des Re-Präsentierens, der Vergegenwärtigung. Hier sind zwei Bedeutungen des Wortes »Gegenwart« zu unterscheiden: Die Gegenwart als einer der drei Modi der Zeit, und die Gegenwart der vereinten Vorstellung der drei Modi der Zeit. Im Vorgang des Bedeutens präsentiert sich die modal differenzierte Zeit als Raum. Das Bedeuten ist in diesem Sinne vom Modus der Präsenz beherrscht: Vergangenheit und Zukunft präsentieren sich der Vorstellung als Raum von Erinnerung und Antizipation. Erinnerung und Antizipation sind aber, wie ich noch zeigen werde, gegenwärtige Konstruktionen. Im Umkreis des Bedeutens wird die Zeit von der Gegenwart aus und als Gegenwart, als Re-Präsentation, konstituiert.

Von einer anderen Seite aus nähern wir uns mit der Musik. Sie besteht primär nicht aus Zeichen, sondern allenfalls – neben der Stille, von der noch die Rede sein wird – aus Ereignissen. Ereignisse sind einmalig, unwiederholbar, unwiderrufbar und unvoraussagbar. Damit ist eine andere Figur, auch eine andere Weite von Zeitlichkeit aufgerufen, als das Zeichen sie schafft. Einmal eingetreten, ist ein Ereignis zum Faktum geworden, es ist unwiederbringlich, unveränderbar, jeder Handhabung entzogen, streng genommen auch nicht erinnerbar, es sei denn in Teilaspekten oder als Rekonstruktion.[16] Jede Wiederholung ist als Wiederholung, also als etwas anderes, markiert, ist ein neues Ereignis. Was sich dabei wiederholt, sind nur ausgewählte Merkmale. Auch Erinnerung ist Wiederholung. Was wir Erinnerung nennen, sind Spuren, Vorstellungen und Imitate der Ereignisse, nicht die Ereignisse selbst. Wenn wir das, was wir erinnern, Vergangenheit nennen, dann sehen wir darüber hinweg, dass wir Vergangenheit damit auf jenen Bereich einschränken, der sich als solche präsentiert; Erinnerung ist eine Form von Präsenz. Auch jene Vergangenheit, die in den Dingen als ihre Herkunft aufbewahrt ist, ist Präsenz. Man kann daran glauben, dass jedes vergangene Ereignis in diesem Sinne präsent bleibt; was wir erleben, ist aber sein unaufhaltsames Entschwinden aus der Gegenwart.

Entsprechendes gilt für die Antizipation. Von manchen Ereignissen glauben wir zu wissen, dass sie eintreten werden; doch strenge Gewissheit darüber kann es nicht geben. In ihrer elementaren Form ist

15 Dies geht über Konnotation hinaus, vgl. Langer, *Philosophy in a New Key*, a. a. O. (Anm. 2).
16 Jede Erinnerung ist symbolisch, also sprachlich.

Antizipation eine Assoziation, also genau genommen eine Erinnerung: aus erfahrenen Verknüpfungen von Ereignissen schließen wir auf Künftiges. Es ist aber nicht sicher, dass morgen die Sonne wieder aufgeht.[17] Auch die sogenannten Naturgesetze geben Gewissheit über künftige Ereignisse nur unter der Voraussetzung ihres weiteren Geltens. Über jene Projektion von Gegenwart hinaus, die wir Zukunft zu nennen pflegen, verweist das Ereignis hinaus in eine offene Zukunft jenseits der Antizipation, die wir nicht kennen können. Es ist deren Einschlag in die Gegenwart, es ist Ereignis darin, dass es aus dieser Zukunft kommt. Die uns geläufige Konzeption von Zeit, die der klassischen Physik (die moderne Physik gibt diese Konzeption nicht auf, sondern gebraucht sie weiterhin, sei es als Grenzfall, sei es um die Versuchsanordnungen und Beobachtungen zu beschreiben, in denen nichtklassische Phänomene abgebildet werden[18]), betrachtet, um Naturgesetze formulieren zu können, Zukunft und Vergangenheit als isomorph: Beide liegen, nur durch den Gegenwartspunkt getrennt, quasi-simultan auf einem räumlich vorgestellten Strahl, dessen Punkte sukzessiven Weltzuständen entsprechen. Die Zukunft wird, analog der Vergangenheit, als faktisch-zuständlich gedacht, nur dass die entsprechenden Fakten noch nicht eingetreten sind. Dies ist Voraussetzung dafür, dass sich künftige Zustände antizipieren lassen. Dagegen verweist die Quantenphysik auf eine Zeitkonzeption, derzufolge es keine künftigen Zustände gibt; Gegenwart ist das »Zuständigwerden« als Ereignis, vorstellbar als Entscheidung von Optionen, deren Wahrscheinlichkeit als einziger Inhalt von Antizipation verbleibt.

Was hat das mit Musik zu tun? Das Ereignis wird als Eintritt wahrgenommen. Es lässt sich erst isolieren und identifizieren, wenn es schon eingetreten ist; identifizierbar sind aber immer nur einzelne abstrahierte Aspekte dessen, was sich ereignet. Deshalb ist, was sich ereignet, immer »plötzlich«; auch was mit unserer Erwartung übereinzustimmen scheint, kommt von jenseits der Erwartung. Es verändert die Welt: es bewegt. Es ist nicht »dort«, nicht außerhalb; das Ereignis und die Bewegung sind nicht zweierlei. Das Ereignis bewegt nicht in dem Sinne, dass es auf etwas Unbewegtes einwirkt, sondern es bewegt als Fortschreiten der Zeit im Sichereignen.

Von dieser Art ist, was Musik ausmacht. Alle Musik hat als Horizont eine Zukunft, die über das Antizipierbare hinausreicht; alle Musik lebt davon, dass man nicht weiß und nicht darüber verfügt, was passieren

---

17 Ludwig Wittgenstein, *Tractatus logico-philosophicus*, Frankfurt am Main: Suhrkamp 1970, Satz 6.36311.
18 Carl-Friedrich v. Weizsäcker, »Das Verhältnis der Quantenmechanik zur Philosophie Kants«, in: Carl-Friedrich von Weizsäcker, *Zum Weltbild der Physik*, Stuttgart: Hirzel 1970, S. 80-117.

wird, und dass, was passiert ist, unwiederbringlich entschwunden ist. Im Hintergrund aller Musik und aller Wirkung von Musik ist der bewusstlose »reißende« Zeitfluss. Allerdings nehmen wir auch in der Musik Gestalten wahr, identifizieren, erinnern und antizipieren. Aber eine Konzeption von Musik, die nur das Wiederholbare, das Identifizierte und Geformte, das bereits Präsente und in Simultaneität Projizierte in den Blick nimmt, erfasst nicht genug von der Zeitausgesetztheit der Musik und kann daher nicht ausreichend verständlich machen, wie es zugeht, dass Musik bewegt.

Ein Beispiel soll dies deutlicher machen. Es ist der uns vertrauten europäischen Tradition entnommen und zeigt deren Tendenz, Musik der Sprache anzunähern, auf einem Höhepunkt; ein Beispiel für Sprache auf einem Höhepunkt der Musikalität wird sich anschließen. Zu Beginn des Rondos der Klaviersonate D-Dur op. 10 Nr. 3 von Beethoven ist ein kurzes Motiv von nur drei Achteln zu hören, das sich nach einer Pause wiederholt. Das ist der »Gestus der Stimme [...], die redet«[19]; Wiederholung und Pause heben, so deutlich es nur möglich ist, hervor, dass diese Folge von Tönen als eine identifizierbare Gestalt gelten soll. Aber identisch und somit wiederholbar sind, streng genommen, nur die notierten Eigenschaften. Kein Pianist kann das Motiv zweimal hintereinander genau identisch spielen; das könnte nur eine Maschine, für die diese Musik jedoch nicht gedacht ist, und der Pianist soll es auch gar nicht. Selbst wenn er es könnte: Der Kontext des zweiten Erklingens des Motivs ist ein anderer. Musikalische Ereignisse sind in ihrer Wirklichkeit aber stets untrennbar bezogen auf die Gesamtheit dessen, was ihnen vorausgeht und was ihnen folgt. Wir können das Motiv in seiner Artikuliertheit mit einem Wort vergleichen, das nochmals gesprochen wird. Wir können sogar aufweisen, wie das Motiv und seine einzelnen Elemente im Zusammenhang von Beethovens musikalischer Sprache wortähnlich auf Kategorien verweisen; so verweist z. B. der erste Akkord auf die Kategorien Dur-Dreiklang, D-Dur, Auftakt, usw. Während aber ein Wort, wenn es ein zweites Mal gesprochen wird, dasselbe bedeuten kann (weil es auf dieselbe Kategorie verweist und die gleichen Vorstellungen evoziert) wie beim ersten Mal, ist das Motiv, das hier den Satz einleitet, nicht dasselbe wie das gleichlautende Motiv, das ihm nach einer Pause folgt. Es wirkt anders auf uns ein, wenn wir es noch nicht kennen, als wenn wir es gerade schon einmal gehört haben. Man könnte auch sagen: Das Motiv hat eine sprachzugewandte und eine sprachabgewandte Seite. Auf dieser ist es ein identisches Element, ein Zeichen, das sich wiederholt, auf jener ist es Ereignis, unwiederholbar.

19 Theodor W. Adorno, »Fragment über Musik und Sprache«, in: ders., *Musikalische Schriften I-III (Gesammelte Schriften* Bd. 16), Frankfurt am Main 1978, S. 251-256, hier 251.

Adorno hat von der »urteilslosen Logik« der Musik gesprochen.[20] Wir können das jetzt präzisieren: Die Feststellung, dass das erste und das zweite Motiv identisch sind, ist ein logisches Urteil. Es setzt jenen dem Zeitfluss enthobenen Standpunkt voraus, den die Sprache schafft. Auf der einen, der sprachzugewandten Seite kann die Musik derartige identifizierbare Gestalten bilden. Auf der anderen Seite der Musik ist ein Identitätsurteil niemals möglich, hier gilt eine Logik des Nichtidentischen in der Sukzession.

Ferner: Die Pause zwischen den beiden Auftritten des Motivs ist nicht beliebig, sie hat eine notierte Dauer, die aber nicht mit der Uhr zu messen ist, sondern anhand der Metrik: Sie wird in Schlägen gemessen, hier in Viertelschlägen, deren je vier einen Takt bilden. Der Takt hat seinerseits eine aus schweren und leichten Schlägen (Systole und Diastole) aufgebaute Struktur. Wir »verstehen« auch das Motiv aus drei Achteln nur, wenn wir die metrische Struktur, in der es erscheint, auch dann mitvollziehen, während »nur« Pause ist. Die Pause ist also nicht leer, kein bloßes Warten, sie ist vom vorangehenden Motiv im Wortsinn »in-formiert«. (Die Fuge E-Dur aus Bachs Wohltemperiertem Clavier Band I ist ein Beispiel für eine Musik, die mit einer Pause beginnt. Diese Pause wird für den nur Hörenden nachträglich »in-formiert«; für den Spieler ist sie notiert als Aufgabe, sie zu »in-formieren«, indem er mit der Pause zu spielen »anhebt«. Musik ist, das zeigen diese Beispiele, nicht nur das, was man hört.)

Wie lang die Pause dauert, und was auf sie folgt, ist aber, solange die Pause dauert, offen. Das ist auch dann so, wenn wir das Stück kennen oder selbst spielen. Auch der Spieler selbst kann nur ungefähr antizipieren, wie die Bewegung des Motivs das zweite Mal ausfallen wird. Nuancen der Agogik und des Anschlags, die ästhetisch spürbar sind, werden immer unvoraussagbar bleiben. Selbst an technisch reproduzierter Musik lässt sich noch die Erfahrung machen, dass ein und dieselbe Musikkonserve, zu unterschiedlichen Zeiten gehört, ganz unterschiedlich auf uns wirkt, und dass dieser Höreindruck unvoraussagbar bleibt. Auch die reproduzierbaren »Klangbeispiele«, wie Wolfgang Rihm sie abfällig nennt,[21] sind darin Musik, dass sie ihre »Bewegung«, d. h. ihre Wirkung als Ereignis, wie auch ihre »Bedeutung«, d. h. ihre Potenz, Welt zu evozieren, im Kontext all dessen ausüben, was sie jeweils umgibt; sie sind darin immer einmalig.

Solange dem ersten Motiv in unserem Beispiel nichts folgt, ist noch nicht einmal klar, ob dies eine Pause (nämlich ein in die Musik gehö-

20 Vgl. a.a.O., S. 253.
21 Reinhold Brinkmann u. Wolfgang Rihm, *Musik nachdenken. Reinhold Brinkmann und Wolfgang Rihm im Gespräch*, Regensburg. Conbrio 2001.

rendes, zeitlich begrenztes und bemessenes Ereignis informierter Stille) oder ob die Kontinuität unterbrochen ist. Auch daran wird deutlich, dass Musik nicht aus dem allein besteht, was man hört; sie ist vielmehr getragen von einer – in diesem Falle metrisch und syntaktisch gegliederten – Kontinuität, die dem Gehörten vorausgesetzt ist, auch wenn sie sich erst durch das Gehörte manifestiert. Wir versuchen, uns der Kontinuität hinreichend zu versichern, indem wir Musik in einen rituellen Rahmen versetzen. Wir nehmen wahr, dass der Pianist während der Pause weiterhin da sitzt und aufmerksam die Pause »spielt«. Unsere Toleranz, eine Stille als Pause, ohne Bruch der Kontinuität, aufzufassen, ist aber in engem Rahmen von der Dauer dieser Stille abhängig. Die Fähigkeit von Konzertgängern, Pausen zwischen Sätzen einer Sonate oder Symphonie als solche zu tolerieren, hat in den letzten Jahrzehnten abgenommen.

Wir pflegen als Musik nur das zu bezeichnen, was diesen Rahmen einer gesicherten Kontinuität als Differenz[22] zur Alltagserfahrung aufweist. Die bereits erwähnte Gewohnheit, als Musik nur gelten zu lassen, was sich einem europäisch-bürgerlichen Kunstbegriff von Musik fügt, umgibt dies mit einem weiteren Zaun. Wir werden nicht gerne daran erinnert, dass Kontinuität, allem Ritual zum Trotz, nicht ohne die Drohung ihrer Unterbrechung zu haben ist, und dass diese Drohung daher in jedem Augenblick zur Musik gehört. Wir brauchen andererseits die Versicherung, dass die Musik uns auch wieder entlässt; auch dies soll das Ritual gewährleisten. Die Musik wird in die Formen, die wir dann zu ihrer Definition zu machen pflegen, zuallererst gebannt. Die Kontinuität, von der hier die Rede ist, ist die domestizierte Form des Kontinuums der reißenden Zeit, in der wir jenes gerade noch ertragen. Wir möchten sicher sein, dass wir auch in Momenten der Ekstase noch hinreichend außerhalb der Musik stehen, und dass unsere Rückkehr gesichert ist; das gilt für den Spieler ebenso wie für den Hörer. John Cage hat aber den rituellen Rahmen, die Apparatur des Bannens, aus- und bloßgestellt und so erkennbar gemacht, dass das Ritual, einschließlich unserer Teilnahme daran, selbst bereits Musik ist, der wir somit nicht entkommen können; dies erklärt die verstörende Wirkung seiner Konzeptionen.

Der englische Psychoanalytiker Donald W. Winnicott hat – in seiner bahnbrechenden Untersuchung der frühen Mutter-Kind-Beziehung – dargestellt, aus welchen Grundelementen und Gegebenheiten sich Erfahrung, und damit auch Erfahrung von Zeit, konstituiert. Er beschreibt, wie der Säugling, solange die mütterliche Fürsorge ausrei-

---

22 Zum Begriff der Differenz in diesem Zusammenhang vgl. Christian Grüny, »Figuren von Differenz. Philosophie zur Musik«, in: *Deutsche Zeitschrift für Philosophie* 57, 6 (2009), S. 907-932.

chend ist, nicht weiß und nicht erfährt, was ihm zur Verfügung gestellt und wovor er bewahrt wird. Hinreichende mütterliche Fürsorge gewährleistet eine »continuity of being«, die die Basis für Kontinuität und Kohärenz des sich entwickelnden Selbst bildet. Ein Versagen (»failure«) der mütterlichen Fürsorge führt dagegen zu einer Unterbrechung dieser Kontinuität, die als Vernichtung und damit als extrem ängstigend und schmerzhaft erlebt wird. Sie zwingt den Säugling zu einer Reaktion, um die Kontinuität wiederherzustellen. Dieser Schreck ist die erste bewusste Erfahrung. Kontinuität (»going on being«, wie Winnicott schreibt) und Unterbrechung (»impingement«) sind demnach die Grunderfahrungen menschlichen Daseins.[23] Dies sind aber, Hans Zender zufolge, auch die Grundelemente jeder Musik.[24]

Was Winnicott beschreibt, ist keine Psychologie, sondern betrifft die Bedingungen, unter denen psychischer Raum sich überhaupt erst ausbildet, aber auch verloren geht. Diese Bedingungen sind nicht nur für den Säugling, sondern permanent und lebenslang gefordert, um den psychischen Raum aufrechterhalten zu können. Der psychische Raum ist aber kein anderer als der Raum von Erinnerung, Antizipation, Vorstellung und Bedeutung, auch wenn mit diesem Raum sich zugleich das konstituiert, was außerhalb seiner liegt und in der Psychoanalyse als das Unbewusste angesprochen wird. Musik ist also mehr als die Darstellung psychischer Abläufe, die als solche den entfalteten Raum der zeitlichen Modi bereits voraussetzen. Der Horizont der Musik ist weiter als der Horizont der menschlichen Vorstellungen, Phantasien, Repräsentationen und Entwürfe. Schon die Voraussetzungen psychischen Funktionierens und des Entstehens jener Strukturen, die als »Selbst«, als »Ich« oder »Subjekt« Grundlage individueller Erfahrung sind, erweisen sich als Elemente von Musik. Musik stellt also nicht nur zeitliche Verhältnisse dar; Musik stellt die Elemente dar, aus denen zeitliche Verhältnisse und ihre Wahrnehmung überhaupt entstehen. In diesem Sinn erscheint es gerechtfertigt, in einer gewissen Verkürzung zu sagen: Musik stellt Zeit dar;[25] ja sogar: Musik stellt Zeit her. Und zwar dann, wenn man gelten lässt, dass Musik als Horizont nicht nur das umfasst, was wir übrig lassen, wenn wir sie in einen uns angenehmen, d. h. uns scheinbar nicht gefährdenden Bezirk einschließen, den wir missbräuchlich und verharmlosend »Kunst« nennen. Musik konfrontiert uns mit Zeit, setzt uns ihrer Gewalt aus. Der Verweis auf Winnicott sollte verdeutlichen,

---

23 Donald W. Winnicott, »The Theory of the Parent-Infant Relationship«, in: *International Journal of Psycho-Analysis* 41 (1960), 585-595.
24 Hans Zender, »Musik verstehen – was heißt das?«, in: *Stimmen der Zeit* 227, 6 (2009) S. 391-404.
25 Vgl. Georg Picht, »Grundlinien einer Philosophie der Musik«, in: ders., *Wahrheit, Vernunft, Verantwortung*, Stuttgart: Klett-Cotta 1969.

dass diese Gewalt potenziell vernichtend ist. Das ist die Rückseite der Musik. Auf ihrer Vorderseite ist Musik der Versuch der Rettung, indem sie die Gewalt erträglich und fassbar macht.

Wenden wir uns nun wieder der Sprache zu, ebenfalls mit einem Beispiel, den Zeilen, mit denen Goethes Gedicht »Wanderers Nachtlied« beginnt: *Über allen Gipfeln / Ist Ruh.*
Auch die Sprache hat eine der Musik zu- und eine der Musik abgewandte Seite. So wie ich ein musikalisches Beispiel gewählt habe, das auf einem Höhepunkt der Sprachzugewandtheit (»Sprachähnlichkeit« laut Adorno[26]) steht, ist dies ein Beispiel für einen Höhepunkt der Musikalität von Sprache. Damit ist nicht nur gemeint, dass es aus der Lyrik stammt, für die in allen ihren Formen das Hörbare und das Gesprochenwerden der Sprache konstituierend ist, die Sukzession verschiedener Laute und ihrer Bezogenheit aufeinander, einschließlich des Rhythmus und der Metrik. Auch hierfür ist dieses Gedicht ein herausragendes Beispiel. Es geht aber um mehr.

Wir müssen die Bedeutung der Wörter »Gipfel« und »Ruhe« kennen, um diesen Text verstehen zu können, ebenso die übrigen Wörter; aber wir verstehen den Text nicht, wenn wir nicht empfinden, dass wir nicht verstehen, was die Kopula »ist« hier bedeutet. Und zwar deshalb nicht, weil wir »Ruh« nicht als etwas erfahren, was im landläufigen Sinne »ist«: vorhanden ist, stattfindet, Eigenschaft von etwas ist, existiert. »Über allen Gipfeln ist Ruh« ist auch nicht Information darüber, wo »Ruh« ist, auch wenn dies die grammatikalische Form des Satzes ist.[27] Damit wird auch die Bedeutung der Wörter »über« und »allen« ungewiss. Was also hat »Ruh« mit »allen Gipfeln« zu tun?

Es wird berichtet, dem alten Goethe seien beim Besuch der Hütte auf dem Kickelhahn im Thüringer Wald, auf deren Türbalken er dieses Gedicht mehr als fünfzig Jahre zuvor geschrieben hatte, Tränen über die Wangen gelaufen.[28] Bis heute kann man sich dem Ergriffensein bei diesen Worten kaum entziehen. Doch die Bewegung, die uns ergreift, ist schwer zu fassen. Die lautliche und rhythmische Fügung, so vollendet schön diese ist, reicht nicht aus, um sie zu erklären; diese akustische Dimension der Musik der Sprache würde sich auch dem mitteilen, der kein Deutsch versteht. Aber selbst wenn man die Ebene der Wortbe-

26 Vgl. Adorno, *Fragment über Musik und Sprache*, a. a. O. (Anm. 19).
27 Vgl. Martin Heidegger, *Grundbegriffe*, in: Martin Heidegger, Gesamtausgabe II. Abteilung Band 51, Frankfurt am Main: Klostermann 1981, S. 31.
28 Aufzeichnungen des Berginspektors Johann Christian Mahr, der Goethe begleitete, zit. nach Wulf Segebrecht, *Johann Wolfgang Goethes Gedicht »Über allen Gipfeln ist Ruh« und seine Folgen. Zum Gebrauchswert klassischer Lyrik,* München: Hanser 1978.

deutungen hinzufügt, ergibt sich noch nicht vollständig, warum das Gedicht bewegt. Todesnähe, Todessehnsucht, Friede, Schlaf, Nacht; Gebirge, Wald, Vögel – gewiss wird hier ein Vorstellungsraum evoziert, eine besondere Stimmung. Gewiss führt die rhythmische Verkürzung der zweiten Zeile, nur zwei Silben, dazu, dass eine Pause entsteht. Aber ist damit genug gesagt?

Das Wort »Ruh« bewegt als Ereignis, auch als Klangereignis (des unvermittelt dunklen »u« nach überwiegend hellen Vokalen im Vorangehenden), aber vor allem als Bedeutungsereignis, als Aufkommen dessen, worauf es verweist. Es ist durchaus eigentümlich, wie die Bedeutung des Satzes »Über allen Gipfeln ist Ruh« mit der Bewegung des Satzes verknüpft und nicht nur an die lexikalische Bedeutung (die identifizierende Funktion), sondern auch an die Reihenfolge (die Sukzession) der Wörter gebunden ist. Hieße es: »Ruh ist über allen Gipfeln«, der Inhalt des Satzes wäre ein anderer. Für die Bedeutung des Wortes »Ruh« ist wesentlich, dass es am Ende eintritt, und dass darauf eine Stille folgt. Damit trägt sich eine Logik der Sukzession in die Sprache ein. Das Wort »Ruh« ist an dieser Stelle ein Ereignis, weil es den Raum dessen, was die vorangegangenen Wörter evoziert hatten, verändert. »Über allen Gipfeln« – wir sehen, wenn auch noch undeutlich, eine Szenerie; »ist Ruh« – die Szene bleibt, aber auf einmal sind wir über sie hinaus in einen anderen Raum versetzt. Im Fortschreiten von Wort zu Wort des Gedichtes entfaltet sich der Vorstellungsraum, bis wir so etwas wie den Thüringer Wald in Abendstimmung vor uns sehen; aber in dem Wort »Ruh« liegt etwas, das sich einem Vorstellungsraum nicht mehr ganz einfügen will. In diesem Moment erst werden wir gewahr, dass wir keiner bloßen Naturschilderung lauschen. »Ruh« verweist darüber hinaus auf ein Zur-Ruhe-Kommen allen Sichvorstellens, auf ein Jenseits allen Bedeutens von Sprache. Vielleicht erfassen wir damit auch etwas davon, was hier »über« heißt. »Über allen Gipfeln/Ist Ruh« lässt sich so interpretieren: Jenseits all dessen, was wir sprachlich zur Vorstellung bringen können, ist ein Bereich, auf den das Wort »Ruh« verweist. Die auf »Ruh« folgende Pause ist ein Verstummen angesichts einer Grenze des sprachlich Ausdrückbaren.

Was ist das für ein Bereich, und in welchem Verhältnis steht er zum Vorstellungsraum? »Über allen Gipfeln« evoziert eine visuelle Vorstellung; »Ruh« bedeutet dagegen dem lexikalischen Wortsinn nach keine visuelle Vorstellung, sondern die Abwesenheit von Bewegung, auch von akustischen Reizen, im weiteren Sinn die Abwesenheit von einwirkenden Kräften. Dies wird in den nächsten drei Gedichtzeilen ausgeführt. Abwesenheit ist als Nichtanwesenheit eine Eigenschaft von Gegenwart. Hier ist jedoch kein nur gegenwärtiger Zustand angesprochen. »Ruh« bedeutet nicht nur, dass jetzt gerade nichts passiert. Nur weil »Ruh« sich – anders als die bildevozierenden Wörter, die vorausgehen und folgen – nicht lediglich auf die Gegenwart als Attribut und Aussage bezieht, kann »Ruh« sich ausbreiten. Mit diesem Wort weitet sich, so könnten wir zunächst sagen, der Raum von der sich präsentierenden Szenerie aus auf den Raum der Erwartung: von dem, was ist, auf das, was sein könnte, von der Gegenwart auf die Zukunft. Das wäre bereits eine Änderung der Zeitkonstitution. Aber es wäre noch zu kurz gegriffen, »Ruh« als Antizipation zu verstehen (dass nichts passieren wird); denn wir haben gesehen, dass Antizipation eine Form der Präsentation ist, und dass die Spannung der Erwartung von Ereignissen immer über das Antizipierbare hinausreicht. Auch diese Spannung ist Antizipation, sie antizipiert das Eintreten nicht antizipierter Ereignisse als Möglichkeit. Der Raum der Zukunft konstituiert sich aus dieser Spannung. »Ruh« bedeutet aber, dass auch die Erwartung künftiger Ereignisse als Spannung aufgegeben werden kann. Damit deutet dieses Wort nicht nur nicht auf einen gegenwärtigen Zustand, sondern nicht einmal auf künftige Zustände.

Der Raum, in den wir mit »Ruh« versetzt werden, scheint sich somit gar nicht auf die Modi der Zeit abbilden zu lassen; es erübrigt sich, auszuführen, dass »Ruh« auch nicht etwas Vergangenes bezeichnet. Dies wird im Gedicht noch dadurch verdeutlicht, dass in den letzten beiden Zeilen »Ruh« im Modus des Futur erscheint, als etwas, das in Aussicht gestellt ist, während »Ruh« zu Anfang als etwas, das »ist«, also als grammatikalische Gegenwart dasteht. Ist das so zu verstehen, dass »über allen Gipfeln« etwas schon verwirklicht ist, wohin »du« erst noch, wenn auch »balde«, kommen wirst? Ist der erwartete Tod, auf den das Gedicht anspielt, »über allen Gipfeln« schon jetzt eingetreten? Wie auch immer wir es wenden, jeder Versuch, »Ruh« auf etwas Innerzeitliches zu beziehen, führt zu einem absurden Ergebnis. Wir können noch einen letzten Versuch machen: Versuchen wir, »Ruh« als inneren Zustand, als Affekt, aufzufassen. Das wäre die übliche Perspektive einer psychoanalytischen Deutung. Dann aber wäre dieser Affektzustand auf den Bereich »über allen Gipfeln« lediglich projiziert – ist es das, was Goethe sagen will? Und was bedeutet es dann, dass dieser Zustand, bezogen auf das als »Du« angesprochene eigene Ich, ins Futur gesetzt ist? Auch dies ist keine Lösung.

Wir müssen also gelten lassen: Das Wortereignis »Ruh« bewegt, indem es auf einen Bereich verweist, der die modal differenzierte, sukzessiv verlaufende, räumlich anschaulich vorstellbare Zeit hinter sich lässt. Es weist darauf hin, dass diese Zeit, wie auch immer wir sie konstituieren, auf einen ihr jenseitigen Horizont bezogen ist, den wir selbst nicht denken oder erfahren können, der uns jedoch in der Form des Verwiesenseins auf ihn bewegend erfahrbar wird. Der Raum, den »Ruh« erschließt, ist den Räumen, in denen Zeit sich veranschaulicht, inkommensurabel, sie sind nicht in ihm enthalten und grenzen nicht an ihn; deshalb das Wort »jenseits«. Es ist jedoch dieser Raum, der uns erst ermöglicht, über Zeit und Raum nachzudenken und die unterschiedlichen Formen der Entfaltung von Raum und Zeit in Musik und Sprache zu erfinden und zu erkennen.

Elfie Miklautz
aaaaaaaaaaaa – Musik will uns hören

Meinen Fokus möche ich nicht auf die möglichen Gemeinsamkeiten von Musik und Sprache richten, sondern auf deren Differenz. Ich möchte an den Rändern der Sprachähnlichkeit entlang navigierend die Grenzen zum Ungesagten, ja Unsagbaren des Musikalischen aufspüren und näher bestimmen. In Anlehnung an Cassirer gehe ich davon aus, dass es sich bei Musik um eine Form des Welterschließens handelt. Die Frage ist nun einerseits, *wie* man sich dieses Erschließen vorzustellen habe; Cassirer bezeichnet sie ja als eine der symbolischen Formen, doch in welcher Weise erfolgt die Symbolisierung? Ebenso wichtig ist die zweite Frage, *welche* Welt sich nämlich mithilfe der Musik erschließt oder erschließen lässt. Das »Ergebnis« des Erschließens von Welt, wahrnehmbar im Erleben eines musikalischen Ereignisses, ist jedenfalls *evident*. Es ist so, wie es ist, man begegnet ihm nicht mit Skepsis. Und fragt man nach, was es denn aussage, gibt es darauf keine zufriedenstellende Antwort, die sich im Medium der Sprache formulieren ließe. Schumann soll auf die Frage, was denn ein von ihm vorgetragenes Werk bedeute, dieses kommentarlos nochmals gespielt haben. Wenn ich Evidenz für das musikalische Erleben konstatiere, beziehe ich mich auf eine vor erkenntnistheoretischem Hintergrund getroffene Unterscheidung zwischen einer durch Beweis oder Erklärung begrifflich vermittelten Einsicht und einer deutlichen, »einleuchtenden« Einsicht, die ohne methodische Umwege unvermittelt zustande kommt. Evidenz ist unwägbar, sie *zeigt sich* bzw. wird als anschauliche Gewissheit erfahren. Mit der Behauptung, dass Musik Evidenz zukomme, wird ihr nicht nur Erkenntnis- sondern auch Wahrheitsfähigkeit attestiert und eine Grenzlinie zwischen sprachlich und anschaulich vermittelbaren Sachverhalten gezogen.

Vorausgesetzt, dies fände ungeteilte Zustimmung, wäre alles Weitere entbehrlich und fiele dem Verdikt anheim, dass man schweigen solle über alles, worüber sich nicht sprechen lasse. Zahlreich sind die entsprechenden Klagen über die Dürftigkeit der Sprache, so sie sich an Musik versucht. George Steiner etwa verdeutlicht ihr Ungenügen unmissverständlich: »An ihren Grenzen blockiert, aber durch Intuition, Imagination und Empfinden vorwärts gedrängt, wird die Sprache, wenn es um Musik geht, unsauber. Fast alles, was über Musik gesagt wird, ist Gerede, das zu Gleichnis, Metapher und Analogie greift.«[1] Vorwärts gedrängt aber auch, weil vermeintlich Unergründliches sich vielleicht

---

1 George Steiner, *Errata*, München: Hanser 1999, S. 87.

ja doch dem Satz vom zureichenden Grunde ergäbe, so man nur unablässig danach strebte. Die Paradoxie des beredten Schweigegebots begegnet daher auch allerorten, wo über Musik wahr- und ausgesagt wird. Doch ist es wirklich nur Gerede, wenn das Unsagbare zur Sprache gebracht wird? Ist es nicht zumindest notwendig, die Grenze genauer zu bestimmen, an der nur noch Schweigen angemessen ist?

...no reason

Als exemplarisch für den paradoxen Versuch des Benennens von Unnennbarem kann Arthur Schopenhauer angesehen werden. Er, der empfahl, das Philosophieren über Musik bleiben zu lassen und ihr stattdessen einfach zuzuhören, konnte es doch nicht lassen, sich ausgiebig darüber zu äußern. Seine Antwort auf die Frage, worin das Besondere der Musik bestehe, verglichen nicht nur mit anderen Formen der Kunst, sondern auch mit Weisen des Welterschließens überhaupt, erstaunt: Die ihr zugeschriebenen Potentiale gehen weit über alles hinaus, was vor ihm der Musik als Möglichkeitshorizont zugestanden und zugedacht worden war. Für Schopenhauer ist Musik ein unmittelbarer, unvermittelter, direkter Ausdruck des Kantschen *Dings an sich*, das sich auf diese Weise erfahren lässt, und das heißt: sich qua Intuition zu erkennen gibt. Als *Ding an sich* identifiziert Schopenhauer den Willen. Wie Kant geht er davon aus, dass uns die Dinge immer nur als *Vorstellung* gegeben sind; wir können also nur erkennen, was diese *für uns* sind. Was sie *an sich*, unabhängig von unserer Vorstellung, sein mögen, bleibt uns laut Kant unzugänglich, weshalb man es auch am besten auf sich beruhen lassen solle. Schopenhauer gibt sich damit nicht zufrieden, dass das Sein auf ein Vorgestellt-Sein beschränkt werden müsse. Er sucht nach einem Ausweg aus dem Sein in einer bloß vorgestellten Welt, d. h. nach einer anderen Seinsweise, die die Erkenntnisschranken des empirischen Bewusstseins hinter sich lässt. Als Scharnier der Türe, die zwischen der Vorstellungswelt und der Welt an sich fungiert, gilt ihm die doppelte Existenzweise unserer selbst: Wir sind uns nicht nur als Vorstellung gegeben, sondern selbst eines der Dinge an sich. Als dieses erkennen wir uns zwar nicht, *erfahren* uns aber als solches. Wir *sind*, unabhängig davon, ob wir es begreifen, unabhängig von jeder Kausalität und Notwendigkeit. Diese Erfahrung erschließt sich uns in der Naturhaftigkeit unseres Willens, eines grund- und ziellosen Drangs, eines sich selbst gegenüber blinden Strebens. Die Welt nun, die uns in Form von Vorstellungen *erscheint*, ist nichts anderes als ein großer Wille, bar jeder Vernunft und ohne Bedeutung. »*Die Welt* als *Ding an sich* ist ein großer Wille, der nicht weiß, was er will; denn er *weiß* nicht sondern *will* bloß, eben weil er ein Wille ist und nichts Andres.«[2]

Zugang zur Welt als Wille lässt sich durch den Übertritt in eine andere Seinsweise erreichen; ein Modus dieser Grenzüberschreitung ist die Kontemplation. In der Kontemplation erkennen wir das mithilfe der Vernunft nicht Erkennbare, und zwar, indem wir diesem ähnlich werden, uns diesem angleichen. Die Welt offenbart sich uns, indem wir Teil von ihr werden; die Subjekt-Objekt-Trennung, Voraussetzung rationalen Erkennens, wird dabei aufgehoben. Schopenhauer strebt nach einem *In-der-Wahrheit-Sein* statt nach einer distanzierten Wahrheit *über* die Welt, nach einer Erkenntnis, die einem zustößt, statt beabsichtigt herbeigeführt zu werden. Voraussetzung dieser Art des Welterschließens ist Selbstvergessenheit – wie in der mittelalterlichen Mystik und im Buddhismus geht es darum, sich jedes Urteils über die Welt zu enthalten, um eine Aufhebung der Trennung zwischen Ich und Welt zu ermöglichen. Nicht mittelbare, reflektierte Erkenntnis, sondern unmittelbare, intuitive ist das Ziel. Es gibt also eine Erfahrung, die über den Verstand hinausgeht, deren Evidenz sich aber auflöst, sofern man versucht, sie sprachlich darzustellen oder gar in Begriffe zu fassen.

Walter Benjamin hat dargelegt, dass es sich bei einem Erkenntnisprozess durch Kontemplation und mimetische Näherung um ein erotisches Geschehen handelt. Die kontemplative Haltung ist eine des Beiseitetretens, der Gelassenheit, die einen Zustand der Entrückung ermöglicht, der der Zeit enthoben ist. Benjamin spricht von einer Zeit der Erfahrung, die sich von der der Wiederholung inhaltsleerer Augenblicke unterscheidet. In dieser Art von Zeit, dem reinen *Jetzt* – das an das *nunc stans* der Mystik erinnert – wird qualitativ anderes erfahrbar: eine Form von Wahrheit, die nicht enthüllend das Geheimnis preisgibt und es damit vernichtet, sondern es sich offenbaren lässt und ihm dadurch gerecht zu werden vermag. Mimetisches Erkennen ist mystisch – in der Aufhebung der Trennung zwischen Subjekt und Objekt, zwischen Ich und Welt, teilen sich die Dinge uns mit, indem sie – die angeblickten – unseren Blick erwidern. Der Doppelblick des sich gleichzeitig auf die Welt und in sich selbst Richtens ermöglicht eine Betrachtung der Welt unabhängig vom Satz des Grundes, womit das Objekt – das keines mehr ist im Sinne eines Gegenstandes, der sich uns entgegensetzt – frei wird von jeder Teleologie und damit frei, sich uns erkenntlich zu zeigen. In der Musik erweist sich diese Doppelung, so Benjamin, als das Spannungsverhältnis zwischen sinnlich Hörbarem und der Idee des Kunstwerks – dem, was nicht gehört, sondern nur vernommen werden kann.[3]

2 Arthur Schopenhauer, *Frühe Manuskripte (1804-1818)* (*Der handschriftliche Nachlaß in fünf Bänden*, Bd. 1), München: Kramer 1985, S. 169.
3 Vgl. Walter Benjamin, *Ursprung des deutschen Trauerspiels*, Frankfurt am Main: Suhrkamp 1993, S. 9 ff. (Erkenntniskritische Vorrede).

Für Schopenhauer ist ästhetische Kontemplation unter Ausschaltung jeglichen Wollens der Weg zur Erfahrbarkeit der Welt als Wille. Die Welt der Phänomene ist ihm wie Platon das Erscheinen der Ideen. In willenloser Anschauung werden uns die Ideen selbst, die reinen Objektivationen des Willens, zugänglich. Zu leisten vermag dies die Kunst. Musik gelangt noch weiter: Sie ist völlig unabhängig von der erscheinenden Welt, »ignoriert sie schlechthin, könnte gewissermaßen, auch wenn die Welt gar nicht wäre, doch bestehn«.[4] Sie bedarf keiner Verkörperung, weil sie »eine so *unmittelbare* Objektivation und Abbild des ganzen *Willens* [ist], wie die Welt selbst es ist, ja wie die Ideen es sind, deren vervielfältigte Erscheinung die Welt der einzelnen Dinge ausmacht. Die Musik ist also keineswegs, gleich den andern Künsten, das Abbild der Ideen, sondern *Abbild des Willens selbst*, dessen Objektität auch die Dinge sind: deshalb eben ist die Wirkung der Musik so sehr viel mächtiger und eindringlicher, als die der andern Künste: Denn diese reden nur vom Schatten, sie aber vom Wesen.«[5]

Nicht der Schatten, sondern die Essenz; nicht das Abbild einer Erscheinung, sondern ein direkter Ausdruck des Willens, der aus dem Inneren der Dinge stammt – Musik ist der Klang des Dings an sich. Sie ist selbst unmittelbar das, wovon die Welt Erscheinung ist und verweist daher auch auf nichts außerhalb ihrer selbst. Schopenhauer zufolge ist die Welt als Wille hinter einem Schleier verborgen. Sie lässt sich weder mit wissenschaftlichen oder philosophischen noch mit künstlerischen Mitteln erkennen; unsere Möglichkeit, sie zu enthüllen, scheint einzig auf Musik beschränkt zu sein. Musikalische Erfahrung erlaubt uns, *hinter* die Erscheinungen zu gelangen, näher an die Essenz des Seins. Nicht nur der Schatten der Welt, sondern ihr Innerstes schließt sich für uns auf.

Wenn Musik uns dies ermöglicht, stellt sich die Frage, wie sie in unsere alltägliche Lebenswelt gelangt und welche Funktion dabei den Komponisten zukommt. Die Antwort, die Schopenhauer gibt, ermutigt nicht zu curricularen Anstrengungen. Komponieren ist für ihn nämlich eine Aktivität, die von Reflexion und Bewusstheit weit entfernt ist: »Der Komponist offenbart das innerste Wesen der Welt und spricht die tiefste Weisheit aus, in einer Sprache, die seine Vernunft nicht versteht; wie eine magnetische Somnambule Aufschlüsse giebt über Dinge, von denen sie wachend keinen Begriff hat.«[6] Die Welt der Erscheinungen und die Musik sind unterschiedliche Ausdrucksformen der Welt an sich. Musik ist daher, »wenn als Ausdruck der Welt angesehn, eine im höchsten

---

4 Arthur Schopenhauer, *Die Welt als Wille und Vorstellung* I, erster Teilband, Zürich: Diogenes 1977, S. 324.
5 Ebd.
6 A.a.O., S. 327.

Grad allgemeine Sprache, die sich sogar zur Allgemeinheit der Begriffe ungefähr verhält wie diese zu den einzelnen Dingen. Ihre Allgemeinheit ist aber keineswegs jene leere Allgemeinheit der Abstraktion, sondern ganz anderer Art, und ist verbunden mit durchgängiger deutlicher Bestimmtheit.«[7] Musik ist nicht ein Abbild der Erscheinung, sondern unmittelbar Abbild des Willens selbst, sie vermag es, alle Erscheinungen im Inneren des Menschen darzustellen, und zwar die innerste Seele derselben, ohne Stofflichkeit, ohne Körper, als bloße Form – sie gibt unser innerstes Wesen wieder ohne Wirklichkeit und fern von deren »Quaal«[8]. Aus diesem Grund, so Schopenhauer, könne man »die Welt ebenso wohl verkörperte Musik, als verkörperten Willen nennen«[9]. Musik verhält sich zu den wirklichen Dingen in ihrer Anschaulichkeit und Individualität genauso allgemein wie Begriffe – sie ist ein Abstraktum der Wirklichkeit. Es gibt allerdings einen entscheidenden Unterschied: während Begriffe aus der Anschauung abstrahierte Formen sind, »gleichsam die abgezogene äußere Schaale der Dinge«, konfrontiert uns Musik mit dem Herzen der Dinge, mit deren »innerste[m] aller Gestaltung vorhergängigen Kern«[10]. Schopenhauer schlussfolgert, dass Musik »in einer höchst allgemeinen Sprache das innere Wesen, das Ansich der Welt, welches wir, nach seiner deutlichsten Aeußerung, unter dem Begriff Willen denken, ausspricht, in einem einartigen Stoff, nämlich bloßen Tönen, und mit der größten Bestimmtheit und Wahrheit«[11].

Schopenhauers Sicht der Musik ist in mehrfacher Hinsicht bemerkenswert: Seine Metaphysik verbleibt in der Immanenz der Lebenswelt. Abstraktionen, die nicht in der Anschauung verankert sind, hält er für ungedeckte Gedanken. Er unterscheidet zwischen äußerer Erkenntnis, die an Kausalität orientiert ist, und innerer, die sich als leibliche Erfahrung manifestiert. Mittelbar die eine, vermittelt über den Verstand, unmittelbar die andere, aus der Gewissheit des Seins stammend; die eine aktiv, die andere passiv hinnehmend. Seine Transzendenz ist innerweltlich und leibgebunden. Die Welt wird dabei nicht vergeistigt, sondern naturalisiert[12] – auch der Kopf, so Schopenhauer, ist nur ein Körperteil. Musik ist der Philosophie insofern überlegen, als sie die erscheinende Welt nicht abbildet, sondern selbst das ist, wovon die Welt Erscheinung ist. Gelänge es, so Schopenhauer, »eine vollkommen richtige,

---

7 A.a.O., S. 329.
8 A.a.O., S. 331.
9 A.a.O., S. 330.
10 Ebd.
11 A.a.O., S. 332.
12 Vgl. Rüdiger Safranski, *Schopenhauer und Die wilden Jahre der Philosophie*, München: Hanser 1987, S. 310.

vollständige und in das Einzelne gehende Erklärung der Musik, also eine ausführliche Wiederholung dessen was sie ausdrückt, in Begriffen zu geben, diese sofort auch eine genügende Wiederholung und Erklärung der Welt in Begriffen, oder einer solchen ganz gleichlautend, also die wahre Philosophie seyn würde«[13]. Damit öffnet er ein Terrain für eine Philosophie der Musik, in der diese nicht Objekt, sondern Subjekt des Denkens ist – nicht Denken *über*, sondern Denken *durch* Musik vorstellbar wird. In Abwandlung des Leibnizschen Diktums, wonach Musik eine unbewusste Übung in Mathematik sei, bei der der Geist nicht wisse, dass er zähle, formuliert Schopenhauer, dass Musik eine unbewußte Übung in Metaphysik sei, bei der der Geist nicht wisse, dass er philosophiere.[14]

Wenn Musik größte Klarheit zukommt und wir ihre Quintessenz unmittelbar verstehen können, bedarf es keiner Worte – diese können nur verdunkeln und verwirren statt erhellen. Schopenhauer hat dennoch den Versuch gewagt, das seiner Ansicht nach sprachlich Unausdrückbare, das Musik kennzeichnet, auszubuchstabieren. Man könne ihr bestenfalls durch Analogien beikommen, meint er – die von ihm selbst dazu beigesteuerten Bilder sind allerdings wenig überzeugend. Um davon ein Beispiel zu geben: »Ich erkenne in den tiefsten Tönen der Harmonie, im Grundbaß, die niedrigsten Stufen der Objektivation des Willens wieder, die unorganische Natur, die Masse des Planeten. Alle die hohen Töne, leicht beweglich und schneller verklingend, sind bekanntlich anzusehen als entstanden durch die Nebenschwingungen des tiefen Grundtones. [...] Dieses ist nun dem analog, dass die gesammten Körper und Organisationen der Natur angesehen werden müssen als entstanden durch die stufenweise Entwickelung aus der Masse des Planeten: diese ist, wie ihr Träger, so ihre Quelle: und das selbe Verhältniß haben die höheren Töne zum Grundbaß. [...] Nun ferner in den gesammten die Harmonie hervorbringenden Ripienstimmen, zwischen dem Basse und der leitenden, die Melodie singenden Stimme, erkenne ich die gesammte Stufenfolge der Ideen wieder, in denen der Wille sich objektivirt. Die dem Baß näher stehenden sind die niedrigeren jener Stufen, die noch unorganisch, aber schon mehrfach sich äußernden Körper: die höher liegenden repräsentieren mir die Pflanzen- und die Thierwelt. [...] Endlich in der *Melodie*, in der hohen, singenden, das Ganze leitenden und mit ungebundener Willkür in ununterbrochenem, bedeutungsvollem Zusammenhange *eines* Gedankens von Anfang bis zum Ende fortschreitenden, ein Ganzes darstellenden Hauptstimme, erkenne ich die höchste Stufe der Objektivation des Willens wieder, das besonnene Leben und Streben des Men-

---

13 Schopenhauer, *Die Welt als Wille und Vorstellung* I, a.a.O. (Anm. 4), S. 332.
14 Ebd.

schen.«¹⁵ Je weiter Schopenhauer sich in die Konkretion musikalischer Phänomene vorwagt, desto abstruser werden seine Analogien. Hätte er besser schweigen sollen?

...no time

Man muss aus Schopenhauers entgleisten Bebilderungen nicht notwendig auf das Scheitern einer Philosophie des *Als ob* schließen. Die meines Erachtens tiefste »Übersetzung« von Schopenhauers Musikphilosophie in jene Worte, die der Konkretion musikalischer Erfahrungen gerecht werden und nicht ins Beliebige abgleiten, lässt sich bei Marcel Proust finden. Seine Ausführungen über Musik kommen dem, worüber man nicht sprechen kann, ungeheuer nahe. *Auf der Suche nach der verlorenen Zeit* zeigt Möglichkeiten, das Unaussprechliche dennoch zur Sprache zu bringen, den Punkt genau zu treffen, an dem das Als ob in ahnendes Erkennen übergeht, statt sich in schwammigem Geschwätz zu verlieren.

Proust beschreibt die Eindrücke beim Hören eines kleinen Themas aus einer Sonate für Violine und Klavier des – fiktiven – Komponisten Vinteuil. In Übereinstimmung mit – und zweifellos Kenntnis von – Schopenhauer gelingt es ihm, das zu äußern, was jenem verwehrt war: die konkrete musikalische Erfahrung als zeitenthobene Teilhabe am Sein. Musik sei, so Proust, »ein wenig Zeit im Reinzustand«: im Erleben von Musik erfassen wir die »wahre« Wirklichkeit, ein Sein, das wirklicher ist als das des alltäglichen Lebens. Musik vermittelt eine überzeitliche Seinsweise, die uns eine andere – sei es erinnerte, sei es zukünftige – Existenz anzudeuten vermag: »Die Musik Vinteuils [breitete] Note für Note, Klang für Klang unbekannte, unmeßbare Tönungen eines ungeahnten Weltalls aus«.¹⁶ Im Unterschied zu Schopenhauer geht es Proust nicht darum, Äußerungen über Musik zu treffen, die in ihrer abstrakten Allgemeinheit begrifflichem Erkennen entsprächen; sein Ausgangspunkt ist eine schlichte musikalische Phrase, bestehend aus fünf Tönen, anhand derer sich seinem Protagonisten Swann – und vermittelt über die Beschreibung von dessen Hörerfahrung uns – das innere Geheimnis der Musik offenbart. Der Eindruck, den die Melodie vermittelt, ist *sine materia*, nicht auf andere Eindrücke rückführbar, nicht übersetzbar in andere Erfahrungs- und Darstellungsformen. Die Töne hüllen den Hörenden ein wie ein Duft und öffnen seine Seele. Proust veranschaulicht, dass das Geschehen zunächst vor allem körperlich ist: Er spricht von

---

15 A.a.O., S.324 ff.
16 Marcel Proust, *Auf der Suche nach der verlorenen Zeit*, Bd 5: *Die Gefangene*, Frankfurt am Main: Suhrkamp 1977, S.343.

wiederkehrenden Themen, die »bei aller Unbestimmtheit so dringend und so nahe ertönen, so innerlich, so organisch, ja fast körperlich in uns existieren, dass man meinen möchte, es handle sich weniger um die Wiederaufnahme eines Motivs als vielmehr um das erneute Einsetzen einer *Neuralgie*«[17]. Die Leibgebundenheit führt aber nicht über den Intellekt zu einer Einsicht, nicht über sprachliche Benennungen zur Festmachbarkeit des Erlebten, sondern vielmehr zu einer Selbstauflösung des hörenden Subjekts und einem Übertritt in eine andere Wirklichkeit.

Um die Empfindungen beim Hören von Vinteuils Musik zu beschreiben, lässt Proust vor den Augen des Lesers ein Feuerwerk von Metaphern aufglühen, deren Evidenz man sich nicht entziehen kann – jede Seite enthält mehrfach das *Wie* des Vergleichs, das *Als ob* der Analogie. Verglichen wird vornehmlich mit sinnlich Erfahrbarem – mit Farben, Düften, Naturerscheinungen aller Art, flüchtigen Bewegungsformen, Körperwahrnehmungen: Im Hinblick auf das Thema spricht er von einem »Eindruck von stets sich zurücknehmender fröstelnder Süße«[18], eine musikalische Phrase ist ihm »wie das meergraue Wogen der vom Mondschein in eine weichere Tonart transponierten Brandung«[19]; »wie Rosendüfte in feuchter Abendluft die Eigentümlichkeit haben, die Nasenlöcher zu weiten«[20], so wird ihm durch die Melodie »die Seele aufgetan«; ihm ist, »als ob die Instrumente das kleine Thema weniger spielten, als dass sie es vielmehr nach Riten, die es verlangte, heraufbeschworen [...] als gehöre es einer Welt ultravioletter Strahlungen an. [...]. [Swann] spürte dennoch seine Gegenwart wie die einer schützenden Gottheit, die [...] leicht, mit beschwichtigendem Raunen, wie ein Duft vorüberstrich.«[21] »Es kehrte zurück, aber diesmal nur, um in der Luft zu schweben und einen Augenblick lang wie unbeweglich zu kreisen und gleich darauf abzubrechen. [...] Es schwebte wie eine irisierende Kugel, die sich selber trägt. Wie ein Regenbogen, dessen Leuchten immer schwächer wird, abklingt und dann vor dem völligen Verlöschen noch einmal einen Augenblick erblüht wie niemals zuvor.«[22]

So flüchtig die Eindrücke auch sein mögen – sie sind *bestimmter* als alles sonst, klarer als jede sprachliche Äußerung es je sein könnte: »Das Fehlen menschlicher Worte ließ *bei weitem nicht der Phantasie zu viel Raum*, wie man hätte glauben können, sondern hielt sie vollkommen

17 A.a.O., S.211 (Hervorhebung E.M.).
18 Marcel Proust, *Auf der Suche nach der verlorenen Zeit*, Bd. 1: *In Swanns Welt*, Frankfurt am Main: Suhrkamp 1981, S.461.
19 A.a.O., S.278.
20 Ebd.
21 A.a.O., S.458f.
22 A.a.O., S.464.

fern; niemals noch war die gesprochene Rede so *unbeugsam* durch Notwendigkeit bestimmt, kannte sie in solchem Maße die *Eindeutigkeit* der Fragen, die *Evidenz* der Antwort darauf.«[23] Es handelt sich offenbar um Impressionen von größter Klarheit, die statt diffus und mehrdeutig zu bleiben, scharf voneinander abgrenzbar und eindeutig »formuliert« sind. Wie bei Schopenhauer führt auch bei Proust der Weg in die uns durch Musik zugängliche *wahrere* Wirklichkeit nicht über den Intellekt, sondern über die Bereitschaft, sich dem Wahrgenommenen hinzugeben, die eigene Subjektivität aufzugeben und Kontrollverlust zuzulassen. Die geforderte Haltung ist die der Kontemplation, die ein Ein- und Untertauchen in der Musik und ein Aufheben der Subjekt/Objekt-Schranke zur Voraussetzung dafür macht, das innere Geheimnis des Seins erfahren zu können. »Da er aber in dem kleinen Thema einen Sinn suchte, in den seine Intelligenz nicht einzudringen vermochte, fand er einen seltsamen Rausch darin, seiner innersten Seele alle Hilfen vernunftbestimmten Denkens zu entziehen und sie einzig durch den engen Weg, den dunklen Filter des Klanges hindurchpassieren zu lassen.«[24]

Die Sehnsucht Prousts nach einem der Zeit enthobenen wahren Sein aktualisiert sich im musikalischen Erleben – dieses öffnet die inneren Bezirke der Seele, lässt alles Alltägliche ephemer werden und offenbart im Durchgang durch die dabei empfundene Leere die Wahrheit des Seins. »Solch ein Verlangen nach einem unbekannten Reiz weckte das kleine Thema in ihm, ohne ihm dabei etwas bestimmtes als Erfüllung zu geben, so dass die Seelenbezirke Swanns, in denen das kleine Thema die Sorge um materielle Interessen, alle menschlichen und allgemeingültigen Erwägungen ausgelöscht hatte, leer und offen dalagen.«[25]

Proust ist Platoniker; musikalische Motive sind für ihn Ideen, Wesen aus einer anderen Welt, die uns einen Zugang zum uns sonst Verschlossenen gewähren. Dieses Andere, das ein reichhaltigeres, tieferes Leben verspricht, befindet sich aber nicht außerhalb unserer selbst, sondern wird uns in den gewöhnlich unzugänglichen Bezirken unserer Seele enthüllt. In ihr entsteht ein breiter Raum für den Genuss, der sich als überlegene Art von Wirklichkeit zeigt. Musik offenbart uns also die Reichtümer unserer Seele, »von Dunkel eingehüllte, unbekannte, mit den Mitteln des Geistes nicht zugängliche Ideen.«[26] Dadurch vermögen wir zu erkennen, »welchen Reichtum, welche Fülle der Vielheit uns unbewußt jene große undurchwanderte, entmutigend ziellose Nacht unserer Seele birgt, die wir für Leere halten und für Nichts.«[27]

23 A.a.O., S.463 f. (Hervorhebungen E.M.).
24 A.a.O., S.315.
25 A.a.O., S.314.
26 A.a.O., S.460.
27 A.a.O., S.461.

Musik eröffnet eine Dimension, die Worten verschlossen bleibt; weder die Wissenschaft, noch eine der anderen Künste vermögen in diese Bereiche des Seins vorzudringen, wie Proust in einem Brief an Suzette Lemaire äußert.[28] Darüber hinaus ermöglicht uns Musik nicht nur eine unvergleichliche Erfahrung unserer selbst, sondern auch eine ebensolche anderer Menschen, die durch keinerlei Kommunikation hergestellt werden kann; sie dringt in jene Bereiche vor, in der jeder in und mit sich in einer essentiellen Weise alleine, weil auf nicht mitteilbare Weise individualisiert ist. Wir wüssten um diese Dimension gar nicht, schlösse nicht Musik sie uns auf. Wir erhalten Einblick in die Essenz unserer Seele wie in die des Komponisten und des Musikers. Erst dadurch wird er zutage gefördert, »dieser wirklich vorhandene Bodensatz, den jeder notgedrungen bei sich behalten muss, da er im Gespräch von Freund zu Freund, vom Schüler zum Meister, vom Liebenden zur Geliebten sogar nicht mitgeteilt werden kann – wird dieses Unaussagbare, das jeweils gerade dem seine besondere Nuancierung verleiht, was jeder von uns empfindet, aber dennoch auf der Schwelle der Äußerungen zurücklassen muß, durch welche er mit anderen nur insoweit in Beziehung zu treten vermag, als er sich auf äußere, allen gemeinsam zugängliche, bedeutungslose Dinge beschränkt«[29].

So lässt uns denn auch der Ich-Erzähler in der *Recherche* wissen, die Gespräche nach einer musikalischen Aufführung hätten ihn völlig gleichgültig gelassen; im Vergleich zu dem musikalischen Thema, mit dem er sich zuvor unterhalten habe, habe er sich gefühlt wie ein Engel, der aus dem Paradies in die trivialste Wirklichkeit gestürzt sei. Die Sehnsucht, die Ich-Schranke zu überwinden, lässt sich also auch im zwischenmenschlichen Verkehr nicht erfüllen. Nur auf mystischem Wege kann ein wirkliches Miteinander, ein Sich-als-Teil-der-Welt-Erleben und Sich-mit anderen-verbunden-Fühlen, erfahren werden. Proust imaginiert eine mögliche Welt jenseits der Sprache, in der dies sich ereignet haben könnte: »Und ich fragte mich, ob nicht, ebenso wie gewisse Wesen die letzten Zeugen einer Lebensform sind, welche die Natur aufgegeben hat, die Musik das einzige Beispiel dessen sei, was – hätte es keine Erfindung der Sprache, Bildung von Wörtern, Analyse der Ideen gegeben – die mystische Gemeinschaft der Seelen hätte werden können.«[30]

Das Sehnen nach einer Rückkehr zum Nichtanalysierbaren, das mit anderen als Erfahrung geteilt werden kann, verweist erneut auf platonisches Gedankengut. Prousts Platonismus ist aber ein zutiefst

---

28 Zit. in Jean-Jacques Nattiez, *Proust as Musician*, Cambridge: Cambridge UP 1989, S. 75.
29 Proust, *Die Gefangene*, a.a.O. (Anm. 16), S. 346.
30 A.a.O., S. 347 f.

sinnlicher, was denn auch Merleau-Ponty zur Aussage veranlasste, dass keiner weiter gekommen sei »als Proust in der Beschreibung einer Idee, die nicht das Gegenteil des Sinnlichen ist, sondern seine Tiefe«[31]. Wie die Wissenschaft ist auch die Musik der Erforschung des Unsichtbaren fähig; im Unterschied zur Wissenschaft sind deren »Ergebnisse« aber nicht von den sinnlichen Erscheinungen ablösbar und begrifflich fixierbar; ohne Sinnlichkeit sind uns jene über Musik zugänglichen Ideen nicht verfügbar. Insofern handelt es sich um eine Form des Erkennens von Wirklichkeit, die tiefer reicht als unser analytisches Vermögen. Ernst Robert Curtius hat die Besonderheit von Prousts Platonismus konzis formuliert: »Es gibt einen Platonismus der Oberfläche [...], einen Platonismus gleichgewichtiger Harmonie. [...] Der Platonismus Prousts ist von anderer Art [...] Er kennt den Schmerz und die Schwere des Irdischen, er ist überlagert von der ganzen Stofflichkeit des Sinnlichen, umspült von der dunkeltrüben Flut der Vergänglichkeit. Er muss erst die ganze Materie einschmelzen, muss sie durch geistige Alchemie umglühen und verwandeln, um seine Sprache zu finden. Auf solcher Substanzverwandlung beruht die Spiritualität von Prousts Kunst.«[32]

Proust hat das Unaussprechliche, Nichtanalysierbare der Musik mit sprachlichen Mitteln zum Ausdruck gebracht und damit die Grenze, an die das Sagbare stößt, weiter nach außen – genauer: nach innen – verlagert. Auch er steht der Sprache skeptisch gegenüber; poetische Methoden erlauben es aber, einen entscheidenden Schritt weiter zu gelangen als argumentative Begrifflichkeit. Hat Proust somit verwirklicht, was Wittgenstein als »wahre Philosophie« vorschwebte in seiner Äußerung: »Ich glaube meine Stellung zur Philosophie dadurch zusammengefaßt zu haben indem ich sagte: Philosophie dürfte man eigentlich nur dichten«[33]?

...no word

Wittgenstein war zurückhaltender im Versuch, das Unsagbare zur Sprache zu zwingen. Wie er in einem Brief an Ludwig von Ficker äußert, habe er im Vorwort des *Tractatus* eigentlich schreiben wollen, sein Werk »bestehe aus zwei Teilen: aus dem, der hier vorliegt, und aus alledem, was ich *nicht* geschrieben habe. Und gerade dieser zweite Teil ist der

---

31 Maurice Merleau-Ponty, *Das Sichtbare und das Unsichtbare*, München: Fink 1986, S. 195.
32 Ernst Robert Curtius, *Marcel Proust*, Frankfurt am Main: Suhrkamp 1961, S. 131 f.
33 Ludwig Wittgenstein, *Vermischte Bemerkungen* (Werkausgabe Band VIII), Frankfurt am Main: Suhrkamp 1994, S. 483.

Wichtigere. [...] Alles das, was *viele* heute *schwefeln*, habe ich in meinem Buch festgelegt, indem ich darüber schweige.«[34] Im Hinblick auf Musik blieb Wittgenstein konsequent: kein paradoxes Aussagen über Unsagbares findet sich, jedoch vermittelt sich uns ein klares Bild davon, welche Ausdrucksform Musik anstelle von Worten zur Verfügung steht: Sie *sagt* nicht, sondern *zeigt*. Ihre Vermittlungsweise ist gestisch; sie führt Gebärden vor, die wir als Hörende gewissermaßen körperlich nachvollziehen. Die Differenz von Sagen und Zeigen bzw. Sich-Zeigen sowie die unterschiedlichen Formen von Gewissheit, die daraus resultieren, sind die Perspektive, aus der Wittgenstein Musik betrachtet. Wie Schopenhauer und Proust unterstreicht auch er die leibliche Dimension musikalischen Erlebens. – »Der menschliche Körper ist das beste Bild der menschlichen Seele.«[35] Die Evidenz körperlichen Erlebens lässt sich mit den Mitteln der Sprache nicht kommunizieren, man kann nur darauf hinweisen, zeigen auf das, was sich zeigt. Auch für ihn ist das *Als ob* – d. h. metaphorischer oder analogischer Sprachgebrauch – das Äußerste an Annäherungsmöglichkeit.

Über das Unaussprechliche äußert Wittgenstein sich im *Tractatus* sehr knapp: »Es gibt allerdings Unaussprechliches. Dies *zeigt* sich, es ist das Mystische.«[36] Das Mystische erlaubt uns eine andere Wahrnehmung der Wirklichkeit: »Die Anschauung der Welt sub specie aeterni ist ihre Anschauung als – begrenztes – Ganzes. Das Gefühl der Welt als begrenztes Ganzes ist das Mystische.«[37] Im Unterschied dazu sind seine späteren Äußerungen, die sich auf das Unaussprechliche beziehen, auf konkrete Erfahrungen bezogen. Vor allem die Frage, was es heiße, Musik zu verstehen, beschäftigt ihn. Eine Übersetzung dessen in sprachliche Mitteilungen hält er für unmöglich. »Einer der interessantesten Punkte, der mit der Frage des Nicht-Beschreiben-Könnens verbunden ist, [ist, dass] der Eindruck, den [...] ein paar Takte eines Musikstückes erzeugen, unbeschreibbar ist.«[38] Dennoch behauptet er, dass das Verstehen eines musikalischen Themas dem Verstehen eines Satzes verwandt sei: »Warum sollen sich Stärke und Tempo gerade in *dieser* Linie bewegen?

34 Ludwig Wittgenstein, *Briefe. Briefwechsel mit B. Russell, G.E. Moore, J.M. Keynes, F.P. Ramsey, W. Eccles, P. Engelmann und L. von Ficker*, Frankfurt am Main: Suhrkamp 1980, S. 96 f.
35 Ludwig Wittgenstein, *Philosophische Untersuchungen*, in: ders., *Tractatus logico-philosophicus* (Werkausgabe Band I), Frankfurt am Main 1984, S. 225-618, Abschnitt 496.
36 Ludwig Wittgenstein, *Tractatus logico-philosophicus*, in: ders., *Tractatus logico-philosophicus*, a.a.O. (Anm. 35), S. 7-86, Satz 6.522.
37 A.a.O., Satz 6.45.
38 Ludwig Wittgenstein, *Vorlesungen und Gespräche über Ästhetik, Psychologie und Religion*, Göttingen: Vandenhoeck & Ruprecht 1971, S. 56.

Man möchte sagen: ›Weil ich weiß, was das alles heißt.‹ Aber was heißt es? Ich wüßte es nicht zu sagen. Zur ›Erklärung‹ könnte ich es mit etwas anderem vergleichen, was denselben Rhythmus (ich meine, dieselbe Linie) hat.«[39] Das, was wir beim Hören oder Spielen einer musikalischen Phrase empfinden, ist zwar gestisch vermittelbar, lässt sich also zeigen und körperlich zum Ausdruck bringen, ist aber dennoch nicht ablösbar vom Vollzug des Erlebens: »So ein Gefühl beschreibt man manchmal, indem man sagt ›Es ist hier, als ob ein Schluß gezogen würde‹, oder ›Ich möchte sagen ›also.....‹, oder ›ich möchte hier immer eine Geste machen – ‹ und nun macht man sie. Aber kann man dieses Gefühl von der Phrase trennen? Und doch ist es nicht die Phrase selbst; denn Einer kann sie hören ohne das Gefühl. Ist es darin ähnlich dem ›Ausdruck‹, mit welchem sie gespielt wird? Wir sagen, diese Stelle gibt uns ein ganz besonderes Gefühl. Wir singen sie uns vor, und machen dabei eine gewisse Bewegung, haben vielleicht auch irgendeine besondere Empfindung. Aber diese Begleitungen – die Bewegung, die Empfindung – würden wir in anderem Zusammenhang gar nicht wiedererkennen. Sie sind ganz leer, außer eben, wenn wir diese Stelle singen. [...] Das Erlebnis ist diese Stelle, so gespielt (*so*, wie ich es etwa vormache; eine Beschreibung könnte es nur *andeuten*).«[40] Man kann jemanden auffordern, ein Lied mit Ausdruck zu singen, nicht aber, den Ausdruck zu wiederholen, ohne es zu singen – man erhielte zwar am Körper Wahrnehmbares wie z. B. Veränderungen des Atems oder Bewegungen, könnte es aber nicht deuten, sondern nur als leere, sinnlose Gebärde auffassen.

Wittgenstein, der Musik für die raffinierteste Kunst hielt und ihr in seinem Lebenszusammenhang einen wichtigen Stellenwert einräumte, hält sich also weitgehend bedeckt, wenn es um das Erleben von Musik geht. Es sind eher Fragen, die er artikuliert, nicht um sie zu beantworten, sondern um uns die Rätselhaftigkeit des sich Vollziehenden vor Augen zu führen. Ein Beispiel für Fragen dieser Art: »Was hieße es, wenn man sagte ›Das musikalische Thema sagt mir sich selbst‹?«[41] Einzig die Körperlichkeit des Musikalischen, die in uns eine leibliche Resonanz hervorruft, ist ihm ohne Fragwürdigkeit aussprechbar. »Diese musikalische Phrase ist für mich eine Gebärde. Sie schleicht sich in mein Leben ein. Ich mache sie mir zu eigen.«[42] Wissen darüber lässt sich nicht erlangen, sondern nur im Erleben nachvollziehen. »Warum pfeife ich das gerade *so*? Warum bringe ich ›den Rhythmus der Stärke und

---

39 Wittgenstein, *Philosophische Untersuchungen*, a. a. O. (Anm. 35), Abschnitt 527.
40 A. a. O., S. 502 f.
41 A. a. O., 523.
42 Wittgenstein, *Vermischte Bemerkungen*, a. a. O. (Anm. 33), S. 553.

des Zeitmaßes gerade auf dieses ganz bestimmte Ideal? [...] Ich könnte nur sagen: wohnt dieses Musikstück in mir, diesen Platz nimmt dieses Schema in meiner Seele ein. So als gäbe mir jemand ein Kleidungsstück und ich legte es an *meinen* Körper an und es nähme also dort eine ganz bestimmte Gestalt an, indem es sich da ausdehnte, dort zusammenzöge und nur dadurch und *so* für mich Bedeutung gewönne. Diese Gestalt nimmt dieses Thema als Kleid *meiner* Seele an.«[43] Unwägbare Evidenz sei es, die uns in Tönen begegne, so Wittgenstein – eine Art von Evidenz, die auch Schopenhauer und Proust der Musik zuschreiben.

...no sense

Was vernehmen wir also, wenn wir Musik hören, und was in uns ist es, das sie aufnimmt? Hören wir mithilfe der Ohren Töne, die einzig unter ihresgleichen verkehren, oder vernehmen wir mögliche andere Welten, weil, vermittelt über die Töne, unsere Seele in Schwingung versetzt wird? Und: Was will Musik von uns hören? Worte, die wir *über* sie äußern, werden ihr nicht gerecht. Aber wie steht es um jene Worte, die wir *in* ihr äußern? Auch sie scheinen ihre deskriptive Kraft einzubüßen, verwandeln sich in Klang, geraten in einen innermusikalisch ausgetragenen Konflikt zwischen Musik und Sprache, aus dem sie auch in diesem Fall nicht siegreich hervorgehen. Komponisten von Vokalwerken geben uns eine Antwort auf die Frage, wer in der Musik das Sagen hat. Arnold Schönberg vertrat in dieser Hinsicht eine klare Position: er erteilte dem semantischen Gehalt von gesungenen Worten eine radikale Absage. Schönberg, dem Adorno attestierte, er wolle das »Triebleben der Klänge« realisieren, experimentierte mit der menschlichen Stimme als Instrument; in *Die glückliche Hand* sollte sie ebenso wie Farben und Licht flüsternd zu einer Art Akkordwirkung beitragen, nicht auf verstehbare Worte setzen, sondern präsent sein in einer Weise, »so wie Musik nie einen Sinn mit sich herumschleppt«[44]. Er gab der Hoffnung Ausdruck, »dass jene, die nach dem Text, nach dem Stofflichen fragen, bald ausgefragt haben«[45]. Schönberg war einer Meinung mit Kandinsky, der

---

43 Wittgensteins Nachlass MS 112, 10.11.1931, zit. nach Martin Alber, »Jetzt brach ein ander Licht heran, ...« Über Aspekte des Musikalischen in Biographie und Werk Ludwig Wittgensteins, in: ders. (Hg.), *Wittgenstein und die Musik*, Innsbruck: Haymon 2000, S. 138-193, hier 182.

44 Jelena Hahl-Koch (Hg.), *Arnold Schönberg – Wassily Kandinsky: Briefe, Bilder und Dokumente einer außergewöhnlichen Begegnung*, Salzburg: Residenz 1980, S. 138.

45 Arnold Schönberg, »Das Verhältnis zum Text«, in: Wassily Kandinsky u. Franz Marc (Hg.), *Der blaue Reiter*, München: Piper 1912, S. 27-33, hier 32.

den Klang der menschlichen Stimme ebenfalls rein angewendet wissen wollte,»das heißt ohne Verdunkelung desselben durch das Wort, durch den Sinn des Wortes«[46]. Dass Worte verdunkeln statt erhellen, wenn es um Musik geht, wird in diesem Fall nicht auf der Ebene des Sprechens über Unsagbares behauptet, sondern in den Formbildungsprozess des Musikalischen selbst rückbezogen.

Bewusst wurde Schönberg die der Musik eigentümliche Fähigkeit, Inhalte in einer Dimension zum Ausdruck zu bringen, die tiefer reicht, als Sprache es vermöchte, beim Aufführen und Komponieren von Liedern: »Ich war vor ein paar Jahren tief beschämt, als ich entdeckte, dass ich bei einigen mir wohlbekannten Schubert-Liedern gar keine Ahnung davon hatte, was in dem zugrundeliegenden Gedicht eigentlich vorgehe. Als ich aber dann die Gedichte gelesen hatte, stellte sich für mich heraus, dass ich dadurch für das Verständnis dieser Lieder gar nichts gewonnen hatte, da ich nicht im geringsten durch sie genötigt war, meine Auffassung des musikalischen Vortrags zu ändern. Im Gegenteil: es zeigte sich mir, daß ich, ohne das Gedicht zu kennen, den Inhalt, den wirklichen Inhalt, sogar vielleicht tiefer erfaßt hatte, als wenn ich an der Oberfläche der eigentlichen Wortgedanken haften geblieben wäre.«[47] Noch beeindruckender als die Erfahrung mit den Schubertliedern war für Schönberg der Kompositionsprozess von Liedern nach Gedichten von Stefan George. Er gesteht ein, »dass ich viele meiner Lieder, berauscht von dem Anfangsklang der ersten Textworte, ohne mich auch nur im geringsten um den weiteren Verlauf der poetischen Vorgänge zu kümmern, ja ohne diese im Taumel des Komponierens auch nur im geringsten zu erfassen, zu Ende geschrieben und erst nach Tagen darauf kam, nachzusehen, was denn eigentlich der poetische Inhalt meines Liedes sei. Wobei sich dann zu meinem größten Erstaunen herausstellte, daß ich niemals dem Dichter voller gerecht worden bin, als wenn ich, geführt von der ersten unmittelbaren Berührung mit dem Anfangsklang, alles erriet, was diesem Anfangsklang eben offenbar mit Notwendigkeit folgen musste.«[48] Aus diesen Erfahrungen folgert Schönberg, dass in jedem einzelnen Element eines musikalischen Werkes alles enthalten sei: »Mir war daraus klar, dass es sich mit dem Kunstwerk so verhalte, wie mit jedem vollkommenen Organismus. Es ist so homogen in seiner Zusammensetzung, dass es in jeder Kleinigkeit sein wahrstes, innerstes Wesen enthüllt. Wenn man an irgendeiner Stelle des menschlichen Körpers hineinsticht, kommt immer dasselbe, immer Blut heraus. Wenn

---

46 Wassily Kandinsky, *Essays über Kunst und Künstler,* Stuttgart: Hatje 1955, S. 59.
47 Schönberg, Das Verhältnis zum Text, a.a.O. (Anm. 45), S. 30 f.
48 A.a.O., S. 31.

man [...] einen Takt von einem Tonstück hört, ist man imstande, das Ganze zu erfassen.«[49]

...no control

Nun mag man einwenden, dass es sich bei dem bislang Geäußerten um ein zutiefst romantisch geprägtes Konzept handle. In der Tat. So lassen sich auch zahlreiche Aussagen von Musikern und Komponisten der Romantik finden, die diese Sicht teilen. Felix Mendelssohn-Bartholdy hat beispielsweise die Evidenz des Musikalischen im Vergleich zum Sprachlichen folgend formuliert: »Das, was mir eine Musik ausspricht, die ich liebe, sind mir nicht zu unbestimmte Gedanken, um sie in Worte zu fassen, sondern zu bestimmte.«[50] Die Behauptung der Unübersetzbarkeit des Musikalischen fand allerdings weit über die Epoche der Romantik hinaus nahezu ungeteilte Zustimmung. Sergiu Celibidache etwa fügt sich bruchlos in die von mir skizzierte Gedankenlandschaft ein: Mathematik, Zen-Buddhismus, Phänomenologie, denen neben der Tätigkeit als Dirigent sein Interesse galt, geraten an die Grenze des Denk- und Sagbaren, wenn es um Musik geht. Diese ereignet sich seiner Ansicht nach, wenn man, alles Wissen hinter sich lassend, über den Klang, der nur stofflich-sinnliches Transportmittel ist, hinausgelangt. Was dann erlebbar wird, ist die Erfahrung eines zeitlosen, unzweifelhaft Wahren, das nicht definierbar ist und nicht gezielt herbeigeführt werden kann. Die Evidenz des »So ist es«, das JA zum Vernehmbaren, das sich nach dem Durchgang durch ungezählte NEINs mitunter einstellt, bleibt intellektuellem Erkennen verschlossen. So war Celibidache auch immer äußerst ungehalten, wenn angehende Dirigenten in seinen Meisterkursen versuchten, das Orchester wortreich auf ihre Sicht des Werkes einzustimmen, statt es diesem durch Dirigieren – d.h. Zeigen – zu vermitteln.

Was an Musik sperrt sich nun *gegen* Sprache? Oder, anders gefragt: inwiefern ist es irreführend, Musik *als* Sprache aufzufassen? Das über – besser: durch Musik Erfahrbare ist im Unterschied zur begrifflichen Weise des Welterschließens nicht distanzschaffend, sondern verbindend, nicht gleichsam körperlos, sondern leibgebunden, nicht intellektuell, sondern sinnlich. Die der Musik eigentümliche Wahrheit, ihre spezifische Evidenz, ist dadurch gekennzeichnet, dass sie nicht primär diskursiv erkenn- und als Wissen objektivierbar ist, sondern *vollzogen*

---

49 Ebd.
50 Felix Mendelssohn-Bartholdy, Brief an M.A. Souchay vom 15.10.1842, in: ders., *Briefe aus den Jahren 1830-1847*, Bd.II, Leipzig: Mendelssohn [8]1915, S.229.

werden muss im Prozess des Erlebens. Dabei sind mimetische, imitative, gestische Elemente bedeutsam. Die für diskursive Erkenntnis konstitutive Subjekt-Objekt-Trennung wird im musikalischen Erleben sistiert. Anstelle des durch die Distanz zwischen Objekt und Wahrnehmendem ermöglichten Begreifens tritt Ergriffen-Werden. Musikausübende wie -hörende werden sozusagen in Bewegung versetzt. Ergriffenheit und Bewegtheit ereignen sich auf körperlicher, psychischer und geistiger Ebene. In dieser Weise ergriffen zu werden war im übrigen der Grund für Freuds ablehnende Haltung der Musik gegenüber: »In der Musik bin ich fast genußunfähig. Eine rationalistische oder vielmehr analytische Anlage sträubt sich in mir dagegen, daß ich ergriffen sein und dabei nicht wissen solle, warum ich es bin und was mich ergreift.«[51]

Derartigen, der Unmittelbarkeit musikalischen Erlebens zuschreibbaren Phänomenen ist analytisch schwer beizukommen. Musik wird nicht mittels eines Fernsinns, sondern mittels eines Nahsinns wahrgenommen. Musik ist, wie schon Kant lapidar feststellte, eine zudringliche Kunst. Während man die Augen schließen kann, um visuelle Eindrücke von sich fernzuhalten, ist dies mit den Ohren nicht möglich. Musik umgibt uns, dringt in uns ein, lässt unseren Leib zum Resonanzkörper werden, ergreift von uns Besitz. Phänomenologisch ist dies unbestreitbar. Worum es mir vor allem geht, ist weniger die Behauptung, dass Musik nicht sage, sondern zeige, denn um die Art, in der dieses Zeigen eines ist, das des Körpers bedarf. Deshalb ist mir die fleischlichste Form des Musikmachens die interessanteste: Das Erklingen der menschlichen Stimme. »Klingen, das ist in sich oder von selbst schwingen: Es bedeutet für den Klangkörper nicht allein, einen Klang auszusenden, sondern sich zu erstrecken, sich zu tragen und sich in Schwingungen aufzulösen, die ihn zugleich auf sich selbst beziehen und ihn außer sich setzen.«[52] Und in diesem Zusammenhang möchte ich den Fokus vor allem auf die nicht-semantischen Anteile des gesanglichen Ausdrucksgeschehens legen. Resonanzkörper sein, heißt *in* der Musik sein. Wenn mein Körper selbst Klänge produziert, wird die auch in der Instrumentalmusik gegebene Leibgebundenheit unmittelbar erfahrbar. Man hört sich dabei gleichzeitig von innen und von außen. Ich vollziehe »die seltsamen Bewegungen der Kehle und des Mundes, durch die der Schrei und die Stimme entstehen. Diese Bewegungen enden in Tönen, die ich hören kann. Wie der Kristall, das Metall und viele andere Substanzen bin ich ein tönendes Wesen, aber meine eigene Vibration höre ich von innen her. [...] Und darin bin ich [...] unvergleichlich, meine Stimme ist ver-

---

51 Sigmund Freud, »Der Moses des Michelangelo«, in: ders., *Gesammelte Werke*, Band X, Frankfurt am Main 1999, S. 172-201, hier 172.
52 Jean-Luc Nancy, *Zum Gehör*, Zürich u. Berlin: diaphanes 2010, S. 15.

bunden mit meiner eigenen Lebensmasse wie keine andere Stimme, die ich vernehme.«[53]

Die eigene Stimme ermöglicht in ihrer Selbstreferentialität eine Autoaffektion, die Ähnlichkeiten mit dem Erkennen des eigenen Spiegelbildes aufweist. Der Klang der Stimme ist verkörperte Präsenz – äußert sie Worte, bezieht sie sich auf Abwesendes, bringt aber in ihrer Materialität immer auch Anwesenheit zum Ausdruck. Verkörperte Präsenz meint jene unverfügbare Dimension, die sich dem Transport von Sinn entzieht, die real gegenwärtig ist, unabhängig von jeder Semantik. Gesungene Worte üben jenseits ihres Gehalts eine gleichsam magische Wirkung aus; der Klang der Stimme macht sie unwiderstehlich. Paradigmatisch zur Anschauung gelangt dieses unauflösliche »Band zwischen Fleisch und Idee« (Merleau-Ponty) in der Oper, an deren Beginn sinnfälligerweise der Orpheusmythos steht: Gesang, der stärker ist als der Tod, der die Mächte der Unterwelt herausfordert, Steine zu erwecken und wilde Tiere zu zähmen vermag – Gesang, der in seiner Oralität triebökonomisch für die Sehnsucht nach (Wieder-)Vereinigung mit dem sich immer entziehenden Objekt des Begehrens steht. Die Welt der Oper enthüllt uns »ein Reich der Bedeutungen [...] , das entweder unseren gewöhnlichen Erfahrungsbereich überschreitet oder zeigt, dass jener verwandelt ist, als ob letztendlich Tiger verstehen und Vögel sprechen können, Statuen zum Abendessen kommen und Seelen ineinander lesen können«[54].

Selbstentäußerung und Selbstverlust gehen im Gesang eine Verbindung ein, die einem ozeanischen Gefühl Raum gibt und eine neue Sicht auf das Selbst und die Welt ermöglicht. Musik hört uns ebenso wie wir sie. Dieses Heraustreten aus der Alltagswelt und der in ihr üblichen beiläufigen Wahrnehmung ist eine Form der Ekstase, ein im vollen Besitz seiner Sinne außer sich Sein.[55] Ein Zustand der Selbstvergessenheit, wie er auch im gedankenverlorenen Vorsichhinsummen oder im Weinen und rhythmisierten Wehklagen vorkommt. Wenn die singende Stimme sich zugunsten des Ausdruck von Unsagbarem des semantischen Gehalts der Worte entledigt, nicht mehr bezeichnet, sondern sich als reiner Klang darbietet, wird sie bedrohlich, erotisch, verführerisch, unheilvoll, undomestiziert, tierisch – ein unmittelbarer Ausdruck von Lust oder Schmerz. Bar jeder Vernunft droht sie, die wohlgefügte normative Ordnung zu unterwandern.

53 Merleau-Ponty, *Das Sichtbare und das Unsichtbare*, a.a.O. (Anm. 31), S. 189.
54 Stanley Cavell, *Die andere Stimme. Philosophie und Autobiographie*, Zürich u. Berlin: diaphanes 2002, S. 207.
55 Vgl. ebd.

Dass derartiger Kontrollverlust als potentiell gefährlich eingeschätzt wird, zeigt sich in jahrhundertelangen Reglementierungsversuchen sakralen wie profanen Zuschnitts. Im Christentum des Mittelalters galt Gesang, der sich dem reinen Genuss hingab und darüber den Zweck der Lobpreisung Gottes vergaß, als diabolisch. Dem Lustverlangen musste Einhalt geboten, zu viel Fleischlichkeit vermieden werden. Vor allem Melismen, in denen sich die Stimme gegenüber dem Sinn verselbständigt, galten als sündhaft und unangemessen. Die Beurteilung des Gesangs schwankte zwischen Erhöhung ins Göttliche – verkörpert in den engelhaft hohen Stimmen der jubilierenden, frohlockenden Kastraten – und abgrundtiefer Verachtung der satanischen Verführungskraft. Das Triebhafte der Stimme, ihr nicht dem Sinn unterordenbarer Rest, musste kontrollierbar bleiben. Mit dem Übergang zur Moderne trat die Oper*ndiva* die Nachfolge der Engel und deren kastrierter irdischer Substitute an.[56] Zensurierende Eingriffe sorgten auch im Musikdrama dafür, das ohnehin schon ins Bühnengeschehen abgedrängte Subversionspotential reiner Lust zu kanalisieren.

Man könnte sich, so Wittgenstein, »Menschen denken, die etwas einer Sprache nicht ganz Unähnliches besäßen: Lautgebärden, ohne Wortschatz oder Grammatik«[57]. Diese Wesen jedoch sind keine imaginären Figuren, sondern Teil unserer selbst. Sie treten immer dann in den Vordergrund, wenn die menschliche Stimme sich noch vor bzw. hinter ihrer Semantisierung entäußert und zur reinen Vokalise wird – im rhythmisierten Summen, das eintönige Arbeit begleitet, in Klagegesängen wie dem *cante jondo,* in Koloraturpartien von Opernarien, in den die Lautäußerungen von Schafen aufgreifenden Gesängen sardischer Hirten, in Wiegenliedern, die *sotto voce* gesummt werden.

Laute, laute und leise und lautlose, will die Musik von uns hören. Ohne Wor–

---

56 Vgl. Michel Poizat, *The Angel's Cry: Beyond the Pleasure Principle in Opera,* Ithaca: Cornell UP 1992.
57 Wittgenstein, *Philosophische Untersuchungen,* a. a. O. (Anm. 35), 528.

Simone Mahrenholz
Was macht (Neue) Musik zu einer »Sprache«?
Die Metapher der Sprachähnlichkeit und ihr Verhältnis zum musikalischen Denken[1]

> Among other things, music is a form of thinking and thinking can be verbalized though it does not necessarily have to be. It can be verbalized, or, perhaps, conceptualized, thereby extending our scope to cover a vast area of things symbolic as well as verbal.
>
> Brian Ferneyhough

In meiner Diskussion des Verhältnisses von Musik und anderen Formen der Artikulation werde ich mich erstens mit der Frage beschäftigen, was die Vorstellung von Musik als einer Sprache für zeitgenössische Komponisten bedeutet. Zweitens beschäftige ich mich Albrecht Wellmers Idee eines konstitutiven Sprachbezugs der Musik.[2] Schließen werde ich mit einigen Bemerkungen zur ästhetischen Erfahrung der Musik in ihrem Verhältnis zu anderen Formen menschlichen Ausdrucks.

1. Sprachähnlichkeit und die Idee einer »neuen Sprache«

Nach Albrecht Wellmer hat das Verhältnis von Musik und Wortsprache mindestens fünf Dimensionen. Vier davon beziehen sich auf die Sprachähnlichkeit der Musik: (1) Musik als Sprache der Empfindung und des Gefühls; (2) Musik im semantischen Sinne als Ausdruck oder Darstellung der Welt und des Außermusikalischen allgemein; (3) Musik als

---

[1] Der Text ist zuerst auf Englisch erschienen in: Gianmario Borio (Hg.), *L'orizzonte filosofico del comporre nel ventesimo secolo*, Bologna 2000, S. 301-309. Er wurde für dieses Buch von Christian Grüny übersetzt und von der Autorin überarbeitet.
[2] Vgl. Albrecht Wellmer, »Sprache – (Neue) Musik – Kommunikation«, in: Borio, *L'orizzonte filosofico del comporre nel ventesimo secolo*, a.a.O. (Anm. 1), S. 249-281, jetzt in: Wolfram Ette u.a. (Hg.), *Adorno im Widerstreit. Zur Präsenz seines Denkens*, Freiburg: Alber 2004, S. 289 - 323; ders., *Versuch über Musik und Sprache*, München: Hanser 2009.

eine in formaler Hinsicht quasi-syntaktische, grammatisch organisierte Erscheinung; und (4) Musik als Partitur, also als ein von einem Akt der Interpretation abhängiger Text. Die fünfte Dimension ist Wellmer zufolge die Beziehung und Angewiesenheit der Musik auf eine mögliche öffentliche Versprachlichung. Diesem letzten Aspekt wird sich der zweite Teil dieses Textes zuwenden.

Während die ersten vier Dimensionen der Sprachähnlichkeit alle auf unterschiedliche Weise für die postserielle zeitgenössische Musik von Bedeutung sind, werde ich mich hier vor allem auf einen Aspekt konzentrieren, der mit dem dritten (»syntaktischen«) Sinn von Sprachähnlichkeit zusammenhängt, der Vorstellung nämlich, dass die Komponisten in der posttonalen und postseriellen Zeit gezwungen sind, eine »neue Sprache« zu finden. Tatsächlich muss gerade in einer Phase, in der tonale Hierarchien und vorgefertigte metrische Muster obsolet sind, jeder Komponist seine *eigene* »Sprache« konstruieren – eine individuelle Sprache.[3] Angesichts der von Wittgenstein betonten logischen Unmöglichkeit einer »Privatsprache« haben wir es hier mit einem bekannten Paradox zu tun: Ist die eigene, individuelle Sprache tatsächlich eine Sprache?

Eine Bemerkung von Elliott Carter zeigt ein klares Bewusstsein dieses logischen Problems:

> »In post-tonal music [...] each composer, every time he writes a piece, has the opportunity of ›making up his own language‹, so to speak, conditioned only by the requirement that it be a language, i.e. that from the point of view of the imagined listener the morphological elements have a recognizable identity in each case and that their status as mutually relative ›norms‹ and ›deviants‹ [...] be clearly established in the work. [...] Thus it seems to me that for a work to be convincing there has to be a large frame established in which [...] the ›rules of the game‹ are presented.[4]«

Diese Beobachtung benennt einige der entscheidenden Kommunikationsprobleme, denen sich Komponisten und ihr Publikum heute gegenübersehen. Insbesondere legt sie den Finger auf die zentrale Frage, *was der Begriff der Sprache bedeuten kann, wenn er auf die Musik*

---

3 Die Notwendigkeit, eine bestehende musikalische Sprache zu individualisieren, existierte in weniger existentieller Form natürlich auch in der »tonalen« Phase, in Form einer kontinuierlichen Vergrößerung des Rahmens von Möglichkeiten, Verschiebungen der Grenzen bestehender Konventionen. All dies – allgemein geteilte Rahmen, Grenzen, Regeln und Hierarchien – ist mittlerweile verschwunden, was zu der oben beschriebenen Situation führt.

4 Elliott Carter in: Allen Edwards, *Flawed Words and Stubborn Sounds: A Conversation with Elliott Carter*, New York: Norton & Co. 1971, S. 86 f.

angewandt wird. Carter bietet zwei Kriterien an. Erstens müssen die morphologischen Elemente in jedem einzelnen Fall erkennbar sein, was voraussetzt, dass alle oder zumindest einige Merkmale mehr als einmal erscheinen müssen. Die zweite Bedingung schließt ein, dass es für die Hörerin möglich sein muss, Erwartungen zu entwickeln – und auf diese Weise zu beobachten, auf welche Weise sie gebrochen worden sind.

Selbstverständlich besteht Uneinigkeit darüber, ob diese Behauptung zutrifft und was sie für Implikationen für konkrete Fälle kompositorischer Praxis hat – Widerspruch ließe sich finden aus unterschiedlichsten Fronten von Cage bis Rihm. Carter selbst jedenfalls spricht hier aus der Perspektive des Hörers[5] und führt ein für Sprache konstitutives Moment von Antizipation oder *Vorwegnahme* in die Musik ein. Was hier anklingt, ist die Notwendigkeit für Musikstücke, ein relationales oder referentielles Feld zu etablieren, innerhalb dessen sich ein Erwartungs- und Sinnhorizont entwickeln kann.[6]

Betrachtet man die möglichen Beziehungen zwischen morphologischen Einheiten in einem Musikstück, so ist der Unterschied zur Wortsprache offensichtlich. Dieter Schnebel betont, dass Beziehungen in der Musik auf der Grundlage von »Wiederholung und Variation« etabliert werden.[7] Das ist offenbar nicht die Form, wie die Wortsprache primär funktioniert. Musikalische Morpheme erhalten ihren »Sinn«, ihre Gestalt in erster Linie aus referentiellen Beziehungen auf andere musikalische Morpheme (auch wenn es in der Musik historisch gewachsene Anklänge an eine Semantik gibt). Die Wortsprache hingegen, wiewohl sie ebenfalls an diesem Spiel von Beziehungen teilhat (wie Derrida immer wieder festgehalten hat)[8], bezieht ihre Struktur wesentlich stärker aus ihrem Bezug auf Verhältnisse in der – realen oder imaginären – Welt, also ihrer Semantik, und aus den vorgegebenen logischen und

---

5 Dies bestätigt meine Vermutung, dass Rezeptions- und Produktionsästhetik im allgemeinen zusammenfallen.
6 Sie müssen mit anderen Worten ein System bilden, in anderen Worten, es gilt zwischen dem konkreten Zeichen (Token, Buchstabe, Wort, Klang, Akkord etc.) und der *zugrunde liegenden Ordnung* (Types) unterscheiden, dem dieses Zeichen angehört (also der Weise, nach der es sortiert wird). Die Bedeutung eines Zeichens, in anderen Worten, entstammt dem Feld seiner Alternativen. Vgl. hierzu auch Simone Mahrenholz, »Nelson Goodman und Jacques Derrida: Zum Verhältnis von (post-)analytischer und (post-)strukturalistischer Zeichentheorie«, in: Julian Nida-Rümelin (Hg.), *Rationality, Realism, Revision*, Berlin u. New York: Springer 1999, S. 254-264.
7 Dieter Schnebel, »Der Ton macht die Musik, oder: Wider die Versprachlichung! Überlegungen zu Periodik, Abweichung und Wiederholung«, in: ders., *Anschläge – Ausschläge. Texte zur Neuen Musik*, München: Hanser 1993, S. 27-36.
8 Elemente einer Systematisierung von Derridas Konzeption eines Symbol-

strukturellen Beziehungen der Sprache (ihrer Syntax). Wie Thrasybulos Georgiades es (zugegebenermaßen etwas vereinfacht) formuliert: In der Musik sind die Beziehungen *intern*, in der Sprache sind sie *extern*.⁹ Was Schnebel also als Antithese zur Sprache beschreibt – das Spiel von Wiederholung und Variation – ist genau das, was für Carter eine »Sprache« ausmacht. Je mehr Musik auf internen Bezügen gründet, desto mehr ist sie eine »Sprache« in Carters Sinne und desto weniger ist sie es in Schnebels Sinne. In theoretischer Hinsicht aber zielen Schnebel und Carter auf Dasselbe: Primäres Ziel ihres Arguments ist es, die intersubjektive Zugänglichkeit der komponierten Klänge für eine Hörerschaft zu garantieren – und damit die Möglichkeit von Kritik, Kommentar und öffentlichem Diskurs. Ihre terminologische Uneinigkeit verweist daher auf eine wichtige Mehrdeutigkeit im Begriff der »Sprache«, wenn auf Musik angewandt: den phänomenologischen oder mimetischen Sinn auf der einen und den *logischen* oder *konstruktiven* Sinn auf anderen Seite. Die eine Position läuft auf die Frage »*Ähnelt* die Musik einer Sprache (auf phänomenologische oder mimetische Art)?« hinaus, während die andere »*Funktioniert* sie wie eine Sprache (auf logische, konstruktive Art)?« fragt. Carter nimmt letztere, Schnebel erstere Position ein.¹⁰

Exkurs: Wiederholung, Zeit und Periodizität

Wie wir sahen, muss jede Betrachtung des Sprachbezugs der Musik sich des strukturellen Unterschieds zwischen Wiederholung in der Musik und Wiederholung in der Wortsprache bewusst sein. An diesem Punkt kommt man nicht umhin, auf das Phänomen der Periodizität und des Taktes in der Musik einzugehen. Die menschliche Wahrnehmung neigt dazu, regelmäßige kinetisch-akustische Ereignisse automatisch in Gruppen von zwei, drei oder vier einzuteilen. Im hörenden Weltbezug des Menschen gibt es einen gestaltbildenden Impuls, der zu Periodizität führt; zumindest gilt dies für die meiste populäre Musik, sei sie klassisch tonal oder zeitgenössisch. Musiktheoretiker wie Thrasybulos

    systems finden sich in Mahrenholz, »Nelson Goodman und Jacques Derrida«, a. a. O. (Anm. 6), insbes. III u. IV.
9 Thrasybulos Georgiades, *Nennen und Erklingen. Die Zeit als Logos*, Göttingen: Vandenhoeck & Ruprecht 1985, S. 15.
10 Für Schnebel ist die Musik eine Sprache, wenn sie *phänomenologisch* wie die Wortsprache strukturiert ist. Er spricht von musikalischer »Prosa« oder »Epik«. Insofern etwa die Wortsprache wenig Gebrauch von Wiederholung (von Worten und Rhythmen, mit der wichtigen Ausnahme der Lyrik) macht, enthält auch sprachähnliche Musik für ihn vergleichsweise wenige Wiederholungen und interne variative Bezüge.

WAS MACHT (NEUE) MUSIK ZU EINER »SPRACHE«?

Georgiades, Viktor Zuckerkandl und Ernest Ansermet haben sich aus unterschiedlichen Perspektiven ausführlich zu diesem Thema (zeitliche Regelmäßigkeiten oder ›Kadenzen‹ eingeschlossen) geäußert.[11] Für Georgiades und Zuckerkandl hängen auch die phänomenologischen Ursachen für die Unterschiede zwischen Worten und Musik mit der Zeitwahrnehmung und der Rolle der Wiederholung zusammen.[12] Es ist allerdings kaum überraschend, dass diese Texte wenig Widerhall gefunden haben.[13]

Untersuchungen der Rolle der Wiederholung in der Musik müssen auch den Status von Zirkularität und Symmetrie in der Musik in Betracht ziehen. Friedrich Cramers Unterscheidung zwischen Zeitpfeil und Zeitkreis (die er etwas irreführend »reversible« und »irreversible Zeit« nennt) erlaubt darüber hinaus Rückschlüsse über die Parallelen zwischen der Organisation der Zeit in der Musik und in Organismen: etwa die Organisationsformen des Lebens auf der einen und die selbsterhaltenden Organisationsformen des Universums auf der anderen Seite.[14] In einem wichtigen Text hat Peter Gülke gezeigt, wie Cramers Zeitmodell auf tonale symphonische Musik angewandt werden kann –

11 Vgl. Georgiades, *Nennen und Erklingen*, a.a.O. (Anm. 9); Viktor Zuckerkandl, *Die Wirklichkeit der Musik. Der musikalische Begriff der Außenwelt*, Zürich: Rhein-Verlag 1963, inbes. Teil 3, »Der musikalische Zeitbegriff« (vgl. »Die Wiederholung in der Musik«, S. 202-217); Ernest Ansermet, »Les Structure du rhythme« und »Le temps musical«, beide in: ders., *Ecrits sur la musique*, Neuchatel: La Baconnière 1971; vgl. auch Ansermet, *Die Grundlagen der Musik im menschlichen Bewußtsein*, München: Piper 1986.

12 So hat etwa Georgiades Aristoteles' Beobachtung betont, dass die Zeit gezählt wird, während der Raum gemessen wird. Das hat weitreichende Konsequenzen für die Rolle der Periodizität in der Musik (vgl. Georgiades, *Nennen und Erklingen*, a.a.O. (Anm. 9), Kap. 1 »Zeit«).

13 Einer systematischen Betrachtung von Puls und Periodizität in der Musik steht immer noch die historische Tatsache im Weg, dass nach dem Ende der tonalen Ära und der Ausweitung von seriellen und postseriellen Operationen auf alle Parameter Puls, Periodizität usw. einen negativen Beiklang haben (bisweilen sogar im Sinne eines Verstoßes gegen die ›political-aesthetical correctness‹). Bezug auf zeitliche Regelmäßigkeit wurde als reaktionärer oder unbewusster Rückfall in tonale Zeitorganisation gedeutet (vgl. etwa Boulez' scharfe Angriffe auf Schönberg). Wer metrisch periodische Elemente verwendete, konnte sich kaum als "Avantgarde" betrachten – eine Entwicklung, die erst in jüngerer Zeit einen Teil ihres Einflusses verloren hat.

14 Vgl. Friedrich Cramer, *Der Zeitbaum. Grundlegung einer allgemeinen Zeittheorie*, Frankfurt am Main: Insel 1993; vgl. dazu auch Simone Mahrenholz, »Zeit – musikästhetisch«, in: *Die Musik in Geschichte und*

in diesem Fall die Musik Bruckners.[15] Die Zusammenhangbildung – die Albrecht Wellmer zu Recht als der ästhetisch-musikalischen Erfahrung intrinsisches Element festhält – profitiert von einer Reflexion der Frage, wie Anschlüsse in der Musik insgesamt gebildet werden. Das Problem von Verbindung, Kontinuität und Einheit in zeitgebundenen Organisationen (worin eine Parallele zwischen der Musik und der Organisation des »Selbst« zumindest im Hinblick auf die zeitliche Organisation liegt) ist u. a. von Hegel und – mit Bezug auf Luhmann – von Peter Fuchs untersucht worden.[16] Überlegungen dieser Art sollten an anderer Stelle fortgesetzt werden; sie versprechen eine beachtenswerte neue Sicht auf Dynamiken und Prozesse und damit das Phänomen der Periodizität in der Musik.

II. Musik und Intersubjektivität

Albrecht Wellmer nennt einen fünften Aspekt der Beziehung von Musik und Sprache: den intrinsischen Sprachbezug. Er begreift die musikalisch-ästhetische Erfahrung als an verbale Artikulation gebunden und von ihr abhängig: in Bereichen der Interpretation, Analyse, Beschreibung, Kommentar, Kritik. Obwohl ich dieser Position widersprechen möchte, erkenne ich in ihr zumindest drei wichtige Voraussetzungen für ein Verstehen oder sinnhaftes Erfahren von Musik.

Die erste wurde bereits oben erwähnt. Die musikalisch-ästhetische Erfahrung als Urteil über musikalischen Wert wie auch die Interpretation von Musik und Kommentare zu ihr müssen auf öffentlich zugänglichen und diskutierbaren Kriterien basieren: auf der Möglichkeit von Kritik. An dieser Stelle begegnen wir der Idee einer *Öffentlichkeit*: Tatsächlich transzendiert die Musik, wie jedes andere ästhetische Objekt, die Vorstellung einer rein privaten Erfahrung (und damit einer privaten Sprache).

Zweitens hat die Erfahrung jedes musikalischen Werks eine *hermeneutische* (oder wie ich eher sagen würde, bezugnehmende) Dimension,

Gegenwart, hg. v. Ludwig Finscher, Sachteil Bd. 9, Teil II, Kassel u. a.: Bärenreiter 1996, Sp. 2233 f.

15 Vgl. Peter Gülke, »Tönende Zeitbäume. Vom musikalischen Umgang mit einer undefinierbaren Kategorie«, in: *Aus Forschung und Medizin* 9,1 (Dezember 1994), »Mensch und Zeit« (Hg. Friedrich Cramer und Ferdinand Hucho), S. 75-83, gekürzt wieder abgedruckt in: Peter Gülke, *Die Sprache der Musik. Essays zur Kunst von Bach bis Holliger*, Stuttgart u. Weimar: Reclam 2001, S. 11-20.

16 Vgl. Simone Mahrenholz, »Musik als Autopoiesis. Musikalische Zeitlichkeit und Bewußtsein bei Luhmann und Hegel«, in: *Musik & Ästhetik* 2, 5 (1998), S. 62-84.

WAS MACHT (NEUE) MUSIK ZU EINER »SPRACHE«?

die die rein musikalische Erfahrung überschreitet: eine Dimension von »Welt«, »Sinn«, »Spiel« oder der »Artikulation eines Weltverhältnisses«. Daraus könnte man zu schließen geneigt sein, dass die musikalische Erfahrung *als ästhetische* an den Bereich der Sprache gebunden ist. Drittens kann die Sprache (durch Diskussion und Argumentation) ästhetische (musikalische) Erfahrung berichtigen, anregen, insgesamt verändern. In diesem Sinne scheint Musik von Sprache abzuhängen.

Während ich jeder einzelnen dieser Voraussetzungen zustimme, bezweifle ich, dass man daraus notwendigerweise die Abhängigkeit der ästhetisch-musikalischen Erfahrung von der (Möglichkeit von) Wortsprache ableiten muss – außer in dem schwachen Sinne, dass jemand, der Musik genießen und »verstehen« kann, sich in der Regel auch verbal auszudrücken weiß.[17] Dennoch impliziert die Tatsache, dass jemand Musik versteht oder eine bedeutsame musikalisch-ästhetische Erfahrung macht nicht nowendig die Fähigkeit oder den Drang, diese Erfahrung in Worte zu fassen, nicht *als intrinsisches Element* jedenfalls (auch wenn es vielfach eine Begleiterscheinung sein mag).

Näher betrachtet folgt aus Wellmers Voraussetzungen dreierlei. Erstens: Auch wenn die Kriterien für eine ästhetische Erfahrung (inklusive jener für eine angemessene und gute Interpretation eines Kunstwerks) am besten im Feld der sprachlichen Artikulation übermittelt, kommuniziert und vertreten werden (oft begleitet von einem Element des *Zeigens*, Summens, Gestikulierens), bedeutet das nicht, dass sie im Feld der sprachlichen Artikulation gründen. (Zu den Kriterien zählen etwa formale Aspekte der Kohärenz – und Kohärenz in einem Kunstwerk ist offensichtlich nichts Sprachliches.) Allgemeiner gesprochen liegen Kriterien für die Beurteilung von Kunst in der Regel im Material des Kunstwerks selbst (und seinem Verhältnis zu anderen Werken und zu gesellschaftlichen Wirklichkeiten): sie sind intersubjektiv zugänglich. Der Bezug auf Öffentlichkeit und auf intersubjektiv zugängliche Kriterien nun ist ebenfalls nicht von einem Bezug auf Sprache abhängig. (Natürlich wendet sich dieses Argument nicht gegen die sprachliche Kritik, Diskussion und Interpretation von Kunst – sondern lediglich gegen die forcierte Hypothese, dass die Musik ihre Verständlichkeit dem Bereich der Worte verdankt.)[18]

---

17 Wie mehrere Jahrzehnte Gehirnforschung allerdings gezeigt haben, kann die Fähigkeit, Sprache zu gebrauchen und zu verstehen, aufgrund von Gehirnverletzungen verloren gehen, ohne dass dadurch die Fähigkeit beeinträchtigt sein muss, Musik zu machen, zu hören und vermittels ihrer zu kommunizieren.

18 George Steiner geht so weit, jeden sprachlichen Kommentar zur Kunst zurückzuweisen und nur andere Kunstwerke als Kritik und Kommentar zuzulassen: Vgl. George Steiner, *Von realer Gegenwart. Hat unser Sprechen*

Zweitens: *Weltbezug* ist nicht notwendigerweise *Sprachbezug*.[19] Der musikalische Bezug zur »Welt« und ihre Beziehung zur »Sprache« hängen nicht notwendigerweise zusammen. Wir können die musikalische Erfahrung in dem Moment transzendieren, in dem wir sie haben, ohne uns auf Worte zu beziehen oder sie zu benutzen (außer wir versuchen, sie jemand anderem mitzuteilen). Das führt zu der Frage, ob es ein »Denken«, eine innere Artikulation ohne Worte gibt. Ich komme noch darauf zurück.

Drittens: Sprache, Diskussion, Kritik sind in der Tat wichtige Korrektive der musikalisch-ästhetischen Erfahrung. Umgekehrt kann die Erfahrung von Kunst die Sprache verändern (wie Wellmer selbst bemerkt). Damit können Worte zu einem Korrektiv dessen werden, was über Werke gesagt wird. Nicht ist Musik von Sprache abhängig, sondern das Verhältnis ist *symmetrisch* – was mich zum abschließenden Abschnitt dieses Textes bringt.

III. Klänge und Satelliten

Die Metapher der Musik als »Satellit der Sprache«, die Wellmer von Brian Ferneyhough übernimmt, suggeriert, dass die Musik ihr Licht und ihre Verständlichkeit von der sprachlichen Interpretation und Analyse erhält. Wie Wellmer jedoch selbst festhält, gehen in unseren Begriff der Wortsprache wichtige Elemente aus anderen Kunstformen ein – aus der Musik wie aus dem Tanz, der Theater oder der Malerei. Statt einer asymmetrischen Abhängigkeitsbeziehung könnte man daher ein Bild wechselseitiger Aufeinander-Verweisens annehmen: die Sicht, dass Musik, Sprache und alle anderen Kunstformen und gesellschaftlichen

---

Inhalt?, München u. Wien: Hanser 1990; vgl. auch Simone Mahrenholz, »Musik-Verstehen jenseits der Sprache«, in: Michael Polth u. a. (Hg.), *Klang – Struktur – Metapher. Musikalische Analyse zwischen Phänomen und Begriff*, Stuttgart u. Weimar 2000: Metzler, S. 219-236.

19 Dies bezieht sich auf die folgende Behauptung Wellmers: »Einen Weltbezug und ein Weltverhältnis wie auch ein Verhältnis zu uns selbst haben wir ja zunächst immer nur in der und durch die Sprache. Weltbezug und Weltverhältnis setzen Sprache voraus.« (Wellmer, Versuch über Musik und Sprache, a. a. O. (Anm. 2), S. 33. Meiner Ansicht nach sind eine ganze Reihe unserer Überzeugungen und höheren kognitiven Zustände nicht an Wortsprache gebunden. Vgl. dazu unten. Vgl. auch: Simone Mahrenholz: »Komponisten als neue Philosophen?«, in: Marion Demuth, Jörn Peter Hiekel (Hg.): *Hören und Denken. Musik und Philosophie heute.* Mainz: Schott 2011, S. 39-50, sowie dies.: »Kritik des Musikverstehens«, in: NZfM 4, 2011 (Schott), 26-30.

und historischen Wirklichkeiten sich in einem Verhältnis wechselseitiger Bezogenheit und Abhängigkeit befinden. »It's part of composition technique to understand to what extent a musical language may be said to form an adjunct to the general semiotic field within which that music functioned as a special case.«[20] Dies ist die ursprüngliche Bemerkung Ferneyhoughs, die er schließlich in die Metapher der »music as a satellite to language«[21] gießt. Wenn Ferneyhough von Sprache spricht, so tut er dies in einem weiteren Sinne, nämlich in dem des »general semiotic field«, von dem die spezifischen sozialen und kulturellen Implikationen bestimmter Musik-Stile ein Teil sind.[22] Auf der Grundlage dieses Modells gibt es ein Verhältnis wechselseitiger Erklärung, Bezugnahme und Exegese zwischen Sprache, Musik und anderen Künsten auf der einen und den spezifischen gesellschaftlichen, kulturellen und historischen Wirklichkeiten auf der anderen Seite. Dass öffentlich zugängliche Kriterien und Kategorien für die Erfahrung und Beurteilung von Musik nicht unbedingt sprachlich verfasst sind, zeigt schon die Tatsache, dass die technische Musikanalyse (und der Austausch von »Wissen« in der Musikerziehung) immer unter Rückgriff auf Klangbeispiele oder Auszüge aus der Partitur geschehen, Formen des Zeigens also. Auch Kategorien der Synthese sind in der Musik oftmals nichtsprachlich: Sie können nur gezeigt, nicht gesagt werden. Nicht alle musikalisch wichtigen Kategorien sind sprachlich formulierbar; es gibt ästhetische Erfahrungen, die »verbale Einkapselungen transzendieren« (Ferneyhough).

Eine solche Sicht ist erstaunlich vereinbar mit dem letzten Teil von Wellmers Text, der Ansicht, dass es ein »freies Spiel« zwischen der hermeneutischen und der formal-strukturalen Analyse der Musik gibt, die sich gegenseitig zerstören und unterlaufen, auflösen und wieder zusammenführen, deformieren und reorganisieren: in einem ästhetischen Prozess, der nicht auf Ergebnisse zielt, sondern seinen »Sinn« und seine Lust aus der Bewegung und Spannung des Spiels selbst bezieht. In Immanuel Kants Metapher des »freien Spiels« von Einbildungskraft und Verstand[23] – der Quelle aller zeitgenössischen Modifikationen eines »freien Spiels« – zielt »frei« sehr wesentlich auf die Freiheit *von Begriffen*. Ich schlage daher vor, das Konzept des »freien Spiels« systematisch mit den Kategorien aus Kants *Kritik der reinen Vernunft* zu verbinden. Wenn die Musik unser Weltverhältnis artikulieren und so modifizieren

20 Brian Ferneyhough, *Collected Writings*, hg. v. James Boros u. Richard Toop, Amsterdam: Harwood 1995, S. 218. Das Zitat stammt aus einem Gespräch mit Joel Bons.
21 A. a. O., S. 454.
22 A. a. O., S. 218.
23 Vgl. Immanuel Kant, *Kritik der Urteilskraft*, Hamburg: Meiner 1990, insbes. §§ 9 u. 21.

kann, so tut sie dies über eine Veränderung unserer Kategorien, unserer Rezeptions- und Produktionsschemata im freien Spiel der ästhetischen Erfahrung. Dieses Spiel von Synthesen ist ausdrücklich nicht an das Feld sprachlicher Artikulation gebunden, auch wenn es schließlich Kritik und Kommentar offensteht. Um erneut das Eingangszitat von Brian Ferneyhough aufzugreifen: »Among other things, music is a form of thinking and thinking can be verbalized though it does not necessarily have to be. It can be verbalized, or, perhaps, conceptualized, thereby extending our scope to cover a vast area of things symbolic as well as verbal.«[24]

Zusammenfassend: Statt die Wortsprache als Gravitationszentrum jeglicher geistigen Tätigkeit aufzufassen, ist von den unzähligen Artikulationsweisen auszugehen, mit denen die Menschheit ihren Bezug zur Welt organisiert und die fortwährend interagieren und sich gegenseitig beeinflussen: darunter komplexe Formen des Zeigens, des Mimischen, Gestischen und generell Expressiven, nicht zuletzt im Medium des Gemäldes, des Lautes, des Spiel-Handelns – sämtlich auch *Denk*-Formen, ohne deswegen *Wort*-Formen sein zu müssen – und verbunden durch kein anderes gemeinsames Gravitationszentrum als ihren Anspruch an und ihre Offenheit für intersubjektive Verständlichkeit.[25]

---

24 Ferneyhough, *Collected Writings*, a.a.O. (Anm. 20), S. 156.
25 Zum Denken in anderen als wortsprachlichen Formen vgl. auch: Simone Mahrenholz: *Kreativität – Eine philosophische Analyse*. Berlin: Akademie-Verlag 2011.

János Weiss
Versuch einer Theorie des musikalischen Kunstwerkes (in der ästhetischen Tradition Theodor W. Adornos)

Von den großen ästhetischen Denkern des 20. Jahrhunderts hat Theodor W. Adorno am meisten zu einer Theorie des musikalischen Kunstwerkes bzw. des Kunstwerkes überhaupt beigetragen. Darauf scheint auch der Konsens der Adorno-Forschung, der sich schon Ende der siebziger Jahre ausgebildet hat, hinzuweisen. Ludwig Finscher hat in einem bedeutsamen Aufsatz diesen Konsens so dargestellt: »Dass der Begriff und die Sache Kunstwerk für die Ästhetik Adornos zentral seien und dass mit Kunstwerk im emphatischen Sinne vor allem das musikalische Kunstwerk gemeint sei, sind zwei der sehr wenigen Feststellungen, in denen sich die Adorno-Literatur der letzten Jahre einig zu sein scheint.«[1] Wenn man die heutige standardisierte Adorno-Literatur anschaut, gewinnt man den Eindruck, dass an diesen Prämissen weiterhin nicht zu rütteln ist. Man könnte sogar vermuten, dass Adorno eine gelungene Theorie des musikalischen Kunstwerkes, bzw. des Kunstwerkes überhaupt vorgelegt hat. Um diese These prüfen zu können, muss man zunächst den Konsens näher betrachten.

1. Die Überprüfung von Finschers Thesen

Man darf nicht aus den Augen verlieren, dass Finschers Aussage vor allem auf die Interpretation der *Ästhetischen Theorie* bezogen ist, wobei eine gewisse Kontinuität des adornoschen Œuvres schon vorausgesetzt wird.[2] Um die Aussage von Finscher problematisieren zu können, muss man vor allem sowohl den ganz frühen Musikkritiken als auch den späten ästhetischen Vorlesungen mehr Gewicht geben. (Von den Vorlesungen werde ich vor allem diejenige hervorheben, die Adorno

---

[1] Ludwig Finscher, »Über den Kunstwerkbegriff bei Adorno«, in: Otto Kolleritsch (Hg.), *Adorno und die Musik*, Wien: Universal Edition 1979, S. 64-70, hier 64.

[2] Ich habe in einigen Büchern und Aufsätzen zu zeigen versucht, dass diese Kontinuitätsthese nicht zu halten ist. Vgl. z. B. János Weiss, *Vorstudien zu einer kritischen Theorie der Gesellschaft*, Regensburg: S. Roderer 1995.

im Wintersemester 1967/68 gehalten hat, als die *Ästhetische Theorie* schon praktisch abgeschlossen war).[3] Die Aussage von Finscher besteht aus zwei Prämissen.

(1) Der »Begriff und die Sache des Kunstwerkes« scheint für die Ästhetik zunächst zweifellos zentral zu sein. Dazu ist nur vor Augen zu führen, dass Adorno (nach Rolf Tiedemanns Mitteilung) Friedrich Schlegels 12. Kritisches Fragment als Motto für die *Ästhetische Theorie* wählen wollte. »In dem, was man Philosophie der Kunst nennt, fehlt gewöhnlich eins der beiden, entweder die Philosophie oder die Kunst.«[4] Es liegt nahe, dieses Fragment so zu interpretieren, dass die Analyse der Kunst notwendigerweise zwischen zwei Polen schwankt. Auf der *einen* Seite steht eine konkretistische Redeweise, eine quasi positivistische Beschreibung der Kunstwerke. (Wie das in Schulen im Literatur-, Kunst- oder Musikunterricht meistens praktiziert wird.) Auf der *anderen* Seite stehen die systemästhetischen Ansätze, die mit allgemeinen Begriffen und Zusammenhängen operieren, sodass die Details der Kunstwerke nicht mehr erscheinen können; was auch bedeutet, dass die konkreten Werke nicht mehr erfahrbar sind. Daraus könnte man schließen, dass es darauf ankommt, dass *einzelne Kunstwerk* angemessen zu erfassen. Was heißt es aber ein einzelnes Ding oder Werk zu erfassen? Adorno ist an diesem Punkt tief beeinflusst von Hegels Analyse: »Wird von etwas weiter nichts gesagt, als daß es ein wirkliches *Ding*, ein *äußerer Gegenstand* ist, so ist es nur als das Allerallgemeinste und damit vielmehr seine *Gleichheit* mit allem als die Unterschiedenheit ausgesprochen. Sage ich: ein *einzelnes Ding*, so sage ich es vielmehr ebenso als ganz *Allgemeines*, denn alle sind ein einzelnes Ding [...].«[5] Adorno versteht diese Behauptung so, dass das Einzelne in seiner Einzelheit nicht erfasst werden kann. Diese Interpretation hat ihn sogar hinsichtlich einer Theorie des Kunstwerkes verunsichert. In seinen späten ästhetischen *Vorlesungen* behauptet nun Adorno, dass das Kunstwerk und die Kunst immer aufeinander hinweisen, sodass ein hermeneutischer Zirkel entsteht: »Ich habe während dieser Vorlesung erst richtig gelernt, dass ästhetische Theorie, um als Theorie überhaupt möglich zu sein, eines Mediums von

---

3 Adorno hat nach seiner Rückkunft aus Amerika insgesamt sechs Vorlesungen über Ästhetik gehalten. Die Vorlesung vom Wintersemester 1967/68 war davon die letzte, sie ist 1973 als Raubdruck erschienen, und weil keine Tonbandaufnahme und keine Notizen von Adorno dazu vorhanden sind, wird sie demnächst aus dem Nachlass *nicht* publiziert. Sie markiert aber Adornos letztes ästhetisches Programm und kann dadurch eine enorme Bedeutung beanspruchen.

4 Davon berichtet Rolf Tiedemann im Nachwort zur *Ästhetischen Theorie*, Frankfurt am Main: Suhrkamp 1973, S. 544.

5 Georg Wilhelm Friedrich Hegel, *Phänomenologie des Geistes* (Werke, Bd. 3), Frankfurt am Main: Suhrkamp 1986, S. 92.

Allgemeinheit bedarf, ohne das sie einfach gar nicht gedacht werden kann. Die Reflexion über das Kunstwerk ist, bei aller Gebundenheit an die konkrete Gestalt der Kunstwerke, und zwar notwendig, nicht ebenso konkret, wie die Kunstwerke selber es sind.«[6] Die Formulierung scheint ausreichend differenziert zu sein, es wird aber doch nicht klar, ob es um die Erfassung des Einzelnen *überhaupt*, oder ob es um eine *konkrete* Erfassung des Einzelnen geht. Hegel hat danach gesucht, wie das Einzelne angemessen erfasst werden kann, und wollte nicht die Erfassbarkeit des Einzelnen überhaupt bezweifeln. Auf jeden Fall hat Adorno letztendlich auf das Motto verzichtet. Er scheint in den Vorlesungen der Meinung zu sein, dass man zwei Annäherungsweisen miteinander kombinieren muss: Man sollte gleichzeitig an der konkreten Kunstwerkanalyse *und* an der allgemeinen ästhetischen Theorie festhalten. Es gibt ein anderes Fragment von Friedrich Schlegel, das jetzt als richtungsweisend ins Spiel kommen könnte: »Jede […] Rezension sollte zugleich Philosophie der Rezension sein.«[7] Oder ein bisschen umformuliert: Jede Analyse eines Kunstwerkes sollte zugleich eine Analyse dieser Analyse sein. In den späten Vorlesungen folgt Adorno diesem Programm; dazu führt er auch einen neuen Zentralbegriff ein. Dieser Begriff kann in einem hermeneutischen Bezugsrahmen nur der des *Verstehens* sein. Die Aufgabe einer ästhetischen Theorie ist also das Verstehen konkreter Kunstwerke und die Analyse des Verstehens im Allgemeinen.[8]

(2) Ebenso unproblematisch scheint die Behauptung zu sein, dass das Kunstwerk bei Adorno *prima facie* ein musikalisches Kunstwerk ist. Man wird aber ein bisschen verunsichert, wenn man nach einer gewissen Recherche feststellen muss, dass Adorno in seinem ganzen Lebenswerk den Ausdruck »musikalisches Kunstwerk« nur ein einzi-

---

6 Theodor W. Adorno, *Vorlesungen zur Ästhetik, Wintersemester 1967/68*, Zürich: H. Meyer Nachfolger 1973, Fünfte Vorlesung, S. 6.
7 Friedrich Schlegel: »Fragmente [Athenäumsfragmente], Nr. 44«, in: ders., *Werke in zwei Bänden*, Bd. I, Berlin und Weimar: Aufbau 1980, S. 194. – Auch in den ästhetischen Vorlesungen wird manchmal diese Doppelschichtigkeit verwischt, so auch in der folgenden Passage: »Diese Haltung setzt sich aus zwei Momenten zusammen. Man muss im Kunstwerk ›drin‹ sein, indem man im Bannkreis, im Immanenzzusammenhang des Kunstwerkes sich befindet, sich ohne Rücksicht dessen, was draußen ist, überlässt, was in der Monade Kunstwerk geschieht, und andererseits gleichsam die Bewegung aufführt, die jedes Kunstwerk an sich ist.« Theodor W. Adorno, *Vorlesungen zur Ästhetik*, a. a. O. (Anm. 6), Erste Vorlesung, S. 3.
8 Ebd. – Wobei man auch berücksichtigen muss, dass in der *Ästhetischen Theorie* der Begriff des »Verstehens« noch überhaupt nicht eine so ausgezeichnete Bedeutung hat, und ab und zu wird er sogar als *problematisch* dargestellt.

ges Mal,⁹ aber das Wort »Kunstwerk« nur in der *Ästhetischen Theorie* ungefähr tausendmal verwendet hat. Man kann den Eindruck bekommen, dass Adorno eigentlich immer von Kunstwerken *im Allgemeinen* spricht. Es könnte aber noch immer behauptet werden, dass das musikalische Kunstwerk ein Modell für alle Kunstwerke ist. Man könnte nachweisen, dass Adorno Anfang der zwanziger Jahre in Musikkritiken die musikalischen Werke erfassen wollte, wobei er immer dazu neigte, gewisse Werke als paradigmatische für einen bestimmten Autor anzusehen. (*Pierrot lunaire* für Schönberg, *Histoire du soldat* für Strawinsky; im Falle Bartók hat aber Adorno schon immer ein breiteres Spektrum von Werken berücksichtigt und sich so an ein Porträt genähert.) Adorno hat diese Kritiken vor einem philosophischen Hintergrund geschrieben, dessen Elemente er maßgebend von Georg Lukács übernommen hat.¹⁰ Mit der Tragfähigkeit dieser Theorie war er aber immer weniger zufrieden, so ist er Mitte der zwanziger Jahre zu einer Strategie übergegangen, in der er die Stoßrichtung umkehrt: Er versucht jetzt eine ästhetische Theorie angesichts einzelner Werke auszuarbeiten. (Das geschieht vor allem in den *Wozzeckstudien*.) Das Muster dieses Programms lieferte ohne Zweifel Walter Benjamins *Wahlverwandtschaften*-Studie. Adorno meinte aber nach einer gewissen Zeit, dass es ihm nicht gelungen sei, ein Kunstwerk mit einer ästhetischen Analyse restlos zu verschmelzen. Anfang der dreißiger Jahre beginnt dann der junge Privatdozent über eine allgemeine ästhetische Theorie nachzudenken, darauf deuten seine ersten Vorlesungen an der Universität Frankfurt hin.¹¹ Das bedeutet, dass der Begriff des Kunstwerkes vom musikalischen Kunstwerk abgelöst wird und eine allgemeine Bedeutung bekommt. Jetzt überspringe ich einige Zwischenstationen und komme zum Endergebnis: Der späte Adorno spricht immer über Kunstwerke im Allgemeinen; er versucht die (modernen) Kunstwerke – wenigstens in seinen späten Vorlesungen – durch allgemeine Merkmale zu erfassen. Kehren wir jetzt noch mal zurück zu dem Anfang dieser Vorlesungen. Adorno scheint vorauszusetzen, dass das zentrale Merkmal aller (modernen) Kunstwerke die Ver-

9 In dem Aufsatz: »Reden über Alban Bergs Lulu«, in: Theodor W. Adorno, *Gesammelte Schriften*, Bd. 18, Frankfurt am Main: Suhrkamp 1984, S. 645-649, hier 645.
10 Das habe ich zu zeigen versucht, in: János Weiss, *Az esztétikum konstrukciója Adornónál* [Die Konstruktion des Ästhetischen bei Adorno], Budapest: Akadémiai Kiadó 1995, S. 40 ff.
11 Vgl. Theodor W. Adorno, »Aufzeichnungen zur Ästhetik-Vorlesung von 1931/32«, in: *Frankfurter Adorno-Blätter*, Bd. I, München: edition text + kritik 1992, S. 35-90. (Die Veröffentlichung dieser frühen Vorlesungen hat die Adorno-Forschung überrascht, weil man angenommen hatte, dass Adorno erst am Ende seiner Laufbahn zu einer allgemeinen ästhetischen Theorie gelangt ist.)

schmelzung von Verstehbarkeit und Unverstehbarkeit ist. Er geht von der folgenden Aussage aus: »Zum einen muss philosophische Ästhetik Kunstwerke interpretieren, zum anderen muss sie entwickeln, was Verstehen bedeutet.«[12] Das bedeutet, dass die Doppelstrategie der Ästhetik darauf beruht, dass die (modernen) Werke sich der »Verständlichkeit« entziehen. »Es ist nicht die Aufgabe einer Philosophie der Kunst, das Moment des Unverständlichen in den zeitgenössischen Kunstwerken wegzuerklären, also die Werke so zu interpretieren, dass am Schluss die Rechnung aufgeht und das Befremden verschwindet.«[13] In diesem Zusammenhang haben schon die Romantiker am Ende des 18. Jahrhunderts den Begriff der »Unverständlichkeit« eingeführt. Friedrich Schlegel schreibt dazu: »Nun ist es ganz eigen an mir, dass ich den Unverstand durchaus nicht leiden kann, auch den Unverstand der Unverständigen, noch weniger aber den Unverstand der Verständigen.«[14] Im Gegensatz dazu will Adorno die Unverständlichkeit nicht einfach aus der Welt schaffen, sondern auf einer Metaebene doch zu verstehen versuchen. »Aufgabe von Ästhetik ist vielmehr diese Unverständlichkeit zu verstehen, warum diese Werke sich der Verständlichkeit im Sinne eines diskursiven Oberflächenzusammenhanges verweigern.«[15] Als typisches Werk für diese Problematik sieht Adorno Becketts *Endspiel* an, worüber er einige Jahre vorher eine maßgebende Studie veröffentlicht hat.[16] Daraus ist zu schließen, dass in der späten Ästhetik Adornos am ehesten Becketts *Endspiel* das modellbildende Werk ist, und nicht ein einzelnes musikalisches Kunstwerk oder ein musikalisches Œuvre.[17]

12 Theodor W. Adorno, *Vorlesungen zur Ästhetik*, a.a.O. (Anm. 6), Erste Vorlesung, S. 1. – Diese programmatische Aussage weist in vielerlei Hinsicht über die *Ästhetische Theorie* hinaus, damit kann ich mich aber hier nicht beschäftigen; wichtig ist nur, dass die Kunstwerk-Interpretation und eine allgemeine Theorie des Verstehens aufeinander hinweisen und sich wechselseitig voraussetzen.
13 Theodor W. Adorno, *Vorlesungen über Ästhetik*, ebd.
14 Friedrich Schlegel, »Über die Unverständlichkeit«, in: ders., *Werke in zwei Bänden*, Bd. 2, a.a.O. (Anm. 7), S. 199-211, hier 199.
15 Theodor W. Adorno, *Vorlesungen zur Ästhetik*, a.a.O. (Anm. 6), Erste Vorlesung, S. 1.
16 Über seine Beckett-Sudie sagt Adorno in der Vorlesung: »Der Text über Becketts *Endspiel* möchte in diesem Sinne interpretiert werden und nicht dadurch, dass ich mich einen Schlüssel zu geben anheischig mache.« Ebd.
17 In der Einleitung zur *Philosophie der neuen Musik* (Ende der vierziger Jahre in Kalifornien geschrieben) spielt der Begriff der Verständlichkeit noch überhaupt keine ausgezeichnete Rolle: »Die Meinung, Beethoven sei verständlich und Schönberg unverständlich [ist] objektiver Trug.« Theodor W. Adorno, *Philosophie der neuen Musik*, Frankfurt am Main: Suhr-

Die von Ludwig Finscher aufgestellten Prämissen sind also nicht ganz eindeutig, ihre Konturen sind verschwommen. Die Frage ist nun, ob eine Theorie des musikalischen Kunstwerkes als eine Verlängerung der adornoschen Ästhetik möglich ist. Dazu muss man die *erste Prämisse* präzisieren: Das Kunstwerk kann nicht als unmittelbar Gegebenes erfasst werden. Das Kunstwerk als Gegebenes gibt es, die Frage ist aber nicht, wie bei Lukács, wie es möglich ist, sondern wie es erfasst werden kann. Als Adorno in den ästhetischen Vorlesungen sagt, dass er erst »während dieser Vorlesung [...] gelernt hat, dass [die] ästhetische Theorie [...] eines Mediums von Allgemeinheit bedarf«,[18] verfährt er ganz im hegelschen Sinne. Das Sein des Gegebenen wird von der Erfassungsweise abgelöst. Die Einsicht also, dass die Erfassung des Kunstwerkes eines Mediums von Allgemeinheit bedarf, dementiert noch nicht eine Theorie des Kunstwerkes überhaupt. Auch die Erschütterung der *zweiten Prämisse* stellt eine Theorie des musikalischen Kunstwerkes nicht grundsätzlich in Frage. Man könnte behaupten, dass Adorno eine Theorie des musikalischen Kunstwerkes ausarbeiten *wollte*, aber dann gegen die Tendenzen der Verallgemeinerung sich nicht wehren konnte. In der *Ästhetischen Theorie* spricht er auf einer sehr allgemeinen Ebene über Kunstwerke. Darauf könnte man erwidern, dass die Methode den Gegenstand nicht verallgemeinern darf, erst dann wird es möglich, zu den konkreten Werken zurückzukehren. Diese Rückkehr muss aber nicht bis zu einzelnen Werken gehen, sondern bis zu den Werken einer bestimmten Kunstgattung. Damit wird die Möglichkeit für eine Theorie der musikalischen Kunstwerke doch noch eröffnet.

II. Musik und Sprache

Albrecht Wellmer vermeidet es, von der Verständlichkeit/Unverständlichkeit des (modernen) Kunstwerkes auszugehen; das würde die Abstraktionsebene der Thematisierung zu hoch einstellen. Er geht von einem Charakteristikum aus, das aber besonders auf musikalische

---

kamp 1978, S. 18. – Die Begriffe »Verstehen« und »Verständnis« sind in diesem Zusammenhang noch nicht auf einzelne Werke bezogen. Sie tauchen in einem Zusammenhang auf, wo es um die Hörgewohnheiten prägende Kraft der Massenkultur geht. »Der musikalische Zusammenhang, der den Sinn stiftet, bleibt in jeder frühen Beethovensonate dem durchs Radio dressierten Hörer nicht weniger verborgen als in einem Schönbergquartett, das ihn wenigstens daran mahnt, dass sein Himmel nicht voll der Geigen hängt, an deren süßen Ton er sich weidet.« Ebd.

18 Theodor W. Adorno, *Vorlesungen zur Ästhetik*, a. a. O. (Anm. 6), Fünfte Vorlesung, S. 6.

VERSUCH EINER THEORIE DES MUSIKALISCHEN KUNSTWERKES

Kunstwerke zugeschnitten ist. Man könnte also sagen, dass es bei Adorno auch ein Prinzip gibt, dass eine Herausarbeitung der Theorie der musikalischen Kunstwerke ermöglicht. Wellmer wendet sich aufgrund dieser Intentionen dem Aufsatz »Musik, Sprache und ihr Verhältnis im gegenwärtigen Komponieren« zu. Adorno hat diesen Aufsatz mit den folgenden Zeilen begonnen: »Musik *ist* sprachähnlich. Ausdrücke wie musikalisches Idiom, musikalischer Tonfall sind keine Metaphern. Aber Musik ist *nicht* Sprache. Ihre Sprachähnlichkeit weist den Weg ins Innere, doch auch ins Vage. Wer Musik wörtlich als Sprache nimmt, den führt sie irre.«[19] (Genauer betrachtet könnte man sagen, dass auch dieses Charakteristikum etwas Paradoxes beinhaltet. Das musikalische Kunstwerk ist sprachähnlich, aber doch nicht sprachlich. Das kommt der Behauptung sehr nahe, dass man in der Philosophie *nichts* wortwörtlich nehmen darf. In einer seiner ästhetischen Vorlesungen sagte Adorno: »Es gibt eine hessische Redewendung vom Schneidemeister Buff: ›Was er heute näht, trennt er morgen wieder uff‹. Ein bisschen so ist mir zumute nach dem, was ich Ihnen letzte Stunde gesagt habe.«)[20] Adorno versucht in zahlreichen Anläufen diese Ähnlichkeit, die aber nicht wortwörtlich zu nehmen ist, aufzuzeichnen. Ein wichtiges Beispiel lautet: »Wenn Beethoven den Vortrag einer Bagatelle aus op. 33 ›mit einem gewissen sprechenden Ausdruck‹ verlangt, so hebt er dabei nur, reflektierend, ein allgegenwärtiges Moment der Musik hervor.«[21] Eigentlich hat aber diese kleine Studie erst nur dadurch eine große Bedeutung bekommen, dass Dieter Schnebel Anfang der neunziger Jahre ihre These als verfehlt kritisiert hat. Diese Kritik vermischt aber zwei Strategien miteinander. (1) Schnebel versucht sich zunächst auf einer allgemeinen Ebene von dieser Vorstellung zu trennen. »Tatsächlich ist Musik von Sprache strukturell und essenziell verschieden. Basiert Sprache material auf Phonemen, formal auf Syntax, so Musik einerseits auf Ton (Klang) und Rhythmus, andererseits auf Wiederholung im weitesten Sinn [...].«[22] Schnebel muss gespürt haben, dass es so schwierig sein

19 Theodor W. Adorno, »Musik, Sprache und ihr Verhältnis im gegenwärtigen Komponieren«, in: ders., *Gesammelte Schriften*, Bd. 16, Frankfurt am Main: Suhrkamp 1978, S. 649-664, hier 649. Hervorhebung von mir, J.W.
20 Theodor W. Adorno, *Vorlesungen zur Ästhetik*, a.a.O. (Anm. 6), Neunte Vorlesung, S. 43.
21 Theodor W. Adorno, »Musik, Sprache und ihr Verhältnis im gegenwärtigen Komponieren«, a.a.O. (Anm. 19), S. 649. – Nach Adornos Aufsatz (der zuerst 1956 erschienen ist) hat Sylvano Busotti in der ersten Hälfte der sechziger Jahre ein Stück geschrieben, mit dem Titel: »Mit einem gewissen sprechenden Ausdruck für Kammerorchester«.
22 Dieter Schnebel, »Der Ton macht die Musik, oder: Wider die Versprach-

wird gegen Adorno zu argumentieren, weil dieser nur über eine *Analogie* gesprochen hat. Man könnte es sich gut vorstellen, dass die folgende Behauptung noch immer gültig ist: »Indessen wird weiterhin Musik als quasi- oder metasprachliches Phänomen begriffen: Sie gilt immer noch als Tonsprache, und das Wort »Klangrede« ist geradezu modisch geworden.«[23] (2) Deswegen versucht Schnebel in einer zweiten Strategie den Zusammenhang auch historisch zu widerlegen. Er behauptet, dass die Musik in der zweiten Hälfte des 19. Jahrhunderts sich begann zu literarisieren. »Das führte zwar zu einer Erweiterung der musikalischen Formen – sie gerieten selbst prosahaft und episch – und ebenso bereicherte die Adaption sprachlicher Strukturmittel die musikalische Gestaltung selbst. Aber insgesamt wurde doch der musikalische Zusammenhang geschwächt [...].«[24] Auch die Musik der freien Atonalität konnte daran wenig ändern, weil auch sie sich »quasi sprachlicher statt musikalischer Mittel verschrieben hatte«.[25] Es gab aber auch immer gewisse Ausnahmen: z.B. Mahler und die frühen Werke von Strawinsky bis zu *Le sacre*

    lichung! Überlegungen zu Periodik, Wiederholung und Abweichung«, in: ders., *Anschläge – Ausschläge. Texte zur neuen Musik*, München: Carl Hanser 1993, S. 27-36, hier 29.
23 Ebd. – Eine allgemeine Theorie über das Verhältnis von Sprache und Musik hat Hans Heinz Dräger skizzenhaft entworfen. »Das zentrale Problem des Verhältnisses von Musik und Sprache ist die Frage, wie weit und auf welche Weise in der Musik mit dem Ästhetischen auch Semantisches [...] gegeben ist.« In der altgriechischen Kultur gab es eine absolute Einheit von Musik und Sprache, seit dem 4. Jahrhundert zerfiel die absolute Einheit von Wort, Rhythmus und Melos: Es entstehen die Musik und die Dichtung als zwei selbständige Zweige der Kunstarten. Seit dieser Zeit ist das Verhältnis von Musik und Sprache mit einer gewissen Spannung geladen. Dräger unterscheidet drei Grundtypen des Verhältnisses: (1) Die Sprache ist ein Vehikel für »die sich frei entfaltende Musik«; d.h., dass die Sprache sich in der Musik auflöst. (2) Die Musik läuft darauf hinaus, die »im Wortsinn enthaltenen Bilder und Vorgänge« zu veranschaulichen. (3) Nicht so sehr die Veranschaulichung, sondern die »Verlautbarung des begrifflichen Sinnes der Sprache« wird zum Ziel der Musik. »Hierbei muss sich die Musik verhältnismäßig eng an das gesprochene Wort bzw. den gesprochenen Satz anlehnen.« (Goethe hat in diesem Zusammenhang das »Strophenlied« gefordert, und verlangt, dass die Musik zu einer »Symbolik für das Ohr« werden sollte.) Vgl. Hans Heinz Dräger, »Musik-Ästhetik. A, systematisch-hist. Überblick«, in: Friedrich Blume (Hg.), *MGG*, Bd. 9, München/Kassel: dtv/Bärenreiter 1989, Sp. 1000-1023, hier 1015 ff.
24 Dieter Schnebel, »Der Ton macht die Musik«, a.a.O. (Anm. 22), S. 30-31.
25 Ebd.

du printemps. Die wichtigste Ausnahme war aber Anton Bruckner, der sich in einem radikalen Sinne der Tendenz der Versprachlichung widersetzt hat. Die Entsprachlichung kulminierte in der seriellen Musik der fünfziger Jahre.»Das serielle Denken, von Boulez, Nono, Stockhausen inauguriertes Denken, das sich in den 50er Jahren unterm Einfluss Weberns von den versprachlichten Formungen der Wiener Schule löste, *und wieder ursprünglich musikalische Gestaltung suchte,* eröffnete [...] neue Perspektiven.«[26] Wellmer möchte Adornos These über die Sprachanalogie der Musik retten, und zwar in beiderlei Hinsicht. In einer prinzipiellen Perspektive versucht er zunächst die Grenzen und den Kern der Analogie aufzuzeigen.»*Prekär* wird die Sprachanalogie [...] in dem Augenblick, wo man die zusammenhangbildenden Potenzen der tonalen Sprache mit denen der Wortsprache analogisiert; denn jene zusammenhangbildenden Potenzen, die von der Konstruktion von Großformen wie Fuge, Sonate und Rondo reicht, lassen sich auf diejenigen der wortsprachlichen Syntax, Grammatik und Rhetorik deshalb nicht abbilden, weil es bei den letzteren noch gar nicht um *literarische* Formen, sondern um textuelle Zusammenhänge aller Art geht.«[27] (Es kommt etwas merkwürdig vor, dass Adorno in der *Ästhetischen Theorie* zwar öfter über Analogien spricht, aber eigentlich nie in die Nähe der Analogie *zwischen* Musik und Sprache kommt.) Eine Analogie muss notwendigerweise»prekär« sein; d.h., sie hat ihre Grenzen, die sie nicht überschreiten darf. In diesem Fall geht es also darum, dass»die zusammenhangbildenden Potenzen der tonalen Sprache« nicht einfach auf die Wortsprache übertragbar sind, weil wir so eben das Ästhetische oder die Eigenart des Ästhetischen verfehlen würden. In der Musik geht es nämlich immer um einen ästhetischen Zusammenhang, in der Wortsprache haben wir es aber zunächst mit allerlei Texten zu tun. Daraus würde auch folgen,

26 Ebd. Hervorhebung von mir, J.W. – Natürlich bedarf es keiner weiteren Begründung, dass dieser musikgeschichtliche Überblick mit Adornos Auffassung nicht übereinstimmt.»Gleichwohl darf man das Serielle nicht einzig als Gegensatz zum Motivisch-Thematischen begreifen. Serielle Musik selber entstand aus der Totalität des Motivisch-Thematischen, will sagen, der Ausdehnung jenes Prinzips auf Zeit und Farbe. Das Telos der totalen Organisation haben beide Verfahrungsweisen gemein. Vielleicht ist der Unterschied so zu wenden: Im gesamten seriellen Komponieren wird die Einheit als Faktum gedacht, als unmittelbar Seiendes, wenngleich in seiner Einheit Verborgenes. Im thematisch-motivischen Musizieren dagegen bestimmt sich die Einheit immer als Werdendes und damit sich Offenbarendes.« Theodor W. Adorno,»Vers une musique informelle«, in: ders., *Gesammelte Schriften*, Bd. 16, a.a.O. (Anm. 19), S. 493-540, hier 516.
27 Albrecht Wellmer, *Versuch über Musik und Sprache*, München: Carl Hanser 2009, S. 36.

dass wir nichts über »gelungene« und nicht gelungene Kunstwerke sagen können. Eine Bestimmung der Analogie bedeutet also die Reduzierung des Prekären. »Auch im Bezug auf die tonale Musik hat sich, ganz unabhängig von der Kontroverse zwischen Schnebel und Adorno, die Vorstellung als irreführend erwiesen, musikalischer Zusammenhang sei etwas (wort)sprachlichen Sinnzusammenhängen Analoges [...].«[28] Mir scheint, dass Wellmer die Atonalität auch noch in diesen Kontext einfügen würde. Die allgemeine Sprachgebundheit der Musik hat sich erst im 20. Jahrhundert – »im Zuge der verschiedenen Übergänge zu einer posstonalen Musik« – aufgelöst.[29] Der Begriff der »posttonalen Musik« ist aber so breit angelegt, dass er nicht nur die revolutionären Erneuerungen der Schönberg-Schule umfasst. Wellmer ist mit Schnebel darin einverstanden, dass die serielle Musik einen radikalen Schub der Entsprachlichung der Musik bedeutet hat. »Jedoch hat Adorno in der ›Entqualifizierung‹ des akustischen Materials in der seriellen Musik [...] durchaus einen notwendigen Schritt in der Abkehr von der tonalen Musik gesehen.«[30] Wellmer weist darauf hin, dass Adorno durchaus die produktiven Potenziale in der seriellen Musik gesehen hat, so schreibt er in seinem späten Vortrag *Vers une musique informelle*: »Die Reduktion auf den Ton hatte ihre negative Wahrheit. Sie hat die Intentionen des Subjekts, die als bloß eingelegte zugleich zu erstarren drohten, ausradiert. Sämtliche etablierten und verbrauchten Muster der Gestalten und Konfigurationen hat sie als störend, stilunrein, stilbrüchig außer Aktion gesetzt.«[31] (In den ästhetischen Vorlesungen scheint Adorno viel kritischer gewesen zu sein: »Es ist ein großer Irrtum der Nachkriegsmusik« – sagt er dort –, »dass sie davon ausgeht, dass es *reine* Töne gibt. Die musikalischen Kunstwerke bestehen nicht aus Urelementen, sondern aus Relationen.«)[32] Die postserielle Musik hat sich aber ab Anfang der 60er Jahre von diesem Trend abgewandt. Ich möchte in diesem Zusammenhang auf die beiden »Mimodramen« von György Ligeti (*Aventures* und *Nouvelles Aventures*) hinweisen. In diesen werden »rasch wechselnde Affekt- und Stimmungscharaktere [...] in assoziativer Akausalität« collageartig miteinander verknüpft.[33] Ligeti schreibt selber dazu:

28 A.a.O., S.48.
29 A.a.O., S.33.
30 A.a.O.., S.41.
31 Theodor W. Adorno, »Vers une musique informelle«, a.a.O. (Anm. 19), S.527.
32 Theodor W. Adorno, *Vorlesungen zur Ästhetik*, a.a.O. (Anm.6), Siebte Vorlesung, S.34.
33 Monika Lichtenfeld, »György Ligeti«, in: Friedrich Blume (Hg.), *MGG*, Bd.16, München/Kassel: dtv/Bärenreiter 1989, Sp. 1135-1138, hier 1136.

»In den Vokal- und Instrumentalkomposition *Aventures* und *Nouvelles Aventures* habe ich eine Kunst-Sprache verwendet. [...] Der ›Text‹, in phonetischer Schrift aufgezeichnet, wurde nicht vor dem Komponieren entworfen, sondern entstand zusammen mit der Musik; das heißt, er ist als reine Lautkomposition selbst Musik. Ausgangspunkt für die Lautkomposition war eine Vorstellung von Beziehungen affektiver Verhaltensweisen, kein abstrakter Konstruktionsplan.«[34] (So einen abstrakten Plan zu benutzen, das wurde sowohl der Zwölftontechnik als auch der seriellen Musik vorgeworfen.) Ligeti hob also eine gewisse Sprachanalogie seiner Werke hervor.[35]

Wellmer kommt zu der These, dass in der posttonalen Musik die Semantisierung und die Entsemantisierung einander wechselseitig ergänzen. »Ich glaube, dass ›Semantisierungs‹-und ›Entsemantisierung‹-Prozesse als zwei aufeinander bezogene Pole in der Entwicklung der modernen Musik verstanden werden sollten.«[36] Wenn aber die Bedeutung der Entsprachlichung neben der Versprachlichung in der modernen Musik nicht geleugnet werden kann, dann entsteht die Frage, wie in einem grundsätzlichen Sinne die *Sprachanalogie* zu verstehen ist, d. h., wie der Kern dieser Analogie zu bestimmen ist. Wellmer führt in diesem Zusammenhang den Begriff des *Weltbezuges* ein; mit ihm versucht er die Einwände von Schnebel zu entkräften. Es geht nicht mehr um die Unterschiede zwischen Phonemen und Ton (Klang), zwischen Syntax und Rhythmus usw. Eine tief greifende Analogie zwischen Musik und Sprache kann erst durch diesen Begriff geschaffen werden. Das bedeutet, dass der Analogie erst auf dieser sehr hohen Abstraktionsebene ein gewisser Sinn gegeben werden kann. »Einen Weltbezug und ein Weltverhältnis wie auch ein Verhältnis zu uns selbst haben wir ja zunächst immer nur in der und durch die Sprache. Weltbezug und Weltverhältnis setzen Sprache voraus. Aber *was* und *wie* ist Sprache? Wir verstehen darunter zunächst ja immer die verbale bzw. diskursive Sprache. Ich glaube aber, dass jedes Verständnis von Sprache unzureichend wäre, das neben der Wortsprache nicht auch die Wurzeln der musikalischen, bildnerischen oder tänzerischen Ausdrucks- und Darstellungsformen in sich beschlösse.«[37] Die Begriffe »Weltbezug« oder »Weltverhältnis«

---

34 So schreibt Ligeti selbst im Begleitheft, Mainz: Schott Wergo 1985.
35 Zu dessen Kritik vgl. Albrecht von Massow: »Ästhetik und Analyse«, in: Alexander Becker und Matthias Vogel (Hg.), *Musikalischer Sinn. Beiträge zu einer Philosophie der Musik*, Frankfurt am Main: Suhrkamp 2007, S. 129-174, hier 152.
36 Albrecht Wellmer, *Versuch über Musik und Sprache*, a.a.O. (Anm. 27), S. 33.
37 A.a.O., S. 23-24. »Aber ist die Musik jemals ›rein‹, ist sie jemals ›absolut‹? Hat sie sich nicht immer schon zur Welt, zum Außermusikalischen

kommen bei Adorno natürlich nicht vor; und die Begriffsbildung kann
– wie ich meine – doch in einem adornoschen Zusammenhang lokalisiert werden. In der *Ästhetischen Theorie*, aber auch in den Vorlesungen spricht Adorno viel über den Doppelcharakter der Kunst: »Kunst [ist] sowohl ein Selbstständiges mit eigenen Kriterien [...], wie auch ein Gesellschaftliches, und damit etwas, was gesellschaftlichen Prinzipien wie Arbeit und Wirkung untersteht.«[38] Adorno hat diese Beziehung als eine Dialektik (oder als ein Spannungsverhältnis) aufgefasst; das scheint auch Wellmer vor Augen zu haben, wenn er über Versprachlichung und Entsprachlichung spricht. Wellmers These impliziert, dass *nicht einmal* die »absolute Kunst« ihren Weltbezug verlieren kann.[39]

III. Der Sinn-Begriff und die Struktur des musikalischen Kunstwerkes

Adorno hat über den Wahrheitsgehalt aller Kunstwerke gesprochen,[40] und hat sich dabei auf Benjamins Studie über die *Wahlverwandtschaften* gestützt. Am Anfang dieser Studie vergleicht Benjamin den Kommentar

> hin überschritten? Unsere bisherigen Überlegungen legen diesen Schluss nahe. Mit Bezug auf Hanslick müsste die Frage genauer lauten: Können wir, was unsere Charakterisierungen und Deutungen von Musik betrifft, eine scharfe Grenze ziehen zwischen einem Vokabular, das gleichsam unschuldig ist [...], und einem Vokabular, das mit mehr oder weniger willkürlichen Assoziationen kontaminiert ist, die nichts mit der Musik ›als solcher‹ zu tun haben?« A. a. O., S. 70-71.

38 Theodor W. Adorno, *Vorlesungen zur Ästhetik*, a. a. O. (Anm. 6), Achte Vorlesung, S. 39. – »Der Doppelcharakter der Kunst als *autonom* und als *fait social* teilt ohne Unterlass der Zone ihrer Autonomie mit.« Theodor W. Adorno, *Ästhetische Theorie*, Frankfurt am Main: Suhrkamp 1973, S. 15. Hervorhebung von mir, J. W.

39 Ruth Sonderegger meint, dass Wellmer noch zu sehr der Autonomie der Kunstwerke verhaftet ist. »Da ist einerseits die nicht so triviale, aber bekannte Tatsache, dass Kunst mitsamt allen Autonomieansprüchen eine historisch entstandene Institution ist, die eines Tages auch einfach wieder aufhören könnte; und es gibt (nicht nur aber gerade erst heute) eine Menge von Kunstentwicklungen in Richtung Design, Wissenschaft, sozialer oder politischer Aktivismus, die man nicht anders denn als Herausforderung des Autonomiegedankens verstehen kann.« Ruth Sonderegger, »Diskussionspunkt(e) für den Workshop zu Albrechts Wellmers *Versuch über Musik und Sprache*«, Ms., Hamburg 2009.

40 Die Begriffe »Sinn« und »Wahrheitsgehalt« haben eine merkwürdige Bedeutung, sie sind nämlich bis zu einem gewissen Grad inhaltsunabhängig. Was Rancière über die »Schönheit« schreibt, ist auch auf diesen Begriff

mit der Kritik: Der Kommentar versucht den Sachgehalt, die Kritik den Wahrheitsgehalt des Werkes zu bestimmen.[41] Ohne diese Begriffe hier klären zu wollen, können wir festhalten, dass bei Benjamin (und vor allem in dieser Studie) die Kritik mit der Ästhetik identisch ist. Der Wahrheitsgehalt wird in den Begriff des *Sinnes* transformiert; doch diese Transformation scheint zunächst nicht plausibel zu sein. Alexander Becker und Matthias Vogel schreiben nach einem gewissen Umblick: »Wir [stehen] – so scheint es – mit leeren Händen da und müssen konstatieren, dass die Musik anders ist als alles, was wir verstehen können, seien es Romane, Personen oder Bilder. Wir können uns zwar von ihr faszinieren lassen oder sie als bloße Spielerei abtun [...], aber es scheint unmöglich, einen Sinn in ihr finden zu können. Ist musikalischer Sinn also eine Chimäre?«[42] Wellmer gibt aber auf diese Frage eine elegante und zugleich plausible Antwort: der Weltbezug *impliziert* den Sinn. (Was die »Implikation« in diesem Zusammenhang bedeuten kann, werde ich noch später zu bestimmen versuchen.) Auf jeden Fall haben der Weltbezug und der Sinn eine gemeinsame Struktur, sie zeigen sich und verhüllen sich zugleich. Davon ist nur noch ein kleiner Schritt bis zur Behauptung, dass das Kunstwerk auf einer hohen Abstraktionsebene der Ort einer sinnverbergenden und sinnzeigenden *Prozessualität* ist.[43] An diesem Ort ist das *Spiel* von Identität und Differenz zu lokalisieren. So kann die Prozessualität auf der allgemeinsten Ebene folgendermaßen erfasst werden: »›Prozessierend‹ ist das Kunstwerk darin, dass es Zusammenhangbildungen unterschiedlicher Art provoziert – solche, die

zu beziehen: »Sie [Schönheit] ist gleichgültig gegenüber des Sujets. Eine Auslage von Früchten oder Fischen, die Gefühle eines einfachen Lebewesens, ein Ehebruch in einer kleinen Stadt der Provinz sind genauso empfänglich für Schönheit wie die Gestalt der olympischen Götter oder die Darstellungen der Handlungen eines Streites zwischen Fürsten.« Jacques Rancière, *Ist Kunst widerständig?*, Berlin: Merve 2008, S. 51. Diese relative Inhaltsunabhängigkeit führt dann zum Begriff der *Stimmigkeit*.

41 Vgl. Walter Benjamin, »Goethes Wahlverwandtschaften«, in: ders., *Schriften*, Bd. 1,1, Frankfurt am Main: Suhrkamp 1974, S. 123-201, hier 125.

42 Alexander Becker und Matthias Vogel (Hg.), *Musikalischer Sinn. Beiträge zu einer Philosophie der Musik*, Frankfurt am Main: Suhrkamp 2007, S. 19.

43 Albrecht Wellmer, *Versuch über Musik und Sprache*, a.a.O. (Anm. 27) – Hans Blumenberg hat darauf hingewiesen, dass ästhetische Gegenstände durch eine essenzielle Vieldeutigkeit zu charakterisieren sind und hat in diesem Sinn den Begriff der »Allegorie« wieder einzuführen versucht. Es gibt bei Blumenberg noch eine Ergänzung zu dieser These, die ich aber hier nicht diskutieren kann: Dieser Charakter tritt im Fall der modernen Kunst viel deutlicher hervor. Vgl. a.a.O., Fußnote 162.

seine Elemente auf einen formalen Zusammenhang hin, als Elemente einer Materialkonstellation oder auf einen Sinnzusammenhang hin identifizieren und ›zusammenlesen‹ – und sich ihnen als ein ästhetisch Ganzes doch immer wieder entzieht [...].«[44] Das bedeutet, dass die innere Struktur der Kunstwerke nicht festgelegt und vorgegeben ist, sie ist immer Gegenstand der Konstruktion und Rekonstruktion. Alle Deutungen des Kunstwerkes[45] laufen notwendigerweise auf Zusammenhangbildungen hinaus, also auf Versuche, die die inneren Zusammenhänge und Bedeutungen erfassen.[46] Eine Deutung kann aber immer nur ein vermeintes Spiel, eine hypothetische Zusammenhangbildung entdecken. Und zwar nicht deswegen, weil es das Spiel oder die Zusammenhangbildung gar nicht gibt, sondern weil sie sich der Deutung (nicht nur gelegentlich, sondern notwendigerweise) entzieht.

Wellmer spricht von einer dreifachen Prozessualität der musikalischen Kunstwerke: »Es gilt [die] dreifache Prozessualität zu verstehen, das heißt die Prozessualität des Kunstwerkes, die der ästhetischen Erfahrung und die des ästhetischen Diskurses in ihrem *internen* Zusammenhang aufzuklären.«[47] Ich würde eher vorschlagen, die letzten beiden Momente zusammenzufassen und eine mittlere Ebene einzuschieben: die der Aufführung oder Interpretation. »Jedoch ist im Fall der Musik der Begriff der Interpretation, wie ich früher betont habe, doppeldeutig: Sprachliche Interpretation und musikalische Interpretation spielen ineinander.«[48] Adorno schreibt in einer berühmten Formulierung: »Damit ist auf Interpretation verwiesen. Musik und Sprache verlangen diese gleichermaßen und ganz verschieden. Sprache interpretieren heißt: Sprache verstehen; Musik interpretieren: Musik machen.«[49] Diese Passage könnte man so korrigieren: Im Fall der Musik bedeutet die Interpretation beides, Musik machen *und* Musik verstehen. Wellmer korrigiert die obige Aussage, wie folgt: »So, wie jede einzelne sprachliche Interpretation ein bestimmtes Licht auf ein musikalisches Werk wirft, so tut es auch jede bestimmte musikalische Interpretation (Aufführung).«[50] Adorno hat in einem nicht ausgeführten Buchprojekt

44 A.a.O., S.137-138. »Man könnte stattdessen auch sagen: Die Kunstwerke provozieren Synthesen [Zusammenhangbildungen, Deutungen] im selben Masse, in dem sie diese auch abweisen oder dementieren [...].« (S.137.)
45 Ich benutze hier diesen allgemeinen Begriff für: Interpretation, Analyse, Beschreibung, Kritik und Kommentar. Vgl. a.a.O.., S.37.
46 A.a.O., S.137.
47 A.a.O.., S.139-140.
48 A.a.O.., S.193.
49 Theodor W. Adorno, »Musik, Sprache und ihr Verhältnis im gegenwärtigen Komponieren«, a.a.O. (Anm.19), S.651.
50 Albrecht Wellmer, *Versuch über Musik und Sprache*, a.a.O. (Anm.27)

anstatt von Interpretation und Aufführung über »musikalische Reproduktion« gesprochen, obwohl er manchmal doch zum alten Begriff der »Interpretation« zurückkehrt. »Idee der Interpretation wäre: die integrale Darstellung des musikalischen Sinnes, des Komponierten. – Oder vom Einzelnen her: eine Darstellung, in der es keine tote Note, kein totes Intervall, keine tote Pause gibt.«[51] Diese drei Ebenen gibt es in Ansätzen auch bei Adorno, er war aber zu sehr der Produktionsästhetik verhaftet, um diese komplexe Struktur ausarbeiten zu können.

(1) Der Prozess spielt sich zunächst im Werk selbst ab; die Erfassung dieses Prozesses hat Adorno als »musikalische Analyse« bezeichnet. »Genaue Analyse [ist] selbstverständliche Voraussetzung der Interpretation.«[52] Im Spätwinter 1969 hat Adorno einen wichtigen Vortrag über »musikalische Analyse« gehalten, der erst vor kurzem veröffentlicht wurde.[53] Analyse heißt in einer ersten Annäherung die Aufzeichnung der internen Beziehungen des Werkes. »Wer ein Werk sich nicht *genau* ansieht, der wird es – ich glaube da wird jeder ausübende Musiker mit mir übereinstimmen – nicht *richtig* interpretieren. Etwas sich genau ansehen – wenn man das so vag ausdrückt – heißt aber in Wirklichkeit soviel wie analysieren, also den *inneren Zusammenhängen der Werke nachgehen* und dem nachgehen, was in der Komposition eigentlich vorliegt.«[54] In diesem Zusammenhang weist Adorno auf die Wichtigkeit des geschulten Notenlesens hin. »Ich möchte hier auf einen

»Aber die musikalische Interpretation wirft ihr Licht doch in anderer Weise auf das Werk als die sprachliche: Während jede einzelne sprachliche Interpretation hinter dem ganzen des Werkes notwendigerweise zurückbleibt, ist der Anspruch einer musikalischen Interpretation notwendigerweise, das Ganze des Werkes zur Erscheinung zu bringen, obwohl doch keine musikalische Interpretation das Werk als solches (und in diesem Sinn: als Ganzes) erschöpfen kann, da jede solche Interpretation das Ganze des Werks wieder neu beleuchtet.« A.a.O., S. 193-194.

51 Theodor W. Adorno, *Zu einer Theorie der musikalischen Reproduktion*, Hg. Von Henri Lonitz, Frankfurt am Main: Suhrkamp 2001, S. 121. In einem späteren Fragment schreibt Adorno: »Die wahre Interpretation kennt keine toten Intervallen, nur Riemann.« A.a.O., S. 203. Adorno hat sogar eine Polemik gegen Riemann geplant über den Begriff des *Intervalls*. A.a.O.., S. 349. Fußnote 89. Vgl. Hugo Riemann, *System der musikalischen Rhythmik und Metrik*, Leipzig: Breitkopf und Härtel 1903, S. 14.
52 Theodor W. Adorno, *Zu einer Theorie der musikalischen Reproduktion*, a.a.O., S. 10.
53 Theodor W. Adorno, »Zum Problem der musikalischen Analyse«, in: *Frankfurter Adorno Blätter VII*, München: edition text + kritik 2001, S. 73-89.
54 Theodor W. Adorno, *Zu einer Theorie der musikalischen Reproduktion*, a.a.O. (Anm. 51), S. 73-74. Hervorhebungen von mir, J.W.

weiteren elementaren Tatbestand des Analysierens, auf das Notenlesen aufmerksam machen. [...] Und um Noten überhaupt so zu lesen, dass Musik dabei herauskommt, ist ein deutender, das heißt ein analytischer Akt, der fragt, was die Noten eigentlich vorstellen [...]. Bereits in diesen elementaren Vorgängen ist immer Analyse eigentlich der Fall.«[55] Die Analyse ist also auf die Interpretation/Reproduktion bezogen, sie hat aber auch einen Bezug auf das Komponieren selbst. Das führt zu einer kaum zulässigen Verallgemeinerung der Begrifflichkeit. »Man könnte sagen, dass in diesem Sinn Analyse der Ort der Tradition sei.«[56] Besser gesagt: Analyse würde dann die Fortsetzung der, oder die Auseinandersetzung mit der Tradition bedeuten. »Wenn man sich mit einem Blick für diese Dinge etwa Brahms ansieht, dann wird man finden [...], wie sehr seine Kompositionen, insbesondere die aus seiner früheren Zeit, die ich für außerordentlich wichtig und bedeutend halte, geradezu die Produkte der Analyse von Werken der Vergangenheit, insbesondere von Beethoven sind [...].«[57]

(2) In einem nächsten Schritt ist die Prozessualität auf der Ebene der Reproduktion zu lokalisieren. »Reproduktion ist eine Form [...]; d.h., das Werk bedarf ihrer, ohne dass sie aus dem Werk folgt.«[58] Der Ausgangspunkt der Reproduktionstheorie ist also, dass sie selbst zum Werk gehört. Adorno hat diese Ebene immer (in seinen Kritiken, musikalischen Monographien usw.) vernachlässigt, umso erstaunlicher ist es, dass er später doch ein Buch darüber schreiben wollte. In dem aus zahlreichen Notizen bestehenden Buch ist es ziemlich unsicher, wie dieser Prozess erfasst werden kann. »Meine Theorie, dass alle musikalische ›Form‹ sedimentierter Inhalt ist, muss für die Reproduktionstheorie fruchtbar gemacht werden. Aber das Nächstliegende: Die Reproduktion müsse den sedimentierten Inhalt ›erwecken‹, wäre viel zu grob.«[59] An einer anderen Stelle schreibt er, dass jedes spätere Werk

55 A.a.O., S.74.
56 Ebd.
57 Ebd. – Adorno fügt aber hinzu: »Ich muss mir leider versagen, Ihnen das bis ins Einzelne jetzt nachzuweisen«. In seinem frühen Aufsatz über Brahms scheint das Bild noch viel nuancierter zu sein, dort charakterisiert er das »Ausgangsmaterial« von Brahms, wie folgt: »Es war das schumannsche, jene melodische Homophonie, die dem Gesang und dem harmonischen Fund zuliebe die große beethovensche Sonatenkonstruktion durch subjektiven Ausdruck aufgeweicht, ihre Kontraste in lyrisches Liederspiel, ihre tektonische Wiederholungen in den kreisenden Wiederholungszwang des eingeschlossenen Ich verwandelt hatte.« Theodor W. Adorno, »Brahms aktuell«, in: ders., *Gesammelte Schriften*, Bd. 18, , Frankfurt am Main: Suhrkamp 1984, S. 200-203, hier 201.
58 Theodor W. Adorno, *Zu einer Theorie der musikalischen Reproduktion*, a.a.O. (Anm. 51), S. 69.

alle frühere verändert.»Die Reproduktion registriert diese Veränderung und bewirkt sie zugleich. Zwischen ihr und dem Werk herrscht ein *dialektisches Verhältnis*.«[60] Wellmer geht von dieser letzten Deutung aus, und versucht sowohl die Notwendigkeit als auch die Eigenart der Reproduktion aufgrund des Prozesscharakters zu erklären.»In jedem Fall aber wird das Werk als ein Klangobjekt überhaupt erst real durch die und in der musikalischen Interpretation [...].«[61] Und erst das zur Realität gewordene Werk ist erfahrbar. Dazu schreibt Wellmer:»Dies verweist auf die oben bereits erwähnte andere Dimension dessen, was Adorno Prozessualität der Kunstwerke genannt hat: die Dimension ihrer geschichtlichen Veränderung, ihres ›Werdens‹ im Medium von Interpretation [...].«[62] Wellmer weist aber auch darauf hin, dass trotz des Zusammenhangs der Prozessualität des Werkes und der Reproduktion, die Frage nach der angemessenen musikalischen Interpretation immer neu beantwortet werden muss.[63]

59 A.a.O., S.118.
60 A.a.O., S.14. Hervorhebung von mir, J.W.
61 Albrecht Wellmer, *Versuch über Musik und Sprache*, a.a.O. (Anm.27), S.194.
62 Ebd.
63 Die Frage ist immer, wie groß die *Freiheit* bei der Interpretation sein kann. Diese Frage ist wahrscheinlich falsch gestellt, weil sie schon vorauszusetzen scheint, dass es eine richtige und korrekte Interpretation gibt, von der der Interpretierende aus welchen Gründen auch immer abweichen kann. Die andere Frage entsteht, wenn man die Treue nach dem Buchstaben und nach dem Geist voneinander unterscheidet. Dazu schreibt Adorno:»Gegen die Phrase, man soll dem Geist, nicht dem Buchstaben treu sein.« (*Zu einer Theorie der musikalischen Reproduktion*, a.a.O. [Anm.51], S.10.) Man hat Arturo Toscaninis Interpretationen oft als buchstabentreu bezeichnet. Adorno meint aber:»Toscanini ist [auch] dem Buchstaben untreu.« (Ebd.) Man kann also der These nicht ausweichen, dass der Diskurs nach der angemessenen Interpretation ganz offen sein muss. Interpretationen können in der Regel kein neues Werk schaffen, obwohl sie dem Werk immer ein neues Gesicht geben können. In diesem Zusammenhang möchte ich auf einige Grenzfälle hinweisen. (1) Mozart arbeitete im Jahre 1772 drei Klaviersonaten von Johann Christian Bach zu Klavierkonzerten um. (KV 107 Nr. 1-3.) Wahrscheinlich zu Unterrichtszwecken, aber vielleicht auch als Stücke für Reisekonzerte. Die von mir gekannten Konzertführer ignorieren ganz diese Werke. Über die Bearbeitung schreibt Bernhard Blattmann:»Bei der Bearbeitung der Klavierkonzerte [richtig: Klaviersonaten] beschränkt sich Mozart darauf, eine reduzierte Begleitung zu komponieren und das Material der Soloinstrumente neu einzurichten.« (Begleitheft, Hänssler Verlag 1996.) (2) Es könnte dann auch gefragt werden, wie die Transkriptionen von Liszt ein-

(3) Schließlich kommen wir zur letzten Ebene der Prozessualität, zur ästhetischen Erfahrung. Obwohl Adorno in der *Ästhetischen Theorie* viel über die »ästhetische Erfahrung« spricht, muss man Rüdiger Bubner doch recht geben: »Ein besonderes Rätsel bildet im Rahmen der *Ästhetischen Theorie* Adornos die Rolle der ästhetischen Erfahrung. Streng genommen lässt sich nämlich gar nicht analysieren, wie die Werke wirken [...].«[64] In einer seiner ästhetischen Vorlesungen sagt Adorno: »Wir hatten uns immanent kritisch mit dem Begriff des Kunsterlebnisses beschäftigt. Es ist der Tenor der Vorlesung, den Anspruch des sogenannten subjektiven Kunsterlebnisses zu bestreiten, und vielmehr von der Sache auszugehen [...].«[65] Ihm war diese Dimension deswegen suspekt, weil er überzeugt war, dass man dadurch der Kulturindustrie Tor und Tür öffnen würde. Trotzdem scheint es ihm bewusst zu sein, wie wichtig auch diese Ebene ist. »Analyse geht auf Struktur, auf Strukturprobleme und schließlich auf strukturelles Hören.«[66] Diesen Satz müsste man aber jetzt so variieren: Die auf der Analyse beruhende Interpretation führt zur musikalischen Erfahrung. Adorno hat diesen Begriff eingeführt um eine Entfernung von dem »sinnlich Wohlgefäl-

---

zuschätzen sind. Über die Transkription der III. Symphonie Beethovens schreibt Keith Anderson: »Besser als je zuvor gelingt es Liszt hier, das Wesen des Werkes einzufangen. Durch Synkopen und geteilte Oktaven erreicht er Klangfülle, verschleiert jedoch an keiner Stelle die kontrapunktische Komplexität des Satzes.« (NAXOS 8.555354) Die Frage ist aber, ob es gelingt, das Klavier als ein Orchester einzusetzen. Das kann aber nie ganz gelingen, deswegen muss ein neues Werk entstehen. (3) Im Jahre 2005 hat ein ungarisches Pianistenehepaar (Dezső Ránki und Edit Klukon) Liszts Spätwerk *Via Crucis* eingespielt, ohne Chor, als ein Werk für zwei Klaviere. Man kann leicht feststellen, dass die Interpretation von einigen frühen Klavierstücken von Béla Bartók inspiriert ist. Es ist so ein Werk entstanden, das nicht nur auf die Modernität Liszts hinweist, sondern zugleich auch eine gewisse Kontinuität in der ungarischen Musikgeschichte aufzuzeigen versucht. Diese Interpretation ist wohl selbst auf Béla Bartóks Liszt-Aufsatz zurückzuführen; vgl. Béla Bartók, »Liszt zenéje és a mai közönség [Liszts Musik und das heutige Publikum]«, in: ders., *Írások a népzenéről* [*Schriften über die Volksmusik*], Budapest: Kortárs Kiadó 2008, S. 26-30.

64 Rüdiger Bubner, »Kann Theorie ästhetisch werden? Zum Hauptmotiv der Philosophie Adornos«, in: Burkhardt Lindner und W. Martin Lüdke (Hg.), *Materialien zur ästhetischen Theorie Th. W. Adornos*, Frankfurt am Main: Suhrkamp 1980, S. 108-137, hier 128-129.
65 Theodor W. Adorno, *Vorlesungen zur Ästhetik*, a.a.O. (Anm. 6), Zweite Vorlesung, S. 6.
66 Theodor W. Adorno, Zum Problem der musikalischen Analyse, a.a.O. (Anm. 53), S. 75.

ligen« zum Ausdruck zu bringen. Es geht im tiefsten Sinne darum, die in der Analyse herausgearbeiteten Zusammenhangbildungen zu vermitteln, in der Musik die strukturellen Zusammenhänge hörbar zu machen.»Ich verstehe dabei unter Struktur nicht die bloße Anordnung musikalischer Teile im Sinn der überlieferten Formschemata, sondern das musikalisch unterhalb dieser Formschemata sich Abspielende.«[67] Wellmer zeigt (aufgrund der Analysen von Rose Rosengard Subotnik), dass diese Vorstellung nicht stichhaltig ist:»Subotniks Einwand ist, dass dieses Konzept [...] die ästhetische Substanz einseitig in die strukturelle Kohärenz von Werken verlegt [...].«[68] Die ästhetische Erfahrung bezieht sich *einerseits* auf strukturelle Zusammenhangbildungen, *andererseits* muss sie aber auch einen gewissen Sinn erschließen. In diesem Zusammenhang schlägt Wellmer vor, die strukturelle Analyse und das hermeneutische Verstehen komplementär aufzufassen und miteinander zu verknüpfen.»Beide Formen der Zusammenhangbildung, die hermeneutische und die klanglich-strukturelle [müssen] in ein Zusammen- und Gegeneinanderspiel verwickelt werden [...].«[69] Damit sind wir aber zur These zurückgekommen, dass man die Kunstwerke zugleich als verständlich und als unverständlich anschauen müsste.[70]

IV. Exkurs zur Einheit der musikalischen Kunstwerke

Der Begriff des »Sinns« und das Theorem der Prozessualität setzen die Einheit der musikalischen Kunstwerke voraus und implizieren

---

67 Ebd.
68 Albrecht Wellmer, *Versuch über Musik und Sprache*, a.a.O. (Anm. 27), S. 195.
69 A.a.O., S. 183.
70 Wellmer spricht über die »Grenzen der hermeneutischen Perspektive«, in Bezug auf eine Theorie des musikalischen Kunstwerkes. Es ist kaum zu bezweifeln, dass in der *Ästhetischen Theorie* zahlreiche Aussagen vorkommen, die in diese Richtung weisen und die Grenzen des Verstehens aufzeichnen. Ich möchte hier nur darauf hinweisen, dass Adorno in seinen ästhetischen Vorlesungen die Hermeneutik auf einer Metaebene ausarbeiten möchte, auf der das Unverständliche *in seiner* Unverständlichkeit verstanden wird.»Man nimmt wahrscheinlich das Spezifische an Kunstwerken in einem gewissen Sinne adäquater wahr, solange man noch nicht so genau versteht, was da vorgeht, als wenn man dieses rationale Verständnis hat; aber dieses, man könnte sagen, ›mimetisches Verstehen‹ muss dann zu sich selbst kommen, indem es ihre entgegengesetzten Momente ebenfalls in sich aufnimmt.« Theodor W. Adorno, *Vorlesungen zur Ästhetik*, a.a.O. (Anm. 6), Erste Vorlesung, S. 2.

sie zugleich. Das heißt, dass die Implikation bloß die Voraussetzung manifestiert. Deswegen kann das (musikalische) Kunstwerk als eine Monade konzipiert werden. »Jedes Kunstwerk ist eine Monade; es gibt kein übergreifendes Schema für die Bewältigung der Probleme.«[71] Adorno hebt in diesem Zitat die Einzigartigkeit, aber nicht die Einheit der Monade hervor. In der *Ästhetischen Theorie* überwiegen aber Passagen, in denen nicht die Einzigartigkeit, sondern die Einheit betont wird. »Die Interpretation des Kunstwerkes als eines in sich stillgestellten, kristallisierten, immanenten Prozesses nähert sich dem Begriff der Monade.«[72] Wichtig ist an dieser Stelle, dass die Monade nicht einfach auf das Kunstwerk an sich, sondern an das durch die Interpretation realisierte Werk bezogen ist. Sowohl das Werk *an sich* als auch das durch die Interpretation *dargestellte* Werk muss also durch die Forderung der Einheit geprägt sein. Aber eben dieser durch Einheit/Einheitlichkeit geprägte Werkbegriff ist in der Moderne problematisch geworden. Natürlich könnte diese Einsicht auch allgemeiner formuliert werden, wie es z. B. Rüdiger Bubner getan hat: »Ebenso wenig kann es aber einem Zweifel unterliegen, dass gerade die Moderne, auf deren Phänomen die *Ästhetische Theorie* aufbaut, einen einzigen Prozess der *Auflösung der Werkkategorie* darstellt.«[73] Auch bei Albrecht Wellmer geht es um diesen breiteren Zusammenhang, vor allem in der Cage-Interpretation. Die »Dekontextualisierung« des Klanges und die angewendeten Zufallsoperationen führen bei Cage zur Auflösung des traditionellen Werkbegriffes. Diese Tendenz ist aber, laut Wellmer, nicht alleinherrschend. Helmut Lachenmann z. B. hält an einem traditionellen Werkbegriff der europäischen Kultur fest; »ohne das ausgemacht wäre, ob seine Werke noch im Sinn der [...] explizierten Idee des musikalischen Kunstwerkes verstehbar sind.«[74]

Diese These muss aber näher untersucht werden; wenn nämlich die Dissoziation als allgemeine Tendenz zutreffen sollte, wenn das Werk nicht einmal als prozessualisierte Einheit zu retten wäre, dann wäre auch eine ästhetische Theorie des (musikalischen) Kunstwerkes

71 Theodor W. Adorno, *Zu einer Theorie der musikalischen Reproduktion*, a. a. O. (Anm. 51), S. 166.
72 Theodor W. Adorno, *Ästhetische Theorie*, a. a. O. (Anm. 38), S. 268.
73 Rüdiger Bubner, »Kann Theorie ästhetisch werden? Zum Hauptmotiv der Philosophie Adornos«, a. a. O. (Anm. 64), S. 126. – Vgl. dazu auch Adornos Aussage: »Die These vom monadologischen Charakter der Werke ist so wahr wie problematisch.« Theodor W. Adorno, *Ästhetische Theorie*, a. a. O. (Anm. 51), S. 268.
74 Albrecht Wellmer, *Versuch über Musik und Sprache*, a. a. O. (Anm. 27), S. 270.
75 Es gibt gut begründbare Alternativen zu der Dissoziationsthese des mo-

obsolet.⁷⁵ Im Folgenden möchte ich eine Tendenz der immanenten Problematisierung der Einheit der musikalischen Kunstwerke skizzenhaft darstellen. Ausgehen möchte ich von der adornoschen These der Werkeinheit, wie er sie vor allem im Schönberg-Kapitel der *Philosophie der neuen Musik* entfaltet hat. Die Einheit der Werke ist in eine Theorie der Klassik eingebettet, auf die ich jetzt anhand der Beethoven-Monographie kurz hinweisen möchte.»Die besondere Beziehung des beethovenschen *Systems* zum hegelschen liegt nun darin, dass diese *Einheit des Ganzen* lediglich als eine vermittelte zu begreifen ist.«⁷⁶ Das Ganze in der Wiener Klassik wird also als eine Einheit von Einheit und Vermittlung verstanden.»Die beethovensche Form ist ein integrales Ganzes, in dem jedes einzelne Moment sich aus seiner Funktion im Ganzen bestimmt nur insoweit, als diese einzelnen Momente sich

dernen Kunstwerkes. Ich möchte hier zwei solche Alternativen nennen, die ich aber hier nicht weiter diskutieren kann. (1) Christian Grüny hat das entscheidende Merkmal moderner Kunstwerke darin gesehen, dass sie in das *Vorfeld* der traditionellen Werke zurücktreten. (Der Kunstwerk-Begriff wird so in das Vorfeld der traditionellen Werke zurückverlegt.) »Wie beginnt Musik? Wie gelingt es, im Hörbaren etwas erscheinen zu lassen, das nicht mehr einfach hörbar ist, sondern Menschen auf unabsehbare Weise beschäftigt, wie es nichts anderes Hörbares kann? Was müssen Musiker und Hörer tun, um diese rätselhafte Erscheinung zu produzieren?« (Christian Grüny,»Figuren von Differenz. Philosophie zur Musik«, in: *Deutsche Zeitschrift für Philosophie* 57, 6 (2009), S. 907-932, hier 907.) Die Frage ist also: Was ist Musik in einem genealogischen Sinn? Und diese Frage stellen sich nicht nur die Theoretiker, sondern auch die Komponisten. Moderne musikalische Kunstwerke sind Antworten auf diese Frage. (Es ist leicht zu sehen, dass dieser Ansatz vor allem die Thematisierung der Musik von John Cage vor Augen hat.) (2) Jacques Rancière behauptet, dass moderne Kunstwerke *nicht* unmittelbar zum Leben werden, aber mittelbar dazu doch fähig sind. Diese Eigenschaft nennt er »Widerstand« oder »Widerstandsfähigkeit«.»Dies resümiert die Formel Adornos, nach der es die gesellschaftliche Funktion der Kunst sei, keine Funktion zu haben. In dieser Konzeption widersteht die Kunst nicht durch die alleinige Tatsache, dass sie ihre Distanz sichert. Sie widersteht, weil ihre Schließung sich selbst als unhaltbar erklärt, weil der Ort eines unüberwindbaren Widerspruches ist.« (Jacques Rancière, *Ist Kunst widerständig?*, a.a.O. (Anm. 40), S. 25-26.)
76 Theodor W. Adorno, *Beethoven. Philosophie der Musik*, Hg. von Rolf Tiedemann, Frankfurt am Main: Suhrkamp 1994, S. 35. Hervorhebungen von mir, J.W. – Diesen Zusammenhang beschreibt Adorno in der *Philosophie der neuen Musik* als eine Dialektik von Identität und Nicht-Identität. Theodor W. Adorno, *Philosophie der neuen Musik*, a.a.O. (Anm. 17), S. 57.

widersprechen und im Ganzen aufheben.«[77] Die Aufgabe besteht also darin, dieses dialektische Schema auf die Musik anzuwenden und zu spezifizieren. Oder muss man vielleicht behaupten, dass für Beethoven eine so allgemeine und übergreifende Beschreibung doch nicht genügt? Erst wenn das Ganze problematisch wird, sind die Elemente des Ganzen von näher zu bestimmen. »Die subjektiven Ausdruckmomente brechen aus dem zeitlichen Kontinuum heraus. Sie lassen sich nicht länger meistern. Um dem zu begegnen, breitet die variative Durchführung über die ganze Sonate sich aus. Deren problematische Totalität soll von der universalen Durchführung rekonstruiert werden.«[78] Diese Leistung schreibt Adorno Brahms zu; die Verselbstständigung der subjektiven Ausdrucksmomente ist – nach Adornos Dafürhalten – vor allem auf Schumann zurückzuführen. Adorno spricht mit lobenden Worten über Brahms, der die Einheit des musikalischen Kunstwerkes noch einmal hergestellt hat: »Bei Brahms schon hat die Durchführung als thematische Arbeit von der Sonate als ganzer Besitz ergriffen. Es verschränken sich *Subjektivierung* und *Objektivierung*, Brahmsens Technik setzt beide Tendenzen in eins, so wie sie lyrisches Intermezzo und akademischen Satz zusammenzwingt.«[79] Adorno gebraucht das Wort nicht, aber es ist relativ eindeutig, dass er in der »Subjektivierung der Ausdrucksmomente« das Wesen der musikalischen Romantik sieht. In der *Ästhetischen Theorie* bezeichnet er Schumann als »einen der größten Komponisten«, an dem der musikalische Zerfall zu knüpfen ist.[80] Man kann mit guten Gründen annehmen, dass diese *Subjektivierung* sehr eng mit der »musikalischen Erinnerung« zusammenhängt. »Schumann war unter den großen Komponisten derjenige, der – so in den langsamen Stücken der *Kreisleriana* – musikalisch den Gestus des sich Erinnerns, nach rückwärts Schauens und Hörens entdeckte.«[81] In diesem Sinne könnte man behaupten, dass Schumann eine »Dekomposition« des Werkbegriffes in Gang gebracht hat.[82] Diese Hochschätzung Schumanns muss als eine spontane Begeisterung angesehen werden, auf jeden Fall hat sie

77 Theodor W. Adorno, *Beethoven. Philosophie der Musik*, a.a.O. (Anm. 76), S. 35.
78 Theodor W. Adorno, *Philosophie der neuen Musik*, a.a.O. (Anm. 17), S. 58.
79 Ebd.
80 Theodor W. Adorno, *Ästhetische Theorie*, a.a.O. (Anm. 38), S. 275.
81 Theodor W. Adorno, »Alban Berg. Der Meister des kleinsten Übergangs«, in: *Gesammelte Schriften*, Bd. 13, Frankfurt am Main: Suhrkamp 1986, S. 321-494, hier 350.
82 Bei Adorno ist die Kategorie »Subjektivierung« relativ konstant, anstatt »Objektivierung« spricht er aber manchmal über »Verdinglichung« oder »Vergegenständlichung«. Er betont aber immer wieder, dass die zwei Pole aufeinander hinweisen und sich gegenseitig voraussetzen.

bei Adorno keine weitreichenden Konsequenzen; der Ausgang dieser Entwicklung bleibt unübersichtlich.[83] Wir können davon ausgehen, dass es nach Beethoven in der Geschichte der Symphonie zahlreiche neue Entwicklungen gegeben hat. Aus dieser Geschichte möchte ich jetzt nur eine Episode hervorheben. In der Theorie der beethovenschen Symphonie hat, wie Adorno es herausgestellt hat, die *Reprise* eine zentrale Rolle gespielt. »Beethoven hat aus der Reprise die Identität des Nichtidentischen gemacht. Dabei steckt darin, dass die Reprise an sich das Positive, dinghaft Konventionelle ist; *zugleich* das Moment der Unwahrheit, der Ideologie.«[84] Es ist leicht zu sehen, dass diese These zwei Behauptungen enthält. (1) Die beethovensche Symphonik verkörpert ein integrales Ganzes, das man als eine qualifizierte Einheit beschreiben kann. (2) An dieser Einheit haftet etwas Unwahres, das überwunden werden muss. Adorno bindet dies aber jetzt überraschenderweise nicht an Schumann, sondern an Mahlers *Sechste Symphonie*. Carl Dahlhaus schreibt dazu: »Indem Mahler die Reprise aus der formgeschichtlichen Erinnerung heraufbeschwört, statt ihre leibhafte Gegenwart zu behaupten, wird es noch einmal möglich, überhaupt eine Reprise zu komponieren. Die *Schattenhaftigkeit* bedeutet die ästhetisch-geschichtsphilosophische Rettung des Prinzips.«[85] Oder anders formuliert: Die »Schattenhaftigkeit« ist als eine provisorische Rettung der Einheit der Symphonie und des musikalischen Kunstwerkes zu verstehen.[86] Mit einem großen Sprung möchte ich nun zu der 1968

83 Adorno scheint an einigen Stellen durchaus bereit zu sein, die Errungenschaften dieser Entwicklung anzuerkennen, so schreibt er in der *Ästhetischen Theorie*: »Die Subjektivierung der Kunst durchs 19. Jahrhundert hindurch [hat] zugleich deren technische Produktionskräfte entfesselt [...].« *Ästhetische Theorie*, a.a.O. (Anm. 38), S. 325.
84 Theodor W. Adorno, *Beethoven. Philosophie der Musik*, a.a.O. (Anm. 76), S. 40.
85 Carl Dahlhaus, »Zu Adornos Beethoven-Kritik«, in: Burkhardt Lindner und W. Martin Lüdke (Hg.), *Materialien zur ästhetischen Theorie Th. W. Adornos*, a.a.O. (Anm. 64), S. 494-505, hier 500. – »Das Form-Kapitel des Mahler-Buches greift auf eine Beethoven-Kritik zurück, deren dialektische Pointe es ist, dass der Ausgleich zwischen der Tektonik des Reprisenschemas und der Dynamik der thematischen Arbeit gerade dadurch misslingt, dass er glückt [...].« A.a.O., S. 499.
86 Es ist kaum zu bezweifeln, dass die Wiener Klassik einen emphatischen Begriff der »Einheit« herausgearbeitet hat. Zu einer allgemeinen Theorie dieser Einheit könnte man am besten durch die Analyse der Finalität gelangen. Vgl. dazu den vorzüglichen Aufsatz von Wolfgang Rathert, »Ende, Abschied und Fragment«, in: Otto Kolleritsch (Hg.), *Abschied in die Gegenwart. Teleologie und Zuständlichkeit in der Musik*, Wien/Graz: Universal Edition 1998, S. 211-235.

entstandenen *Sinfonia* von Luciano Berio kommen. Es ist augenfällig, dass Berios Werk alle Formen der Reprise dementiert, was zugleich bedeutet, dass auch die Einheit preisgegeben wird. Die fünf Sätze sind sehr heterogen, in ihnen verändert sich nicht einfach das Tempo der verfließenden Zeit, sondern der Grundcharakter der Zeitorganisation selbst.[87] Schauen wir jetzt nur auf den dritten, zentralen Satz. Dieser Satz ist zunächst nur eine »Umgestaltung« des dritten Satzes aus Mahlers *Zweiten Symphonie*. Über diesen Satz hat Mahler sich so geäußert: »Wenn man aus einer Ausnahmesituation wie der am Grab eines teuren Menschen in das Getriebe der Welt zurückkehre, dann könne man den Eindruck haben, dass einem das Gewusel dieses Lebens grauenerregend fremd begegne. [...] Sinnlos und spukhaft werde einem dieses Treiben, und mit einem Aufschrei des Ekels fahre man auf.«[88] Diese Stimmung dekonstruiert Berio zunächst durch die Integration zahlreicher Zitate. Das Ergebnis ist eine neue Musik, die aus einer Zitatencollage besteht. (Die Zitate stammen aus Berlioz' *Symphonie fantastique*, Debussys *La mer*, Ravels *La valse*, Strauss' *Rosenkavalier* und Strawinskys *Le sacre du printemps*.) Dabei wird noch ein Text gelesen aus Becketts Roman, *The Unnamable*: »They think I am alive, not in a womb, either... Well, so there is an audience. ... You never noticed you were waiting alone, that is the show...« Und dann kommt auf einmal, ziemlich überraschend, der deutsche Satz (mit einem leichten fremden Akzent): »Mein junges Leben hat ein Ende.«[89] Dieser Satz verweist auf Mahlers Werk (besser gesagt auf die verbale Charakterisierung Mahlers). Wenn die verwendeten Zitate noch so unterschiedlich sein mögen, die Musik der Einrahmung verleiht dem Satz doch eine stimmungsmäßige Einheit; wobei in dieser Einheit die Vielheit dominierend ist. Diese stimmungsmäßige Einheit kann aber nur in einzelnen Sätzen auftreten, sie kann nicht mehr als Organisationsprinzip des ganzen Werkes hervortreten. Berio hat erst nach der Uraufführung einen fünften Satz hinzugefügt, dessen Aufgabe es wäre, eine »echte Analyse« des Werkes zu liefern, »durchgeführt mit der Sprache und den Ausdrucksmitteln des Werkes selbst«[90]. So tritt an die Stelle der Reprise eine gewisse Selbstreflexion, als eine einheitsstiftende Kraft des Werkes. Wellmers Interpretation dieses Satzes geht aber in eine andere Richtung: »Aber auch als Dezentriertes [...] ist das Subjekt ja nicht verschwunden, weder in seiner

---

87 So Paul Griffiths im Begleitheft zu Lucio Berio, *Sinfonia / Ekphrasis*, Peter Eötvös u. Göteborgs Symfoniker, Deutsche Grammophon 2005.
88 Vgl. Jens Malte Fischer, *Gustav Mahler. Der fremde Vertraute*, Wien: Paul Zsolnay 2003. S. 254-255.
89 Ich habe für den Vers keinen Nachweis gefunden, ähnliche Verse gibt es aber bei Schiller und Eichendorff.
90 Griffiths im Begleitheft zu Berio, *Sinfonia/Ekphrasis*, a.a.O. (Anm. 87).

Gestik noch in seiner Affektivität.«[91] Wellmer schließt daraus auf die Veränderung der gestischen und expressiven Potenziale.[92] Steffen Mahnkopf hat in seinem Buch *Kritische Theorie der Musik* das Zeitalter nach der Postmoderne als die »zweite Moderne« bezeichnet.[93] Die musikalischen Kunstwerke dieser Zeit charakterisiert er durch sechs Aspekte, von denen er einen Aspekt als »neue Körperlichkeit« bezeichnet. In diesen Werken werden die »strikte Rationalität der Definition« und die »Irrationalität einer heftigen Körperlichkeit« miteinander verbunden. »Solche Werke stellen nicht nur bloße rhythmische Konturen von Gesten dar, sondern auch dichte, komplex alterierte und sich entwickelnde Geschwindigkeiten und Metren. Viele dieser Rhythmen eilen geschwinder voran und schwanken schneller, als es dem Körper je möglich wäre, viele haben einen stark gestischen Charakter, entsprechen aber keinen bekannten körperlichen oder sprachlichen Bewegungen.«[94] Daraus zieht Mahnkopf die Konsequenz: »Die Musik ist nicht darauf bedacht, das (hörende) Subjekt zum Verschwinden zu bringen, sondern darauf, es bei seinem tatsächlichen Zustand partiellen Verschwundenseins gleichsam abzuholen.«[95] Wenn man also Berios *Sinfonia* aus dieser (post-postmodernen) Perspektive interpretiert, werden eben diejenigen Potenziale ausgeklammert, die sich aus der Dekomposition der Einheit ergeben. Im Folgenden möchte ich noch zwei weitere Beispiele (als Konsequenzen der erschütterten Einheit) untersuchen.

1. Requiem der Versöhnung[96]

Wenn Berios Werk wie eine Stimme der Menge erscheint, dann ist es nur noch ein kleiner Schritt, das schaffende Subjekt durch eine Pluralität zu ersetzen. Bei der Komposition dieses Requiems haben vierzehn Komponisten mitgewirkt. Das Werk in Berios Fußstapfen zu stellen wird schon dadurch nahegelegt, dass Berio selbst den Prolog komponiert hat.

91 Vgl. Albrecht Wellmer, *Versuch über Musik und Sprache*, a.a.O. (Anm. 27), S. 309.
92 Wellmer gibt hierfür drei Beispiele an: Luigi Nonos Spätwerk, Kurtágs *Messages of the Late R.V. Troussova* und Heinz Holligers *Scardanelli-Zyklus*.
93 Diesen Terminus hat vor allem Ulrich Beck in seiner publizistischen Tätigkeit und seinen letzten soziologischen Werken eingeführt.
94 Steffen Mahnkopf, *Kritische Theorie der Musik*, Weilerswist: Velbrück Wissenschaft 2006, S. 145-146.
95 Ebd.
96 *Requiem der Versöhnung. Zum Gedenken an die Opfer des Zweiten Weltkrieges*. Auftragswerk der Internationalen Bachakademie Stuttgart zum Europäischen Musikfest Stuttgart, 1995.

Die Autoren haben sich nicht wechselseitig angepasst, alle haben ihren eigenen Kompositionsstil und ihre Kompositionstechnik verwendet. György Kurtág hat den Epilog verfasst, der der kürzeste Satz des Werkes ist. Als Text dazu hat er eine Grabinschrift aus Cornwall benutzt. Und dann kommt noch ein verbaler Satz, der eigentlich den Gottesdienst abschließt: »Gehet hin in Frieden«. »In seiner rhythmischen Struktur ist das ein alter Liedsatz. [...] Diese alte Struktur füllt Kurtág mit seiner eigenen subtil ausgehörten Harmonik.«[97] Nach dem Schlusschoral folgt ein Nachspiel des Orchesters, das nur aus Akkorden besteht. Auf jeden Fall vermeidet Kurtág eine Zusammenfassung, er lässt das Werk vielmehr »abklingen«. (Die Einheit – wenn es überhaupt noch eine gibt – wird durch die vorgegebene Form des Requiems definiert. So ist es möglich, dass die Handlung sich abschließt: Gehet hin in Frieden – das Requiem ist in einen *Lebens*kontext eingebettet.)

2. Gábor Csalog, Transcendental Etudes. Ferenc Liszt and György Ligeti

Angesichts des Titels entsteht die Frage: Wer ist hier der Autor? Auf diese Frage muss man wahrscheinlich so antworten, dass der Pianist, Gábor Csalog selbst das »Werk« zusammengestellt hat, aus den Etüden von Liszt und Ligeti. »Zusammenstellen« ist aber nicht identisch mit der Schaffung eines Werkes. Das heißt, dass der Autor unsichtbar gemacht wird; nicht der Autor, oder die Autoren sind wichtig, sondern der sich zu einer Tradition zusammenfügende Klangstrom.[98] Diese Zusammenfügung war aber gar nicht so leicht, weil Ligetis Etüden auf eine komplizierte Weise auf Liszt zurückweisen. »I called on the assistance of the four great composers for piano: Scarlatti, Schumann, Chopin and Debussy, writes Ligeti. Liszt's name is conspicuous here by its absence.«[99] Ligeti erwähnt also Liszt nicht, obwohl eine gewisse Kontinuität mit Liszt nicht zu leugnen ist. Wenn ich die Intention richtig verstehe, könnte man sagen, dass die Einheit gar nicht im Werk *an sich*, sondern nur im *dargestellten* Kunstwerk bestehen kann; erst die Reproduktion schafft die Einheit. Damit kommen wir in die Nähe des Aufbaus eines symphonischen Konzertes: Unterschiedliche Werke werden meistens nacheinander gereiht, und durch die äußeren Umstände des Konzerts zu einem Ganzen zusammengefügt. Dieses Modell der

97 Helmut Rilling im Begleitheft, Hänssler Verlag 1995. 98. 931.
98 Natürlich ist auch hier die Demonstration der ungarischen musikalischen Tradition im Spiel. Vgl. den früheren Hinweis auf Ránkis und Klukons Einspielung von *Via Crucis*. (Anm. 63)
99 Gábor Csalog im Begleitheft, Budapest Music Center Records 2004, BMC CD 095.

Einheitsstiftung bleibt also auch noch dann im Leben, wenn die Einheit der Werke schon längst erschüttert ist.

Alle diese Werke weisen darauf hin, dass die Einheit der Werke einerseits problematisiert, andererseits aber doch nicht ganz aufgegeben ist. In diesem Sinn kann behauptet werden, dass das, was zunächst als »Auflösung der Werkkategorie« erscheint, nur als eine Radikalisierung der inneren Dynamik des musikalischen Kunstwerkes aufzufassen ist. Anders als Bubner meine ich, dass eine Verlängerung der ästhetischen Theorie Adornos dieses Problem durchaus noch lösen kann.

V. Skizzen zu einer allgemeinen Theorie des Kunstwerkes

Aus den bisherigen Ausführungen ergeben sich drei wichtige Konsequenzen für eine allgemeine Theorie des Kunstwerkes, die ich im Folgenden aufzeigen möchte.

(1) Die Analyse des musikalischen Kunstwerkes scheint an vielen Stellen die allgemeine Theorie des Kunstwerkes schon vorauszusetzen. In den ästhetischen Vorlesungen greift Adorno – wie ich meine mit gutem Recht – auf die hegelsche Dialektik zurück. »[Das Kunstwerk] selber ist durch das, was [es] ist, ein Vermitteltes und kein unmittelbar Zuschauendes, [es] bedarf eben in sich selbst die Reflexion [...].«[100] Die Vermittlung im Kunstwerk ist als eine gewisse Spannung oder Bewegung aufzufassen, deshalb besteht die eigentliche Aufgabe darin, die hegelsche Dialektik *in* die Kunstwerke hineinzutragen.[101] Dadurch erst werden die Kunstwerke von etwas Gegebenem zu einem Kraftfeld. Die Idee des Kraftfeldes ist ein geeigneter Bezugsrahmen für die allgemeine Thematisierung des Kunstwerkes. Diese Theorie fast Wellmer so zusammen, dass das Kunstwerk als solches aus drei Bedeutungsaspekten besteht. (a) Das Kunstwerk ist »ein in sich bewegtes und daher nicht objektiv fixierbares Verhältnis von Ganzem und Teilen.«[102] (b) Das Kunstwerk besteht aus Prozessen, die zwischen dem Stofflichen und Geistigen stattfinden. (c) Schließlich ist das Kunstwerk zugleich Ding und Zeichen. Alle diese Aspekte sind vorhanden im Begriff des »Rät-

---

100 Theodor W. Adorno, *Vorlesungen zur Ästhetik*, a.a.O. (Anm. 6), Achte Vorlesung, S. 39.
101 A.a.O., S. 42.
102 Albrecht Wellmer, *Versuch über Musik und Sprache*, a.a.O. (Anm. 27), S. 127-128. »Prozess ist das Kunstwerk wesentlich im Verhältnis von Ganzem und Teilen. Weder auf das eine noch das andere Moment abzuziehen, ist dieses Verhältnis seinerseits ein Werden.« Theodor W. Adorno, *Ästhetische Theorie*, a.a.O. (Anm. 38), S. 265.

selcharakters«. »Dass Kunstwerke etwas sagen und mit dem gleichen Atemzug es verbergen, nennt den Rätselcharakter unterm Aspekt der Sprache.«[103] Damit sind wir zu dem Auftakt der ästhetischen Vorlesungen zurückgekehrt. Das Verstehen der Kunstwerke ist immer auf die Auflösung eines Rätsels gerichtet. Das Rätsel erscheint nach einem gelungenen Deutungsprozess immer als Sinn. Der Sinn zeigt sich und zieht sich gleichzeitig zurück; auch nach einer gelungenen Deutung stellt sich der Rätselcharakter wieder her. Wellmer weist darauf hin, dass ähnliche Ansätze sowohl bei Valéry als auch bei Heidegger zu finden sind. Valéry hat die Lyrik als ein ausgehaltenes »Zögern« an der Schwelle »zwischen Klang und Sinn« charakterisiert.[104] »Ich verstehe diese Formel als einen anderen Ausdruck für das von Adorno behauptete prozessierende Verhältnis von Stofflichem und Geistigem in Kunstwerk.«[105] Und derselbe Zusammenhang erscheint in dem von Heidegger sogenannten Streit zwischen Welt und Erde. Die Welt steht hier für die »welteröffnenden und sinnproduktiven Aspekte des Kunstwerkes«, die Erde bedeutet die dem widerstehende Materialität.[106] Andererseits haben aber beide Formeln ein gewisses Defizit: »Was in Valérys ebenso wie in Heideggers Formel fehlt, ist ein Hinweis auf den gerade von Adorno immer betonten Aspekt der formalen bzw. strukturellen Organisation von Kunstwerken, der insbesondere in der Musik in den Vordergrund tritt.«[107] (Auf einer rein begrifflichen Ebene kommen aber diese Ausdrücke bei Adorno nicht vor.)[108] Das Kunstwerk ist also in einem allgemeinen Sinn ein *Spiel* mit und zwischen Identität und Differenz.[109] So bestimmt Wellmer zunächst das Kunstwerk in einem allgemeinen Sinne als denjenigen *Ort*, wo der »Streit«, das »Zögern« oder das sinnverbergende und sinnzeigende Spiel sich manifestiert.[110] So kann die Prozessualität auf der allgemeinsten Ebene folgendermaßen erfasst werden: »›Prozessierend‹ ist das Kunstwerk darin, dass es Zusammenhangbildungen unterschiedlicher Art provoziert […].«[111] Diese Termi-

103 Albrecht Wellmer, *Versuch über Musik und Sprache*, a.a.O. (Anm. 27), S. 182.
104 A.a.O., S. 135.
105 Ebd.
106 Ebd.
107 A.a.O., S. 136.
108 Der Ausdruck »formale Organisation« kommt im gesamten Werk von Adorno nur einmal, »strukturelle Organisation« gar nicht vor.
109 Albrecht Wellmer, *Versuch über Musik und Sprache*, a.a.O., S. 136. Hervorhebung von mir, J. W.
110 Ebd.
111 A.a.O., S. 137-138. »Man könnte stattdessen auch sagen: Die Kunstwerke provozieren Synthesen [Zusammenhangbildungen, Deutungen]

nologie wird aber dem nicht ganz gerecht, was Adorno sagen möchte: Der Rätselcharakter drängt nur unter dem Vorzeichen der Sprache auf eine Auflösung. Deswegen kann Wellmer mit gutem Grund behaupten, dass die Sprachanalogie für die adornosche Ästhetik konstitutiv ist. Im »Spiel«, »Differenz« und »Identität« ist aber dieser Sprachbezug nicht unbedingt zu spüren. Daraus ist zu schließen, dass es eine interessante Asymmetrie gibt zwischen der ansatzweise ausgearbeiteten Theorie des musikalischen Kunstwerkes und einer allgemeinen Konzeption des Kunstwerkes. Es kann durchaus behauptet werden, dass die Theorie der musikalischen Kunstwerke gelungener ist; und das ist vor allem der These der Sprachanalogie zu verdanken. Die Sprachanalogie leistet auch noch eine letztendliche Einheit der musikalischen Kunstwerke im Zeitalter ihrer Dissoziation. Auf jeden Fall scheint die Dynamisierung des allgemeinen Kunstwerk-Begriffes nicht auf die Rezeption, sondern auf den Dingcharakter des Kunstwerkes zugeordnet zu sein. So hat Adorno auch das musikalische Kunstwerk verstanden und konnte deswegen nicht einmal die Bedeutung der Interpretation/Reproduktion richtig erfassen. Umgekehrt könnte man auch sagen, dass auch im Falle derjenigen Werke, die nicht auf eine Vorführung angewiesen sind,[112] die innere Dynamik auf die Rezeption hindeuten muss.

(2) »Wellmer führt den Begriff des Kunstwerkes, ganz wie Adorno und gegen alle Relativismen des sogenannten Geschmacks, ausdrücklich als einen normativen ein. Das verstehe ich so, dass dieser Begriff einerseits eine Art evaluatives Prädikat ist wie ›gut‹ oder ›wahr‹, und dass der Begriff des Kunstwerkes andererseits die Norm ist, auf die potentielle Kunstwerke auf ihre Qualität hin erfahrend abgetastet und getestet werden.«[113] Der Begriff des Kunstwerkes hat also immer eine normative Dimension; d.h., dass das Kunstwerk immer gewisse Aspekte des »Gelungenseins« beinhaltet. Adorno meint, dass eine Dynamisierung des Kunstwerk-Begriffes fast automatisch die Möglichkeit erschafft, über die »Gelungenheit« sprechen zu können. Von dieser Theorie des Kunstwerkes scheint auch Wellmer auszugehen: »Die

> im selben Masse, in dem sie diese auch abweisen oder dementieren [...].« (S. 137.)
>
> 112 In die Nähe einer solchen Unterscheidung kommt schon Aristoteles am Ende der *Poetik*.
>
> 113 »Vor diesem Hintergrund ist eine besonders spannende Frage die, welche (musikalischen) Kunstwerke Albrecht Wellmer für im normativen Sinn wirkliche Kunstwerke hält bzw. erläutert. [...] Alle besprochenen Werke [werden] unter diesen Vorzeichen keine Beispiele, sondern Teil der philosophischen Reflexion.« Ruth Sonderegger, »Diskussionspunkt(e) für den Workshop zu Albrechts Wellmer *Versuch über Musik und Sprache*«, a.a.O. (Anm. 39)

Frage, ›wo‹, ›wie‹, oder ›was‹ das musikalische Kunstwerk eigentlich sei, verkompliziert sich noch einmal, wenn streng genommen nur die gelungenen Werke Kunstwerke genannt werden dürfen.«[114] Wie kann aber die *Gelungenheit* der Werke erfasst werden? Es gibt wieder zwei Möglichkeiten: Entweder versucht man die Gelungenheit werkimmanent zu bestimmen oder man überlässt sie der Konstruktionsarbeit des Empfängers. »Gelungenheit [...] ist sicherlich keine objektivierbare Eigenschaft von Werken im deskriptiven Sinne des Wortes.«[115] Adorno benutzt dafür den Begriff der »Stimmigkeit«. Ich meine, dass dieser Begriff in beiden Annäherungen verwendet werden kann. Adorno neigt aber dazu, auch ihn als eine »objektivierbare Eigenschaft« des Werkes aufzufassen. Auf jeden Fall versucht er sich von einer rezeptionstheoretischen Annäherungsweise abzugrenzen. In einer seiner ästhetischen Vorlesungen sagt er: »Wir hatten uns immanent kritisch mit dem Begriff des Kunsterlebnisses beschäftigt. Es ist der Tenor der Vorlesung, den Anspruch des sogenannten subjektiven Kunsterlebnisses zu bestreiten, und vielmehr von der Sache auszugehen [...].«[116] Adorno hat Angst davor, dass durch die Eröffnung der Rezeptionsperspektive auch Werke der Massenkultur als »stimmig« erscheinen könnten. Diese Position überschreitet Wellmer mit einem radikalen Schritt: »[Die Gelungenheit] ist nur aus der performativen Einstellung der ästhetischen Erfahrung, in der Verwicklung eines ästhetisch erfahrenden Rezeptionssubjekts mit dem ›Objekt‹ seiner Erfahrung fassbar, ›realisierbar‹.«[117] Das würde ich so verstehen, dass Adorno den Stellenwert der »Gelungenheit« deswegen nicht bestimmen konnte, weil er der ästhetischen Erfahrung nicht ihre richtige Relevanz gegeben hat. Das erfahrende Subjekt kann erst aus einer performativen Einstellung die Gelungenheit des Werkes konstruieren. Das bedeutet, dass eine solche Konstruktion einen Anhaltspunkt im Werk selbst finden muss. Es entsteht ein Deutungsprozess, der die Stimmigkeit durch einen Sinngebungsprozess konstruiert. Wenn das akzeptiert werden kann, kann man auch behaupten, dass die »Gelungenheit« nicht ein für alle Mal festgelegt ist. Das bedeutet, dass die Frage nach der Gelungenheit nicht in einem dogmatischen Sinn beantwortet werden kann. Und daraus folgt, dass eine innere Durcharbeitung des Werkes, die Schaffung einer anspruchsvollen Kohärenz nicht mit der *Stimmigkeit* verwechselt werden kann. Wenn es aber richtig ist, dass

---

114 Albrecht Wellmer, *Versuch über Musik und Sprache*, a.a.O. (Anm. 27), S. 125.
115 Ebd.
116 Theodor W. Adorno, *Vorlesungen zur Ästhetik*, a.a.O. (Anm. 6), Zweite Vorlesung, S. 6.
117 Albrecht Wellmer, *Versuch über Musik und Sprache*, a.a.O. (Anm. 27), S. 125.

die Konstruktion der Stimmigkeit notwendigerweise in einen Sinngebungsprozess übergeht, dann kann man doch zwischen der avancierten Kunst und der Massenkunst unterscheiden. Wie das aber im Einzelnen vor sich gehen soll, ist schwer zu bestimmen und kann auch hier nicht auseinandergelegt werden.[118]

(3) Die Gelungenheit kann immer nur in einem gewissen Kontext behauptet werden; und dieser Kontext wird durch Diskurse hergestellt. In einem früheren Zitat haben wir schon gesehen, dass Wellmer die »Prozessualität des Kunstwerkes« bis zu den »ästhetischen Diskursen« verlängern möchte. Die ästhetische Erfahrung der einzelnen Menschen wird so in einen intersubjektiven Prozess überführt. Als Ergebnis dieser evaluativen Diskurse entsteht ein Kanon, der die wertvollsten Werke umfasst. Von der anderen Seite betrachtet, kann man sagen, dass die innere Dynamik des Kunstwerkes sich in der Komplexität der Kanonbildung manifestiert. Es ist also sehr wichtig, dass wir nicht nur von einem Kanon sprechen, sondern mit einem Kraftfeld der Kanons rechnen. Auszugehen ist also von einem offenen Kanon: »Die Aufgabe des offenen Kanons ist die Bestimmung der Rolle der Literatur und die Bestimmung dessen wie die Werke beschaffen sein müssen. Er gibt die Kriterien der Literatur an und bestimmt dementsprechend die Grenzen der kanonischen und nichtkanonischen Werke. Dadurch wird der Korpus der kanonischen Werke bestimmt [...].«[119] Dieser offene Kanon erscheint in den Lehrbüchern und steht im Hintergrund der öffentlichen Diskussionen; er entsteht spontan, drückt aber auch zugleich immer Machtpositionen aus. Neben dem offenen Kanon existiert immer ein verborgener Kanon. »Hierher ist alles zu zählen, was den Lesern lieb ist, was sie beim Ausruhen auf dem Sofa, oder abends vor dem Einschlafen im Bett in die Hand nehmen. Er hat keine Theorie nur eine Praxis, er beschäftigt sich nicht mit seiner eigenen Beschreibung und kümmert sich auch nicht expressis verbis um die Bestimmung des Textkorpus' [...].«[120] Daraus folgt, dass es eine präreflexive Stufe der Kanonbildung gibt; der offene Kanon entsteht immer daraus, und zwar durch eine offene Thematisierung und Begründung. Diese Aufgabe zu leisten fällt der Kritik zu. Wenn diese Grundstruktur zutreffen sollte, dann können

---

118 Auf jeden Fall muss diese Theorie so verfasst sein, dass die Sinngebung auch den Sinnentzug umfassen kann. Adorno hat über den Sinn gesagt: »Sinn inhäriert noch der Leugnung des Sinnes«. Theodor W. Adorno, *Ästhetische Theorie*, a.a.O. (Anm. 38), S. 161.
119 Mihály Szajbély, »Mire figyelt a Figyelő? [Worauf hat der Figyelő geachtet?]«, in: József Takáts (Hg.), *A magyar irodalmi kánon a XIX. században [Der ungarische literarische Kanon im 19. Jahrhundert]*, Budapest: Kijárat Kiadó 2000, S. 177-210, hier 184.
120 A.a.O., S. 186.

auch die Grundlinien einer Neubestimmung des Kanons beschrieben werden. Zunächst ist aber festzuhalten, dass die Ursachen und Anlässe der Neubestimmung immer schwer anzugeben sind. Und zwar deswegen, weil der Kanon immer mit der Identität einer Deutungsgemeinschaft zusammenhängt. Es muss also etwas Wesentliches passieren mit der Identität dieser Gemeinschaft, wenn eine systematische Änderung des Kanons eintreten soll. (Der Mechanismus ist aber leichter zu beschreiben: Entweder der verborgene Kanon bekommt eine thematische Gestalt, oder die Identität der Deutungsgemeinschaft ändert sich. Im ersten Fall wird die Veränderung von innen, im zweiten von außen herbeigeführt.)[121] Die Voraussetzung einer »Rekanonisierung« ist also, dass sich ein Negativkanon herausbilden muss. Auf jeden Fall gibt es kanonbildende Normen, die in der Deutungsgemeinschaft als evident angesehen werden. Es ist im Voraus auch nicht festzulegen, wie diese Normen beschaffen sein müssen, ob sie aus der Kunst oder aus einer sozialen Identität fließen. Es kann also im Voraus nicht festgelegt werden, ob diese Normen aus der Autonomie des Kunstwerkes oder aus ihrem *fait social* Charakter stammen. Besonders radikal ist ein Wandel, wenn in dieser Struktur eine schwerpunktmäßige Veränderung auftritt. Wenn die Deutungsgemeinschaft als Identitätsmerkmal aussagt, dass sie eine autonome Kunst haben will. Dieser Wandel ist auch schon deswegen sehr merkwürdig, weil sie in der Identitätsbestimmung der Gemeinschaft eine gewisse Selbstdistanzierung voraussetzt. Dieser entscheidende Schritt kann aber leicht dazu führen, dass jetzt der *fait social* Charakter der Kunst radikal zurückgedrängt wird und dadurch radikale Depolitisierungstendenzen der Kunst auftreten.[122]

---

[121] »Es ist schwer zu sagen, was die rekanonisierenden Prozesse anstößt, sowie auch das, was die Ursache und was die Wirkung ist, die Rekanonisierung oder die mit ihr zusammenhängende theoretische Einstellung.« Pál S. Varga, »Hagyományközösségi szemlélet és irodalmi kánon [Traditionsgemeinschaftliche Betrachtung und literarischer Kanon]«, in: József Takáts (Hg.), *A magyar irodalmi kánon a XIX. században* [Der ungarische literarische Kanon im 19. Jahrhundert], a.a.O., S. 125-144, hier 125.

[122] Solche Tendenzen sind in der ungarischen Literatur, Theaterkunst etc. nach 1990 aufgetreten.

Steffen A. Schmidt
Musik/sprache –
Bestandsaufnahme einer Kultur

Für eine theoretische Reflexion möchte ich im folgenden Beitrag auf essayistischem Wege dem Verhältnis von Musik und Sprache nachspüren, wobei verschiedene Facetten des Verhältnisses angesprochen werden, die in einer Variation der Konjunktion bestehen: Musik UND Sprache, Musik ALS Sprache, sowie deren Umkehrungen. Da eine auch nur halbwegs umfassende Sichtung bestehenden Materials zu dem Thema von vornherein aussichtslos erscheint, versuche ich auch den Weg eigener Erfahrung zu nutzen. Als Musiker und Musikwissenschaftler ist mir sowohl die Kooperation beider Medien bewusst wie auch ihre gegenseitige Konkurrenz und der Kampf, der zwischen Wort und Ton bestehen kann. Als ausgesprochener Liebhaber der Instrumentalmusik suche ich immer nach dem Jenseitigen der Klangbedeutung, was sich in der Musik über die Sprache hinaus ereignet.

Kampf und Kooperation der Künste bestehen spätestens seit dem berühmten Wort, das die italienische Oper gebar: Prima la Parola, poi la musica; spätestens seit dem 18. Jahrhundert gewann die Ästhetik der absoluten Musik an Relevanz, die etwa bei Theateraufführungen die Musik selbst, ursprünglich Zutat zum Sprechtheater, bedeutungsvoller erscheinen ließ als die gesprochene Handlung selbst.[1] Hoffmannsthal befand sich zu Beginn des 20. Jahrhunderts in einer Sprachkrise, die ihn zur Musik und zum Tanz trieb.[2] Komponisten tendierten im 20. Jahrhundert immer mehr dazu, Texte und Gedichte als entsemantisiertes Klangmaterial zu verwenden.[3]

Gegenwärtig dürfte sich eine umfassende Rückkehr zum Wort als semantischer und expressiver Größe ereignen, die neben dem Starkult in der Oper auch seit vielen Jahrzehnten die Popmusik ergriffen hat. Instrumentale Kunst befindet sich in der Defensive. Starsolisten wie die einstigen E-Gitarren-Heroen Carlos Santana, Jimi Hendrix oder Frank Zappa, Jazzgrößen wie Chick Corea, Miles Davis und John Coltrane sind zu bizarren Antiquitäten mutiert. Stücke wie *Samba pa ti* oder *Peaches en Regalia* sind heutzutage in den Charts kaum vorstellbar.

---

[1] Zur Geschichte der Theatermusik vgl. Thomas Radecke, *Theatermusik – Musiktheater*, Sinzig: Studiopunkt 2007, hier insbes. S. 97.
[2] Vgl. Gabriele Brandstetter, Tanz-Lektüren. Körperbilder und Raumfiguren der Avantgarde, Frankfurt am Main: Fischer 1995, S. 49.
[3] Um nur ein Beispiel zu nennen: Pierre Boulez, Cummings ist der Dichter von 1970/1986.

Dafür aber regiert der Dancefloor und mit ihm die elektronischen Beats des DJ, der größere Massen zu bewegen in der Lage ist als je zuvor. Das Scratching ist vielleicht neben der Atemmaske von Darth Vader das prominenteste Geräusch aller Zeiten. Also hat sich nur eine Verschiebung ereignet, die sich dahingehend beschreiben ließe, dass die Bedeutung von Rhythmus und Geräusch im Laufe der Popmusik weiter zugenommen hat und nun mittlerweile auch die Sprache dominiert: im Hip Hop.

HipHop und Rap, im besten Fall Sprachvirtuosität, im Regelfall gleichförmiges Zutexten, zeichnen vielleicht am deutlichsten einen Prozess nach, den man als libidinöse Besetzung der Bedeutung durch Betonung bezeichnen könnte. Die Sprache wird dabei dem Rhythmisch-Tänzerischen untergeordnet, auch HipHop ist Dancefloor. Somit vermag die Popmusik konzeptuell vereinen, was in der humanistisch geprägten, auf christlich religiösem Hintergrund streng geschieden war: Vokalmusik und Instrumentalmusik waren die traditionell hohen Künste, der Tanz, als Stimulierung des Körpers, eine Sache, in der der Teufel seine Finger im Spiel hatte. Insofern macht sich gerade heutzutage eine Untersuchung, die Musik und Sprache vom Körper trennt, verdächtig, vergangenen Allgemeinplätzen aufzusitzen, die implizit und womöglich unbewusst ideologische Paradigmen transportieren.

So ist man auch schon in erstaunliche Gefilde kultureller Kodierung geraten, indem Vokalmusik von Instrumentalmusik und Tanzmusik getrennt wurde. Besteht diese Trennung überhaupt und wenn ja, worin, abgesehen von der unterschiedlichen Gattungsbenennung, die sachlich gemeint ist, aber vielleicht dies gerade gar nicht sein kann? In der Rangordnung der Künste, dies war schon angedeutet worden, nehmen Sprache und Musik eine andere Bedeutung an als Tanz und Musik. Ein Buch wie *Musik und Sprache* von Georgiades ist trotz aufkeimender Tanzwissenschaft und vermehrten Arbeiten zu diesem Thema derzeit noch kaum denkbar.[4] Eine ähnlich umfassende Kulturschau in facettenreicher Interdependenz zwischen den künstlerischen Medien kann wohl nicht geleistet werden (zumal auch zwischen Tanz- und Tonkunst seit je eine kontraproduktive Rivalität besteht). Allerdings verbirgt sich bei Georgiades am Beginn seines Buches der Körper in der antiken Theorie der *musiké*. Und er wird weitergeführt in der musikalischen Gebärdensprache, die seit Nietzsche untrennbar mit dem Dionysischen verbunden

---

4 Vgl. Thrasybulos Georgiades, *Musik und Sprache. Das Werden der abendländischen Musik*, Berlin, Heidelberg u. New York: Springer 1984. Oscar Bie (*Der Tanz*, Berlin: Bard 1919) und Curt Sachs (*Weltgeschichte des Tanzes*, Berlin: Reimer Vohsen 1933) hatten zu Beginn des 20. Jahrhunderts ähnliche Versuche unternommen. Eine Aktualisierung schiene derzeit verwegen, wenn auch als interessanter Versuch.

ist. Und so verlässt denn auch Georgiades in seinem historischen Panorama mit dem Beginn der Wiener Klassik die Beziehung von Musik und Sprache, um sich dem »handelnden Menschen« auf der Bühne (etwa beim Beginn von Pergolesis *Serva Padrona*), der Geste zuzuwenden.[5] Die Musik selbst, auch und vor allem die rein instrumentale, nimmt nicht nur die Wortgeste in sich auf, sondern auch die des Körpers. Instrumentalmusik ist seit Haydn imaginäres musikalisches Theater, nach Georgiades symbolisiert durch rhythmische Diskontinuität.

Adorno hatte diesen Gedanken, der bei ihm eher von Wagners Kunstwerk der Zukunft als von Georgiades stammte, in seiner *Philosophie der neuen Musik* weitergedacht. Große instrumentale Musik – wobei Adorno anscheinend stets an Beethovens 7. Sinfonie dachte – sei letztlich eine Versöhnung zwischen Sprache und Tanz, ein Erklärungsmodell, mit dem auch die immense Wirkung der Instrumentalmusik zu fassen wäre: Denn sie fungiert als Zeichen und Mittlerin zwischen den Künsten der Vernunft – der Sprache – und der Kunst des Körpers – des Tanzes und der Pantomime, der Geste – und überwindet die durch Kulturgeschichte herbeigeführte Trennung.[6] Was der Hörer absoluter Musik sozusagen auf je individuelle Weise imaginiert, ist das von Lacan postulierte Spiegelstadium, in welchem der Hörer seine – real nie vorhandene – Einheit erfährt.[7] Musik würde hier sogar noch einen Schritt weitergehen, indem sie den Spracherwerb bereits vollzogen (nach Georgiades) und hinter sich gelassen hat und die in die kulturelle Symbolik eingeschriebene Trennung für den Moment des Hörens suspendiert.

Adornos Plädoyer für die vereinigende Kraft von Musik zwischen Sprache und Tanz, anders gesagt zwischen Körper und Geist, blieb in seiner Argumentation allerdings ein nur im Hintergrund wirksamer Gedanke, denn aufgrund der Antinomie zwischen Schönberg und Strawinsky zerfielen die Pole von subjektiv und vokal gedachter Instrumentalmusik auf der einen Seite, und der restriktiv tänzerischen und körperlich imaginierten auf der anderen. Auch hier wurde dem Tanz die Teufelskarte zugespielt. Spätere, in der Kulturwissenschaft populäre Theorien etwa Roland Barthes' aktualisierten verstärkt das Verhältnis von Musik und Sprache als das zum Körper. In ihnen fungiert, in auffälliger Parallele, die Stimme als Mittler zwischen Körper und Geist.[8]

5 Georgiades, *Musik und Sprache*, a. a. O., S. 90 und S. 115.
6 Vgl. Theodor W. Adorno, *Philosophie der neuen Musik* (*Gesammelte Schriften* Bd. 12), Frankfurt am Main: Suhrkamp 1978, S. 180, und ders., *Beethoven. Philosophie der Musik*, Frankfurt am Main: Suhrkamp 1994, S. 170.
7 Jacques Lacan, »Das Spiegelstadium als Bildner der Ichfunktion«, in: ders., *Schriften I*, Frankfurt am Main: Suhrkamp 1975, S. 61-70, hier 64 f.
8 Roland Barthes, »Zuhören«, in: ders., *Der entgegenkommende und der stumpfe Sinn*, Frankfurt am Main: Suhrkamp 1993, S. 249-263, hier 258.

Womöglich aufgeladen durch die Theorie Lacans und Kristevas wird Gesang, als Potenzierung des Sprechens, zum Ausdruck des Körperlichen als Form höchster Kultur (am Beispiel von Barthes' Gesangslehrer Panzera[9]). Nur mit einem Text hat Barthes den Körper der Musik durch die Instrumentalmusik thematisiert, mit *Rasch* und seinem Beispiel von Schumanns Kreisleriana. Hier gerät der Semiologe tatsächlich an einen utopischen Körper, der sich in der Musik zu erkennen gibt und eine Intimität offenbart, die der Sichtung einer »ersten musikalischen Semiologie«, wie Barthes sie nennt, dem Verfolgen von thematischen und harmonischen Zusammenhängen, eine »zweite Semiologie« an die Seite stellt, die viel eher geeignet sei, dem Geheimnis der Musik auf die Spur zu kommen. Es ist das Schlagen, die Betonung, die unvermittelt auf den Körper trifft und das Begehren der Signifikanz offenbart.[10] Die Theorie ist wichtig, denn sie eröffnet die einzig angemessene perspektivische Verschiebung zwischen Musik und Sprache: Bedeutung wird ersetzt durch Betonung. Der Akzent ist tatsächlich das entscheidende musikalische Moment in der Differenz zur Sprache.

Nun kann an dieser Stelle, nachdem der historische Diskurs mit seinen ästhetischen Implikationen behandelt wurde, ein zweiter großer Themenkomplex eröffnet werden, der Musik ALS Sprache begreift.

Ein wichtiges Moment bei der Übereinstimmung zwischen Musik und Sprache ist die Analogie der Syntax. Zwar haben sich Autoren wie Christian Kaden im MGG-Artikel *Zeichen* gegen die Verwendung einer im engeren Sinne bestehenden musikalischen Syntax verwahrt.[11] Dennoch wurde etwa von Peter Faltin überzeugend das Modell der Kadenz als musikalisch gegliederter Satzbau veranschaulicht.[12] Vergleicht man aber Wortsprache mit Tonsprache, so fallen vor allem auch Unterschiede auf. Den bedeutendsten hatte Roland Barthes, vor ihm bereits zahlreiche andere Autoren wie Roman Jakobson und Claude Levi-Strauss, markiert, indem er den Ausfall des Signifikats bemerkte und dafür den Körper als Referenten ins Spiel brachte.[13] Damit wird, bei aller syntak-

---

9 Roland Barthes, »Die Rauheit der Stimme«, in: ders., *Der entgegenkommende und der stumpfe Sinn*, a.a.O. (Anm. 8), S. 269-278 hier 173.
10 Vgl. Roland Barthes, Rasch, in: ders., *Der entgegenkommende und der stumpfe Sinn*, a.a.O. (Anm. 8), S. ebd., S. 299-311, hier 307.
11 Vgl. Christian Kaden, Eintrag Zeichen, in: *Die Musik in Geschichte und Gegenwart*, hg. v. Ludwig Finscher, Sachteil, Bd. 9, Kassel u.a.: Bärenreiter 1998, Sp. 2149.
12 Vgl. Peter Faltin, »Musikalische Syntax: Die bedeutungsgebende Rolle der tönenden Beziehungen«, in: Vladimír Karbusický (Hg.), *Sinn und Bedeutung in der Musik. Texte zur Entwicklung des musiksemiotischen Denkens*, Darmstadt: WBG 1990, S. 152-160.
13 Vgl. Barthes, Rasch, a.a.O. (Anm. 10).

tischen Ähnlichkeit, ein anderes Moment hervorgehoben, nämlich das der Betonung. Daraus leitet Barthes die zentrale Qualität der Musik ab, das Schlagen, in abgeschwächter Form das Markieren. Musik schafft Betonung, aber keine Bedeutung. In ihr herrscht Laut, aber nicht der Buchstabe, selbst wenn die Töne nach ihnen benannt wurden. Dennoch ist die Tonhöhe dasjenige, was als Buchstabe fungiert. An ihr hängt der Sinn. Die Tonalität und ihre Differenzierung ist Gegenstand des musiktheoretischen und geschichtlichen Diskurses, ihre konkrete Zeitgestalt, ihre dynamische Differenzierung gilt und galt als Akzidenz. Auch hier wird deutlich die Tendenz erkennbar, Musik als Sprache verstehen zu wollen, ihre gemeinsamen Züge zu betonen und damit die Musik am Leitmedium Sprache auszurichten. Seit dem Mittelalter aber hat sich die musikalische Rhythmik gegenüber der Sprache differenziert, das Versmaß wurde nicht nur quantitativ, sondern auch qualitativ verstanden, die Zeitwerte vermehrten sich wie die Kaninchen. Durch die differenzierte Rhythmik wurde auch die Mehrstimmigkeit, vor allem die Isorhythmie vorangetrieben. Musik ermöglichte somit ganz andere Formen des Miteinander, der organisierten Verschiedenheiten, kurz: die Musik entwickelte sich zur exponiertesten Form geselliger Zeitkunst. Mit dem Aufkommen autonomer Instrumentalmusik um 1600 entstanden zusätzlich neue Klangfarben und vor allem neue dynamische Vorschriften und Tempobezeichnungen.

Sicherlich spielten hier auch Sprachtheorien hinein, wie jene von Vincenzo Galilei, die ihren Niederschlag bei Frescobaldi fanden.[14] Aber mit dem gesamten Zuwachs an dynamischen Eigenschaften und ihren Schattierungen, dem Allegro und Andante, dem forte und piano, dem Geschwinden und Langsamen, finden emotionale, aber auch räumliche, atmosphärische Elemente Eingang in die Musik, die tatsächlich einen anderen Weg als die Sprache einschlagen, um vielleicht ebenso ein Weltbild kreieren zu können, wie die Sprache es vermag. Aber eben aus musikalischen Momenten heraus, die in der Sprache vernachlässigt wurden und gewissermaßen ein Supplement der Wortsprache erzeugen; und dies nicht erst durch die Komposition, so bei Mozart, wie Harnoncourt es entdeckt, sondern Musik per se führt den Diskurs zur Sprache, indem sie kraft ihrer syntaktischen Ähnlichkeit mit ihr kooperiert, zugleich sie aber auch kolportiert.[15]

In der Sprache redet immer nur Einer, in der Musik Viele zugleich. Sie stimmen sich ein, vereinbaren ein gemeinsames Tempo. Eine Gemeinschaft wird erzeugt, die sich nicht durch Handlung und Thematik mitteilt, sondern – biologisch gesprochen – als ›Entrainment‹.

14 Vgl. die Vorrede zu den Toccaten.
15 Johanna Fürstauer u. Anna Mika, *Oper, sinnlich. Die Opernwelten des Nikolaus Harnoncourt*. St. Pölten u. Salzburg: Residenz 2009, S. 258

Die Ähnlichkeit zwischen Musik und Sprache – besser gesagt: Musik als Sprache – basiert nicht zuletzt auf der Verschriftlichung der Medien, aber eben hier zeigt sich auch die massivste Differenz. Musik unterscheidet zwischen hoch und tief (Tonhöhe), zwischen breit und eng (Notenwerte) usw. Auch hier bricht sich der mimetische Zug der Musik Bahn mit dem grafischen Element, das unmittelbar in die Wahrnehmung einfließt, während die Sprachschrift einen höheren Abstraktionsgrad darstellt. Augenmusik, als Begriff vergeistigter Kompositionen wie Bachs *Kunst der Fuge* vorbehalten, ist musikalischer Alltag. Der chilenische Pianist Claudio Arrau sprach von seiner Faszination als Kind, wie ihm die Noten als geheimnisvolle Ameisenhaufen erschienen.

So wie Hanslick im *Musikalisch Schönen* etwa am Beispiel der Arabeske erläuterte, was Musik sei, erklärte er im nächsten Moment, dass sie dies zugleich nicht sei.[16] Nicht nur Sprache wurde für den Vergleich bemüht, sondern alle anderen Künste auch. So blieb denn die tönend bewegte Form als abstrakteste und konkreteste, fast mystische – Anschauung zugleich, die alle Formen der Projektion, einem imaginären Gesamtkunstwerk gleich, ermöglichte. Und auch hier zeigt sich, dass die Beziehung von Musik und Sprache nur ein Teilgebiet der Beziehung Musik und Welt ist, indem die Musik ein mimetisches Verhältnis nicht nur zur Welt selbst unterhält, sondern auch zu den anderen Künsten (wie bei Hanslick deutlich wird). Behauptungen wie jene Monelles, die Partitur sei nur reines Transportmittel klanglicher Realisierung, ist hier zu kurz gedacht.[17] Sowohl der Schriftcharakter veredelte Musik zu einer ernsten Kunst in Anlehnung zum Leitmedium Sprache, wie die musikalische Notation ebenso neue Schriftdimensionen hervorbrachte, die zwischen symbolischer Bedeutung von Sprache und Grafik vermittelte.

Und hier tritt nun auch eine weitere Größe ins Spiel, die Mathematik, die mit der Musik seit je eine enge Beziehung unterhält. Durch antike Klassifikationen der sieben freien Künste an das mathematische Quadrivium gebunden, zeigt die Musik gerade auch in ihrer Notation Prinzipien der Geometrie. Musikalische Sätze, im Gestus einem sprachlichen Vers oder einem tänzerischen Schritt entsprechend, erweisen sich bei der Analyse in der Regel eher als mathematische Gleichungen, als kunstvolle Gleichgewichtskonstruktion.

Eine weitere Konjunktion zwischen Sprache und Musik besteht natürlich in dem Moment, wenn Laute an Bedeutung verlieren und zum Klangmaterial werden, jenes Shoo be doo, das seit dem 20. Jahrhundert große Resonanz erfahren hat. Inbegriff dessen ist vielleicht Sinatras

16 Vgl. Eduard Hanslick, *Vom Musikalisch-Schönen*, Leipzig [4]1874, S. 45-47.
17 Vgl. Raymond Monelle, »Text and Subjectivity«, in: ders., The Sense of Music, Semiotic Essays, Princeton: Princeton UP 2000, S. 147-169.

Scat-Improvisation von »Strangers in the Night« (Doo be doo be doo, 1966). Nonsens-Silben sind dabei keineswegs neu. Giovanni G. Gastoldi hatte sie Ende des 16. Jahrhunderts in seinen *Balletti a cinque voci* (1597) vielfach eingesetzt (z. B. Nr. 1), hier meist als »lalala«. Vor ihm schon Clement Janequin in seinen Chansons (1529). Zeitgenössische Vokalvirtuosen wie Bobby McFerrin und Al Jarreau entwickelten eine eigenständige, äußerst geschmeidige Lautung, wie dagegen Talking Heads auf ihrem Album *Fear of Music* in »I Zimbra« den ursprünglichen Nonsens-Text von Hugo Ball mit extrem abgehackter Diktion umsetzen. Die emotionalen Schattierungen solch albern anmutendem Nonsens sind enorm, von coolstem Gebaren bei Johnny Guitar Watson und George Benson, wenn sie ihre Gitarrensoli vokal begleiten (Benson: »On Broadway«, 1978), bis zu den gezierten Hauchstößen in David Bowies »Golden Years« (1975: »Wah! Wah! Wah!«) und Stockhausens intergalaktische Eskapaden seit *Stimmung* (1968). Aber die »Lautungen«, wie ich sie nennen möchte, reichen selbst in die wissenschaftliche Welterschließung hinein, etwa im Bereich kardiologischer Auskultation, bei Beschreibung der Herztöne. So klingt ein gesunder Herzschlag wie ein »Lubdub«, während ein holosystolisches Herzgeräusch als »wowdoo«, (gelegentlich auch als »gießendes Geräusch« klassifiziert) wird.[18]

Der privilegierte Ort von Musik und Sprache kann zwar kritisiert, dekonstruiert und entlarvt, er kann aber nicht geleugnet werden. Die Möglichkeit einer Verbindung besitzt anscheinend etwas so Faszinierendes, dass sie Millionen von Menschen vereinen kann. Im Juni 2011 widmete die Zeitschrift *FOLIO* der *Neuen Zürcher Zeitung* die gesamte Ausgabe einem Song: »Somewhere over the Rainbow«, der seit seiner Komposition aus dem Jahr 1903 durch die Darbietung Judy Garlands in *Wizard of Oz* (1939) und den weiteren Coverversionen bis hin zum Deutschen Musikpreis 2011 zu einem der besten Songs aller Zeiten gekürt wurde. Für die Massenwirkung des Songs ist sicherlich der Kontext entscheidend: Garlands Drogensucht, der symbolische Gehalt im Rahmen homosexueller Emanzipation der 60er und 70er Jahre usw.[19]

Die mediale Hochzeit zwischen dem ansetzenden Oktavsprung der Melodie und dem deutlich markierten zweisilbigen »Somewhere« wird dennoch mit Recht als Glücksmoment beschrieben, als besitze das Intervall schon jene Weite und Ferne, jene Unerreichbarkeit, die mit dem nachfolgenden »over the Rainbow« sprachlich ausgeführt wird. Hier verkörpert sich wie sonst nirgendwo die Sehnsucht nach einem anderen, einem utopischen Ort, an dem sich die Menschen verstehen.

18 Vgl. dazu http://www.blaufuss.org/, »Heart sounds and Cardiac Arhythmias«.
19 Vgl. Albert Kuhn, »Biographie eines Songs«, in: *NZZ Folio*, Juni 2011, S. 46.

Das »Prinzip Hoffnung« Ernst Blochs wechselte vom religiösen Diktum unter gewandelten Zeichen in das »Prinzip Sehnsucht« der damals neu entstehenden Popwelt.

Ein sicherlich ähnlich spektakulärer Ort menschlicher Sehnsucht, mitgeteilt durch Sprache und Musik und in einer noch umfassenderen Dimensionierung zwischen Mensch, Emotion und Welt angesiedelt, findet sich z. B. bei Schuberts Goethe-Vertonung »Meine Ruh ist hin«. Von Musikwissenschaftlern wie Georgiades und Gülke präzise analysiert, wird hier erkennbar, wie die Musik eine Welt entwirft, von der die Sprache nur kündet.[20] So wie sich die Sprache vom mimetischen Weltdenken entfernt hat, so nah ist an ihm die Musik. Das Spinnrad spricht durch die Mittelstimme des Klaviers von der Unruhe, das äußere Ding wird zum Zeichen innerer Bewegung: »Meine Ruh ist hin.« Aber der Text geht noch weiter und wiederum besitzt die Musik den mimetischen Schlüssel zum Wort: »Mein Herz ist schwer« wird klanglich ganz unmittelbar in der Bassstimme hörbar (übrigens als kerngesundes Lubdub, s.o.), der Bass wird förmlich zu Edgar Allan Poes »Tell tale Heart«. Aber auch die Melodiestimme bei »Mein Herz« übernimmt mimetisch präzise den Herzschlag (zweiter Herzton höher als der erste, Melodie- und Bassrhythmus sind identisch). Die Resonanz des inneren Raumes wird mit dem Melodie-Bassherz nach außen gebracht, ebenso wie das äußere Ding des Spinnrads zum Symbol innerer Bewegung mutiert. Beide treffen sich in der Musik. Es findet eine Verschmelzung statt, die Vilém Flusser als ein Hören mit der Haut bezeichnete, bei dem sie als Membran einen Austausch zwischen Ich und Welt als Organmassage ermöglicht.[21] Und von was sprechen hier die Musik und das Gedicht? Von unendlicher Einsamkeit, vom Mangel, vom Schmerz. Und Musik und Sprache gelingt es gemeinsam, die Einsamkeit Margarethens zu überwinden, sie kommunizierbar und spürbar werden zu lassen und sie in einer Gemeinsamkeit mit dem Hörer zu überwinden.

In all dem Schmerz, die die Trennung von Geist und Körper in der poetischen Szene vorstellt, erzeugen Musik und Sprache, im Verbund mit der musikalischen Geste, die Utopie einer Einheit. Die Funktion der Musik ist, die Wunden, die Sprache und Körperertüchtigung in der Gesellschaft geschlagen haben, zu stillen. Vor allem die psychischen. Davon gibt es im Zeitalter neoliberaler Politik und Mentalität mehr als genug. Die heutige Unterhaltungsmusik fungiert als mittlerweile unerlässlicher hegemonialer Diskurs, durch den globalisierte Unmenschlichkeit durch das Schmeicheln von Wort und Musik in Sehnsucht

20 Vgl. Peter Gülke, *Franz Schubert und seine Zeit*, Laaber: Laaber 1991.
21 Vgl. Vilém Flusser, »Die Geste des Musikhörens«, in: ders., *Gesten. Versuch einer Phänomenologie*, Frankfurt am Main: Fischer 1994, S. 151-159.

verordnet werden. Wie Frank (Dennis Hopper) in David Lynchs Film Blue Velvet tut das Individuum seinen Nächsten Gewalt an, um sich im gleichnamigen Popsong die Sehnsucht nach der besseren Welt aufrecht zu erhalten, die Existenz großer Emotion im Selbst durch Musik und Sprache zu sichern.

Ingrid Allwardt
Schriftstimmen

> Kommt eine Fremdlingin sie
> Zu uns, die Erweckerin,
> Die menschenbildende Stimme.
> *Friedrich Hölderlin*

Vorworte

Stimmen, die verstummen, die schweigend oder gar verschwiegen von ihrer Anwesenheit Kunde geben, mäandern durch Musik und Literatur, tauchen im Theater und in bildender Kunst auf und geistern seit der Antike durch mediale Darstellungsformen. Sie regen an und schärfen Räume der Wahrnehmung und des Erlebens durch ihr inhärentes Kraftfeld. Sie sensibilisieren für Ereignisse, die mit performativen Prozessen der Entgrenzung und der Transformation verknüpft sind. Sie verweisen in ihrer Präsenz auf eine Intensität des Erlebens, die kognitive und emotionale Potenziale gleichermaßen aktiviert. Sie bringen das Verhältnis von Anwesenheit und Abwesenheit zur Erscheinung.

Von der Klugheit des Verschweigens und der Unbedingtheit von Pausen, Zäsuren und Ellipsen wusste wohl die Rhetorik der Antike schon zu sprechen. Sie maß dem Schweigen als Gegenpol der Rede schlechthin einen differenzierten Aussagehorizont zu und erkannte es als einen semantisch bzw. semiotisch besetzten Ort, an dem sich jenseits des Sprechens eine Rede artikulierte. Bestimmte zwar erst die Moderne mit ihrer dezidierten Sprachskepsis das Schweigen zu einem ihrer zentralen Reflexionsorte, gehört die nonverbale Form der Mitteilung seit je zum festen Bestandteil kultureller und künstlerischer Darstellungs- und Ausdrucksmittel.

Im Zusammenhang von Musik und ihrer sprachlichen Begleitung, der Aufarbeitung, Explikation und Prägung auf der einen Seite und dem Umgang mit dem Corpus »Sprache« durch die Musik auf der anderen Seite, stellt sich die Frage, was für unterschiedliche sprachliche Bezugnahmen auf und in Musik durch das Phänomen Stimme denkbar sind – verbunden mit Fragen, was an Musik sprachlich ausdrückbar ist und in welches Verhältnis sich Beschreibung, Analyse und Kommentar zu ihr setzen. Mischt sich also auf der einen Seite das Sprechen über und zur Musik ein,[1] so greift auf der anderen Seite die Musik in das

---

1 Vgl. Albrecht Wellmer, *Versuch über Musik und Sprache*, München: Hanser 2009, S. 102 ff.

Kraftfeld Sprache ein, dekonstruiert Sukzessionen und stiftet neue Zusammenhänge. Sie thematisiert von sich aus das extreme Spannungsverhältnis von Phänomen und Notation, in dessen Zwischenraum sich die Stimme situiert.

In diesem Zusammenhang gebührt einem Streichquartett – einer instrumental gedachten Konstellation von vier Stimmen »ohne Stimme« – besondere Beachtung, da es auf einen oszillierenden Punkt zwischen Sprache und Musik, Präzision und Vagheit aufmerksam werden lässt: *Fragmente – Stille, An Diotima* des italienischen Komponisten Luigi Nono führt über die der Musik bzw. der Partitur eingeschriebene verschwiegene Stimme auf die Spur eines Dichters, dessen Sprache und dichterisches Vermögen sich auf der Grenze zwischen Musik und Sprache verorten lässt und die Stimme als Komplizin von abstrakten Zeichen und sinnlicher Präsenz inszeniert.

Um diese Streichquartett soll es im Zusammenhang mit der von Susanne K. Langer aufgestellten These »music swallows words«[2], in der sie der Musik im Zusammentreffen von Sprache und Musik in einem Kunstwerk die Dominanz zuspricht, gehen. Es soll aber nicht ausschließlich um dieses Streichquartett gehen. Die nachfolgende Konstellation möchte das Verhältnis von Musik und Sprache anhand unterschiedlicher künstlerischer Ansätze als Figur des Singulären begreifen.

Konstellationen

Es geht zunächst um das Streichquartett *Fragmente – Stille, An Diotima* im Kontext von zwei weiteren Streichquartetten, die sich dem gleichen Dichter, seiner Sprache und seiner »Philosophie« zuwenden. Welchen Schichten der Sprache Hölderlins sich die Tonkünstler Luigi Nono, Hans Zender und Peter Ruzicka widmen und wie sie diese in das eigene »Kraftfeld« ihrer Musik integrieren bzw. sich anregen lassen, ist Gegenstand dieser Betrachtung. Dabei bleibt es nicht aus, Texte und Denkfiguren Hölderlins anzuführen.

Der Komplexität der Hölderlinschen Gesänge, in denen sich poetische und philosophische Diskurse verdichten, hat sich die Rezeption von Hölderlins Werk im Spiegel von Wissenschaft und Kunst oft angenommen. So auch die drei Streichquartette, um die es im Folgenden gehen soll. Dabei erscheinen drei unterschiedliche Ansätze zeitgenössischer Musik, mit Sprache umzugehen, unterschiedliche Schichten herauszuhören und diese wiederum hörbar zu machen: Komponiert wurden sie innerhalb der letzten 30 Jahre: 1980 Luigi Nonos *Fragmente*

---

2 Susanne K. Langer, *Feeling and Form. A theory of art developed from Philosophy in a New Key*, New York: Scribners 1953, S. 152.

— *Stille, An Diotima*, 2000 Hans Zenders *Mnemosyne* und 2008 Peter Ruzickas *Erinnerung und Vergessen* — Zender und Ruzickas Kompositionen beziehen sich dabei auf die gleiche literarische Vorlage in verschiedenen Fassungen der Hölderlinschen Hymne *Mnemosyne*. Nonos Textauswahl kreist in kryptischen Fragmenten aus unterschiedlichen Gedichten um die Figur der Diotima.

Beim Blick in die Partitur wird schnell der unterschiedliche Umgang mit der literarischen Texturen deutlich — erklingt die Musik, so ist hörbar, dass alle drei zu einem unterschiedlichen Einsatz von Stimme als Komplizin der musikalischen Zeichenebene kommen. Sie kommt verschwiegen, verschränkt mit sich selbst und verschweigend daher. Als konkretes, sinnliches Ereignis wird sie auf unterschiedlichen Ebenen der Ansprache inszeniert. Sie lädt Hörer und Leser zur Übertragung und Abstraktion ein und versucht, über das Format der Konstellation neue Wege zu erschließen.

Die Konstellation der drei Streichquartette in diesem Beitrag soll über die Figur der

a) verschwiegenen Stimme in Nonos Werk, die eine Art Zwischenraum konstituiert und eher eine Haltung erscheinen lässt als eine Vertonung von Worten ist,

b) verschränkten Stimme in Zenders *Mnemosyne*, die eine Art musikalischer Kommentar zu einem Textverfahren darstellt und so die Genese des Erinnerungsbegriffs bei Hölderlin inszeniert und die Frage nach dem hörenden Lesen oder dem lesenden Hören stellt,

c) verschweigenden Stimme bei Ruzicka, die um den Kosmos Hölderlin kreist,

Gedanken zum Verhältnis von Musik zur Sprache anregen und dabei die Unterschiedlichkeit der Verfahrensweisen von Komponisten mit der spezifischen Sprache eines Dichters beleuchten. Als Einstimmung auf die musikalische Auseinandersetzung soll es um die literarische Vorlage, die Inszenierung von Stimme und ihren verschiedenen Spielarten bei Hölderlin gehen. Zwei Aspekte Hölderlins Poetologie sollen schlaglichtartig herausgegriffen werden: der Zusammenhang von ›Zeit – Sprache – Erinnerung‹ und die Inszenierung von Stimme anhand der eingangs gewählten Ode »Am Quell der Donau«.

Einstimmung 1: ›Zeit – Sprache – Erinnerung‹

Die als Spätwerk bezeichneten Texte Hölderlins, innerhalb deren sich Vollendetes und Fragmentarisches zunehmend schwerer voneinander trennen lassen, sind durch Zäsuren, Brüche, blitzartig aufeinanderfolgende Bildkonfigurationen gekennzeichnet; die Frage nach authentischen Titeln bleibt oft unbeantwortet, Studium und Nachlese der Handschriften Hölderlins laden zu Spekulationen ein. Vor dem Hintergrund dieser späten Lyrik erlangen seine Gedanken in den poetologischen Schriften eine gleichermaßen spekulative wie präzise Plastizität, deren Entwicklung sich bereits in seinem Briefroman »Hyperion« abzeichnet. Der Briefroman zeitigt in seiner sich selbst reflektierenden Darstellung eine besondere Art der Komposition. Erinnerung erscheint hier nicht nur als Inbegriff von Hölderlins dichterischer »Verfahrungsweise«, sondern auch als ein Grundbegriff seiner theoretischen Entwürfe. Vor dem Hintergrund seiner Reflexionen auf Zeit und Geschichte artikuliert sich die Erinnerung als ein Leitmotiv seines Denkens. Bereits im Hyperion problematisiert Hölderlin das Erinnerungskonzept und zeigt, wie sich dichterische Erinnerungsarbeit und Bedeutung von Schrift verschränken. Diese dichterische »Verfahrungsweise« setzt sich in seinem Spätwerk fort und wird über das Motiv von Sprachlichkeit und Zeichenhaftigkeit des sich ereignenden »Wahren« von Hölderlin kontinuierlich verdichtet. Am Anfang der zweiten Fassung der *Mnemosyne* spitzt er zu: Wir selbst seien – als Subjekt oder Instanz der poetischen Erinnerung – zu einem »fast« verstummten Zeichen, »deutungslos« und »schmerzlos« geworden:

> *Ein Zeichen sind wir, deutungslos*
> *Schmerzlos sind wir, und haben fast*
> *Die Sprache in der Fremde verloren.*

Wenn Dichtung angesichts dieser Fremde als ein Akt der Sprachwerdung der Erinnerung zu begreifen und immer von neuem notwendig ist, führt der Entwurfscharakter der Dichtung zu einer sprachlichen Neubestimmung der Worte, deren Geschichte Schicht für Schicht abzutragen wäre. Zeit als wesentliche Bedingung einer sprachlichen Neubestimmung im Sinne der Entwicklung einer geistigen Gesprächslandschaft zu verstehen, hieße, die »Verfahrungsweise« des poetischen Geistes als artikulierte Zeitlogik zu begreifen – Hans Zender wird diesen Gedanken in seinem Zyklus *Hölderlin lesen* aufgreifen und den Akzent auf die Entwicklung der Zeichen in der Zeit verschieben[3].

---

3 Zenders Faszination für Sprache und Poetik Hölderlins richtet sich auf dessen Hervorbringen dichterischer Zeichen innerhalb eines »teils chaotischen, teils höchst präzisen Prozesses, der Kraft seines poetischen Entwurfs eine offene Zeichenwelt bildet, die Leser wie Hörer anhält, über das Zeichen an sich nachzudenken«. Vgl Hans Zender, »Zu meinem Zyklus *Hölderlin lesen*«, in: Dorothea Redepenning u. Joachim Steinheuer (Hg.), *Mnemosyne. Zeit und Gedächtnis in der Neuen Musik des ausgehenden 20. Jahrhunderts*, Saarbrücken: Pfau 2006, S. 26-40, hier 28.

SCHRIFTSTIMMEN

Einstimmung II:
Hölderlins Inszenierung von Stimme im Wort

Kommt eine Fremdlingin sie
Zu uns, die Erweckerin,
Die menschenbildende Stimme.

Die Hymne *Am Quell der Donau*, aus der die zitierten Zeilen stammen, gehört zu den ersten Versuchen Hölderlins, das Programm der »vaterländischen Sangart« formal und thematisch zu gestalten (Ruzicka nimmt darauf in seinem Streichquartett *Erinnerung und Vergessen*, Nr. 6 mit Sopran-Solo in sieben Sätzen und in seinem Auftragswerk der Berliner Staatsoper unter den Linden *Hölderlin. Eine Expedition* Bezug). Bei dieser vermutlich im Jahre 1801 vollendeten, zunächst als Prosaentwurf angelegten, jedoch nur fragmentarisch überlieferten Hymne, fehlen in der Reinschrift die ersten beiden Strophen sowie die im Entwurf erhaltene Überschrift. Hölderlin lässt den Gesang in dieser Reinschrift quasi mittendrin beginnen, lesbar als eine Art Sprachwerdungsprozess.

In einem langen parataktischen Gebilde entwirft Hölderlin über die 15 Verse der ersten Strophe einen akustischen Sprachraum, in den sich die Stimme in den anschließenden Versen einmischt. Er inszeniert mit einem Sprachgeschehen, als dem Vor-Spiel, dem Vor-Gesang den Moment der Ankunft der Stimme:

Kommt eine Fremdlingin sie
Zu uns, die Erweckerin,
Die menschenbildende Stimme.

Die Stimme, »menschenbildend«, erscheint als »Fremdlingin« und »Erweckerin«. Zwischen der »Stimme« und dem kollektiven »uns« herrscht eine bis ungeklärte Beziehung. Die Apposition »Fremdlingin« verweist auf Distanz. Der Terminus »Erweckerin« knüpft an das akustische Vorspiel der vorangegangenen Strophe, eingebettet in zahlreiche Inchoativa, die den Auftakt eines Geschehens bilden: Er bezeichnet den Wechsel vom Schlaf zum Wachzustand; durch die »Erweckerin« ist Veränderung in Aussicht gestellt. Das Thema der Begegnung mit einer Stimme prägt diese Strophe. Verschiedene Spielarten der Stimme erscheinen im Verlauf des ganzen Hymnus. Nicht das erwünschte, ebenmäßige Bleiben aber scheint den Gesang zu ermöglichen, sondern eine Bewegung und Gegenbewegung des Fühlens, die dem lyrischen Ich im Produktionsprozess mehr widerfuhr, als dass es sie selbst veranlasst hätte. Durch eine Struktur des Sich-Annäherns und Wegbewegens wird ein räumliches Verhältnis beschrieben. Hölderlin skizziert einen spezi-

fischen Sprachraum, in den hinein er das Phänomen der Stimme inszeniert, dessen Raum auch der des Echos und des Nachklangs ist.
Eine solche Schriftstimme geht weit über die Logozentrismuskritik hinaus, welche die Stimme als Selbstgegenwärtigkeit des Geistes zu fassen sucht. Sie weist über die bloße Dichotomie von Schrift als Spur und Stimme als Präsenz hinaus. Sie ist eben nicht Garant der Präsenz und der Identität des Sprechenden im Sich-Vernehmen. Sie zentriert das Subjekt nicht, sie dissoziiert es, setzt es aus. Statt räumliche und zeitliche Präsenz zu garantieren, droht unbeherrschbare Verzeitlichung.

Schriftstimmen – Notationen 1: Verschwiegen – Luigi Nono

Der folgende Abschnitt widmet sich der verschwiegenen Stimme: eine Anrufung der inneren Stimme von Musikern zwischen den Stimmen einer Streichquartettnotation im Zusammenspiel mit der Sprache Hölderlins: *Fragmente – Stille, An Diotima* lautet der Titel des Werkes, an den Luigi Nono sein ambivalentes Vorwort anschließt, bevor die eigentliche Notation der Partitur beginnt. Er fügt seinem musikalischen Notationssystem in seiner Funktion als Spielanweisung eine weitere Anleitung hinzu: nämlich wie zu lesen sei. Zu lesen sind zunächst nicht, wie zu vermuten wäre, konkret spieltechnische Hinweise, sondern poetische Worte, die den Einstieg in die Komposition begleiten, mit der Aufforderung an die Interpreten, Worte zu »singen«, ganz »nach ihrem Selbstverständnis, nach dem Selbstverständnis von Klängen«:

Zu singen, nicht laut, nicht hörbar, sondern innerlich: nicht die notierte Instrumental-Stimme der Partitur, sondern Worte eines Dichters. Gleichzeitig zitiert der Komponist in seiner Anweisung zur Anweisung den für das poetologische Verständnis des Dichters zentralen Begriff des »Gesangs« und verweist mit diesem auf das dichterische Verfahren Hölderlins.

Fragmente – Stille, An Diotima. der Titel des Streichquartetts berichtet von Stille und von einem Raum für Unausgesprochenes: »In meinem Quartett gibt es Stillen, denen sich leise und unausgesprochen Fragmente zuordnen, die aus den Texten von Hölderlin gezogen und für die inneren Ohren der Ausführenden bestimmt sind.«[4] (Nono). »Schweigende ›Gesänge‹ aus anderen Räumen, aus anderen Himmeln, um auf andere Weise die Möglichkeit wiederzuentdecken« – Nono verweist auf eine innere Haltung, die an das »Selbstverständnis« der Ausführenden

---

[4] Wolf Frobenius, »Luigi Nonos Streichquartett ›Fragmente – Stille, An Diotima‹«, in: *Archiv für Musikwissenschaft* 54, 3 (1997), S. 177-193, hier 181.

appelliert. Er sucht eine innere Kraft zu beschwören, die imstande ist, stärker als ausgesprochene Worte, die Gegenwart zu verändern und damit *Etwas* zu ermöglichen, das sich einem Außen entzieht. Das »innere Singen« als Akt, in welchem der Interpret selbst zum Gesang wird, als Utopie und Hoffnung, die nur mehr im Verschweigen möglich ist.

Immer am Rand des Verstummens, bedroht durch die fortwährend mitschwingende Möglichkeit des Zerfalls, erscheint die Ebene der Fragmente als Aneinanderreihung von Bruchstücken eines ideellen Werkganzen, das zwar kraft seiner Logik und Konsistenz seine Identität nicht verloren hat, diese aber nicht mehr nach *außen*, zum Hörer hin direkt vermittelt, sondern nur in monologischer Intensivierung, als eine exzeptionelle Weise der Verdichtung.

Die mit dieser Spielanweisung verlangte Aufmerksamkeit der Interpreten öffnet einen Raum, in dem sich emotionale Stimulierung und intellektuelles Bewusstsein so überschneiden, dass zwischen Dichte und Tiefe, Empfänglichkeit und Aufmerksamkeit ein fließender Übergang entsteht. Doch erfolgt die Chiffrierung persönlichster Empfindungen und Erfahrungen nicht, damit sie von Hörern akribisch und minuziös dechiffriert wird, sondern etwas evoziert, das das Hören in die Nähe von Erinnerung und Empfindung rückt. Die Bewegung der Intensivierung von Erfahrung, in dem emotionale Erregung und kognitive Reflexion sich wechselseitig beeinflussen und eine gegenseitige Steigerung bewirken, verweisen auf einen Dialog – als gesteigerte Sensibilisierung für das, was den allgemeinen Wahrnehmungshorizont aufbricht und in den Raum singulären Erfahrens eintritt. Nono setzt mit seiner Notation einen Impuls für eine sich einlassende Auseinandersetzung. Er fordert zu bewusstem Hörverhalten heraus, das in der monologischen Intensivierung bei gleichzeitig notwendigerweise dialogischem Verhalten ein Zeitempfinden in der Musik für den Hörer des Streichquartetts als ein auf dem dialogischen Prinzip beruhenden evoziert. Sein Streichquartett wird vielstimmiges Gespräch, das ein kollektives Verschweigen inszeniert. Die Partitur ist neben der konkreten Spielanweisung der Instrumentalstimmen auch Anleitung für das Erzeugen einer Atmosphäre, die für das Zugleich einer Absenz von Stimmen und der Präsenz von *Etwas* konstitutiv ist. Für dieses *Etwas*, das im Schweigen in einem intersubjektiven Raum leiblich erfahrbar wird und für das Sprache unterschiedliche Konnotationen findet, stellt der Komponist eben jenen kurzen Begleittext als Vorwort an die Seite, der mit dem Titel des Werkes in ein Korrespondenzverhältnis tritt und als eine Art Nachwort des Titels lesbar wird und so den Dichter Friedrich Hölderlin einführt.

Nono wählt Fragmente aus Gedichten Friedrich Hölderlins, die um die Figur der Diotima kreisen. Er formt mit Hilfe der Komplizenschaft dieser sprachlichen Zeichen eine weitere, rätselhafte Gestalt – eine Gestalt, die sich als Verdichtung, als eigenes Gedicht, als Dialog aus der

Partitur erhebt. Lesbar, nicht hörbar, geschützt durch ihr Verschweigen, ungeschützt in ihrer Lesbarkeit durch die Partitur eines Komponisten. Die präzise gesetzten Wiederholungen einzelner Text-Fragmente, die Umgebung der jeweiligen Zitate, die sich herausbildende Idee eines dialogischen Prinzips, bedingt durch eine zusätzlich gekennzeichnete Zusammengehörigkeit einzelner Zitate, treten dem Betrachter als lesbare Gestalt entgegentreten. Nono lässt über die Fragmente eine neue Textur entstehen, deren zuweilen zerbrechlicher Sinn-Zusammenhang etwas Neues entstehen lässt, das dem Leser, jedoch nicht dem Hörer der Musik vorbehalten bleibt. Er sprengt das literarische Material aus seinem ursprünglichen Kontinuum heraus, transformiert es und stellt es in fragmentarer Gestalt in einer ganz eigenen Konfiguration auf. Lesbar ist ein enger und doch rätselhafter Bezug zwischen den Fragmenten, deren sukzessive Abfolge keinen erkennbaren Zusammenhang mehr stiftet, die in ihrer scheinbaren Unhörbarkeit aber eine Spannung eigener Qualität erzeugen.

Nono kreiert über die Verschränkung der unterschiedlichen Zeichenebenen durch seine Textur eine Simultanität von Zeitebenen, in welcher der Sinn durch die Aktivität des Hörens gerade in den Räumen zwischen den zerbrechlichen Klängen entsteht. Erwartung, Einlösung, Enttäuschung, Erinnerung und Vorausahnung konstituieren einen Wechsel, in dem sich verschiedene Qualitäten von Stille ihren Raum schaffen, die ihrerseits zwischen den Klängen der Aktivität des Hörens Raum geben. Stille, die sich qualitativ anders als z.B. in der Konzeption eines John Cage situiert, gleich einem gespannten Schweigen, das kein mit Bedeutung überladenes und mit Geschichtlichkeit gesättigtes, kein meditatives Schweigen ist, sondern ein Schweigen, in dem sich, gebunden an eine rätselhafte Notation, die paradoxale Figur der Stimme einnisten kann – verbunden mit einem Namen, der auf die Spur einer literarischen und philosophischen Figur führt, der etwas ent- und gleichzeitig verhüllt: Diotima, die der Dichter selbst als halluzinatorische Figur konzipierte. Angeschlossen an die abwesende, bloß fiktiv-gegebene Stimme wird Abwesendes, Schweigendes angesichtig und zum Sprechen gebracht. Ein ambivalentes Textverfahren: Um die Abwesenheit der Stimme wissend, wird diese verleugnet und phänomenal umgedeutet zur Stimme eines Entfernten, deren Zugänglichkeit als inneres Hören inszeniert wird. Die Stimme Diotimas erscheint als Stimme der Abwesenheit. Als Fiktion einer Stimme spricht sie von dem, was in ihrem Effekt einer Stimme verstellt ist: von der Abwesenheit, die sie figuriert.

SCHRIFTSTIMMEN

Erklingen verschwiegener Sprache

Hölderlins Dichtung und Nonos Komposition evozieren Nichtbegriffliches als sich entziehenden begrifflichen Sinn. Nono bewegt sich im Medium der Musik, des Klanges, der Töne und bedarf dennoch der Sprache in klingender Form einer verschwiegenen Stimme – Hölderlin bewegt sich im Medium der Sprache, deren poetologisches Konzept auf dem *Wechsel der Töne* und dem Setzen der Zäsur als dem Schauplatz der Vorstellungen auf der Folie sprach-musikalischer Voraussetzungen beruht. Komponist und Dichter machen deutlich, beide symbolische Systeme zu brauchen, um Bedeutungen zu konstituieren, die in der Freisetzung von Assoziationsebenen, in der Offenheit und Bewegung als Quelle des Neuen Erfahrung und Erkenntnis zusammenführt. Sie skizzieren als Texturen ein Außen für die Annäherung an einen Zustand, der sich in Zeit ereignet und der sich begrifflichen Beschreibungen immer wieder verweigert, wenngleich er durch den Versuch sprachlicher Bestimmung selbst angeregt wird. Schrift, Stimme und Sprache sind in Bezug auf die zeitliche Struktur der Sinnbildung nicht mehr klar getrennt zu denken. Dieses Ineinanderspielen, das Oszillieren am Rande des erkennenden Denkens regt eine Form der Lektüre im weitesten Sinn an, in der die Auffassung von Zeit eine Dimension erhält, deren Erfahrbarkeit begrifflich unverfügbar ist – in der eine Begegnung stattfindet.

Die angespielten Texturen konstituieren ein Phänomen, das als ein Zwischen von Körper und Sprache auftritt und in dem die Stimme in ihrer abwesend anwesenden Präsenz als Verweis auf eine Intensität des Erlebens kognitive und emotionale Potentiale gleichermaßen aktiviert. Das Streichquartett verweist in diesem Zusammenhang auf einen Punkt, in dem die Sprache zerrinnt, die ihrer selbst bedarf, um ihre Auflösung zu inszenieren. Im Augenblick ihrer Auflösung wird sie von einer anderen und doch verwandten Struktur zeiträumlicher Verhältnismäßigkeiten getragen, deren sinnliche Erfahrbarkeit ihren Höhepunkt in einer Gleichzeitigkeit von Klang und Stille, in bewegter Ruhe liegt. Hier situiert sich der Moment der Stimme, der dazu beiträgt, zeitliche und räumliche Relationen anders wahrzunehmen, anders zu erleben; er inszeniert das kontinuierliche Prinzip der Erwartung, des Innehaltens und Weiterziehens als eine Art Sehnen, für das die Stimme, die selbst in ihrer Imagination eine sinnliche Zeitlichkeit innehat, eine Form der Bewusstheit schafft. In dieser Haltung ist das Wahrnehmen von Stille ebenso wie das Wahrnehmen eines Klangs ein sinnliches Zeitempfinden, in dem Innen und Außen zusammenfallen, Subjekt und Objekt als Gegensätze in eins fallen.

Das Phänomen *Stimme* schafft an dieser Grenze eine Aufmerksamkeit für das Wahrnehmen, das sich vom Inhaltlichen löst und den Prozess des Wahrnehmens selbst in den Mittelpunkt rückt. Ein Phänomen, das genötigt ist, sein Dasein von Moment zu Moment zu kontinuieren, sich der Irreversibilität der Zeit bewusst zu sein durch eine Verzeitlichung ihrer Elemente, die eben nicht in Richtung Beständigkeit und Stabilität gehen, sondern in Richtung auf Vergehen, Vergänglichkeit, Momenthaftigkeit. Die Frage nach diesem Phänomen im Anschluss an die Werke Nonos und Hölderlins führt zur Figur der *Paradoxie der Stimme*. Sie markiert ein verschränktes Zeitgefüge, das die Erwartung einer Chronologie aufstört und immer wieder aufs Neue eine eigentümliche Aktualität erzeugt.

Nono konstituiert mit der paradoxalen Figur der Stimme in seinem Streichquartett den Wechsel zwischen Stille und Klang und konfiguriert eine *Skala der Stille*. Im Sinne einer Rhetorik des Schweigens setzte er im Zusammenspiel mit dieser Skala die Stimme und die ihr inhärente Ambiguität als Moment konstitutiver Spannung in seinem Streichquartett ein. Er arbeitet mit Wiederholungen und Fragmenten, die aus der Stille auftauchen und in sie zurücktreten; er inszeniert eine Unfassbarkeit, an deren Rand er den hörenden Leser, den lesenden Hörer treibt. Er inszeniert eine paradoxale Figur als Leerstelle, an der Denkmodelle von Linearität und Kausabilität kollabieren und die die verschwiege Stimme nicht als Mangel erscheinen lässt, sondern als konstitutives Element transzendentaler Kommunikation mit selbst zeichenhaftem Charakter. Nono veranschaulicht die semiotische Beschaffenheit einer auf mehreren Ebenen schweigenden Stimme, deren Fixierung und eindeutige Zuordnung von Bedeutung unmöglich erscheint. Diskursiv nicht entschlüsselbar bleibt der rätselhafte Charakter der verschwiegenen Stimme immanent. Ihr mit Worten beizukommen scheint zum Scheitern verurteilt. Obgleich sie dazu herausfordert, lädt sie eben auch ein, sich der Gleichzeitigkeit von Gefahr und Verlockung, der Unentscheidbarkeit, sich dem Widerspruch zwischen An- und Abwesenheit einer Verschwiegenheit nachhörend, nachdenkend auszusetzen; sie ermutigt, Stille zu empfinden mit offener Phantasie für »träumende Räume, für plötzliche Ekstasen, für unaussprechliche Gedanken, für ruhige Atemzüge und für die Stille des ›zeitlosen Singens‹«[5], in der sich das Hören angeschlossen an die Imagination einer Stimme im Vollzug bereits verändert hat.

---

5 Luigi Nono, *Fragmente – Stille, An Diotima*, C. Ricordi & C. Editori, Mailand 1980.

Schriftstimmen – Notationen II:
Verschränkte Stimme(n) – Hans Zender

Hans Zenders Lektüre klingt anders. Seine Transformation der kryptisch erscheinenden Texte in eine andere Zeitlichkeit (als die des stummen Lesens) und der klang-rhythmischen Besonderheiten der Sprache bezieht sich auf eine andere Ebene. Hans Zender schreibt vier sehr unterschiedlich ausfallende Antworten in Form von vier in sich geschlossenen Werken. Alle führen sie den Titel *Hölderlin lesen* – manche als Haupt-, manche als Untertitel – und heben auf unterschiedliche Aspekte des Hölderlinschen Spätwerks ab.

Sind *Hölderlin lesen I-III* gewissermaßen als (Vor)Stufen zum letzten großen Gesang zu hören, so sticht *Hölderlin lesen IV* durch seine Komplexität hervor. Nicht nur, dass Zender für dieses Streichquartett die schon in ihrer Editionsgeschichte kompliziert erscheinende späte Ode des Dichters als poetische (und poetologische) Grundlage wählt, nimmt er das Material auch zum Anlass, die Verschränkung von Klang, Wort, Schrift und Schreiben über die Dimension des Begriffs »Lesen« zu inszenieren.

Während die Stimme in *Hölderlin lesen I-III* nur sprechend eingesetzt wird, beginnt sie in *Hölderlin lesen IV* nun auch zu singen. Im letzten großen Gesang Hölderlins setzt Zender »seine« Stimme in einer Verschränkung mit sich selbst ein: säuselnd, sprechend, rufend, singend, atmend nahezu gleichzeitig; sie markiert damit unterschiedliche Schichten ihrer selbst und erzeugt durch verschiedene Techniken eine »Vielstimmigkeit in sich«[6].

Die durch dieses Verfahren im Umgang mit der Stimme entstehende Aufmerksamkeit für die Sprachrealität des Textes gibt Anstoß, auf rhythmische und melodische Schemata zu hören: Sprache als Rhythmus, als Geistiges und Sinnliches zu lesen, welche durch ein festes Schema besondere Nachdrücklichkeit erlangt. Inszeniert Hölderlin in seinen späten Gesängen Spannungen zwischen Sprachsinn und Begriff, zwischen konkreten rhythmischen Wertigkeiten und Takt, so trägt Zender in seiner Vertonung diesem Verfahren Rechnung und stellt mit seinem letzten Streichquartett dem Kommentar Thrasybulos Georgiades' einen musikalischen an die Seite. Georgiades scheibt: »Hölderlin versteht es, den Sprachsinn durch ein bedachtes Deklamieren der Sprache zu realisieren, das darin besteht, dass er mit Silbendauer und -betonung zugleich operiert, sie gleichsam gegeneinander ausspielt, und uns da-

---

[6] Werner Grünzweig, Jörn Peter Hiekel u. Anouk Jeschke (Hg), *Hans Zender. Vielstimmig in sich*, Hofheim: Wolke 2008.

durch zwingt, ›besinnlich‹ zu deklamieren, auf dem Sinn zu verweilen, ihn entstehen zu lassen.«[7] Der Hörer jenes musikalischen Kommentars wird schnell der Brüche und Zäsuren innerhalb des kompositorischen Gesamtverlaufes gewahr werden. Passagen, die im Gestus einer abstrakten Anordnung einerseits, einer lautmalerischen, bildhaften und ekstatischen Anmutung andererseits erscheinen, folgen teils erwartbar, häufig aber befremdlich aufeinander. Eben jene Momente der Überraschung, der schnellen und unvermittelt eintretenden Wechsel, die den Zug des Hörens immer wieder unterbrechen, wecken die Erinnerung an den Hölderlinschen Begriff der »Cäsur«, mit dem der Dichter das paradoxe Moment einer »Hervorbringung« in der Unterbrechung greift. Zender schärft mit seiner komponierten Interpretation der letzten Hymne das Interesse für Hölderlins poetologische Reflexionen und die Aufmerksamkeit für die Sprachlichkeit, Fragmenthaftigkeit und die Literarität des Gedichtes als den eigentlichen unreduzierbaren Grund seiner Reflexivität.

Verschränkung

Alle drei überlieferten Fassungen der Ode *Mnemosyne* verschränkt Zender zu einer neuen Konfiguration: Für die erste Strophe greift er auf die zweite Fassung zurück, die zweite Strophe fasst alle drei Fassungen zusammen, und die dritte Strophe verwendet die dritte Fassung. Ein schöpferisches Verfahren, mit dem nicht endgültig zu klärenden Editionsmodus der Handschrift nach künstlerischen Gesichtspunkten umzugehen. Sowohl die Entstehung der textlichen Grundlage als auch seine dieser Vorlage folgende »Vertonung« thematisieren den Umgang mit den unterschiedlichen Zeichensystemen und die Bewegung von der Eindeutigkeit des linearen Erfassens zur Mehrdeutigkeit nichtlinearen Denkens im Anschluss an Hölderlins *Mnemosyne*.

Hans Zender stellt nun mit *Hölderlin lesen IV* aus der Perspektive des Komponisten die Frage nach dem Zeichen, nach dem Verhältnis von Klang, Wort, Schrift und deren Grenzen, nach Übergängen und der gegenseitigen Beeinflussung der einzelnen Zeichenregionen und entwickelt anhand dieser Fragen als Komponist eine materialpolyphone Form. Er setzt in *Hölderlin lesen IV* die bereits in *Hölderlin lesen II* verwendete Live-Elektronik erneut ein, erweitert jedoch die Möglichkeiten des elektronischen Echos. Darüber hinaus entwickelt er eine zusätzliche Ebene der Präsentation von Schrift und wirft damit die Frage des Speicherns von Texten und Klängen und deren Möglichkeiten der Verschränkung

---

7 Thrasybulos Georgiades, *Nennen und Erklingen*, Göttingen: Vandenhoeck & Ruprecht 1998, S. 181.

auf: Die Verse der Ode werde sowohl in Transkription als auch in der Handschrift Hölderlins auf eine Leinwand projiziert; die Auftrittszeit der Projektionen ist exakt in der Partitur notiert. Der Hörer hat die Möglichkeit, zum konkreten Leser unterschiedlicher Texturen zu werden, die Wahrnehmungsmodi zu wechseln, sich der Wahrnehmung eines polyphonen Gefüges bewusst zu werden und diesen Prozess als eine Form des lesenden Hörens/hörenden Lesens zu erproben.

Im Mittelpunkt seiner Auseinandersetzung mit Hölderlin steht für Zender die Genese des Erinnerungsbegriffs, nicht nur als ein Inbegriff des Dichters und seiner »Verfahrungsweise«, sondern auch als ein Grundbegriff seiner theoretischen Entwürfe und poetischer Geschichtsschreibung. Vor dem Hintergrund von Hölderlins Reflexionen auf Zeit und Geschichte findet Zender in seinem vierten *Hölderlin lesen* eine musikalische Gestalt, in der dieses Leitmotiv Hölderlins zum Klingen kommt. Gerade für den letzten Gesang Hölderlins inszeniert Zender zudem die Stimme und ihr Verhältnis zu Zeichen, Klang, Raum und Zeit nun auf markante Weise. Seine Musik organisiert die Zeit anders als der Text Hölderlins – zugleich strenger und freier als die Struktur der sprachlichen Zeichen im Gedicht dies scheinbar zu leisten imstande ist. Zenders System musikalischer Zeichen entfaltet seinen Sinn, eine Dimension der Erfahrung von Zeit im Ereignis, in seiner Klanglichkeit, derer sich der Hörer anders als der Leser auszusetzen hat. Es ruft in seiner konkreten Erfahrung eine spezifische Zeitlichkeit und ein Bewusstwerden derselben hervor, das auf das Verfahren des Erinnerns und die Wahrnehmung von Differenzen angewiesen ist.

Anders der Leser des Hölderlinschen Gesangs, der sich seine Zeit der Aufmerksamkeit frei und aktiv erzeugen muss, subtil geführt jedoch von der dem Gesang innewohnenden Musikalität. Entlang eines poetischen Textes, der sich seinerseits der Inszenierung von Zeichenhaftigkeiten und Zeitlichkeit verschreibt, situiert sich Zender mit seiner Komposition. Hörbar wird die Vielschichtigkeit der Dichtung Hölderlins, die einen Komponisten zum jahrzehntelangen Lesen anregt und die im Anschluss an seine Komposition den Hörenden aufruft, das Lesen neu auszuloten. Aus der durch die Konfiguration von Titel und klanglicher Textur bedingten Spannung entwirft Zender ein Gedankenexperiment, das der Frage nachgeht, wie Lesende zu Hörenden (und umgekehrt) werden.

Schriftstimmen – Notationen III: Verschweigende Stimme – Peter Ruzicka

»ERINNERUNG UND VERGESSEN blickt tief zurück in mein musikalisches Denken. Vergangenes in der Zone zwischen Vergessen und Erinnerung wird durch Umkreisen, Durchdringung und Aneignung vergegenwärtigt. Gefundene und erfundene musikalische Gestalten, darunter Spuren eines vor über vierzig Jahren begonnenen Streichquartetts, spiegeln die Entwicklung meines ästhetischen Bewusstseins. Ferne und Nähe berühren sich im Jetzt. In drei der sieben Teile umkreist eine Vokalstimme Textfragmente aus Hölderlins letzter Ode ›Mnemosyne‹, jener dunklen Beschwörung von Vergänglichkeit und Ewigkeit: ›Erinnerung‹ nicht Überwindung, sondern ›Bewusstsein der Endlichkeit‹.«[8]

So weit der Kommentar des Komponisten zu seinem Streichquartett Nr. 6 im Programmheft der Aufführung am 17. November 2008 im Apollo-Saal der Staatsoper Unter den Linden, Berlin.

Der Blick in die Partitur eröffnet: »Wie ein Ausbruch« beginnt die Musik, die zum Ende mit einer Vokalise verlischt, in Lautschrift notiert und »wie erinnernd,» »schwebend« zu singen. Vortragsbezeichnungen wie »misterioso«, »wie erstarrt«, »vergessend«, »sich erinnernd« sind Vortragsanweisungen, mit Hilfe derer die Streicher der Rätselhaftigkeit eines Textes auf die Spur kommen sollen. Dieser Text – eine Zusammenschrift der letzten Fassung der Ode –, wird dann im IV., VI. und VII. Abschnitt durch eine Stimme (Sopran) in unterschiedlichen Aggregatzuständen exponiert: Hölderlins Sprache erscheint verborgen und offengelegt zugleich. Dabei geht es Ruzicka, laut Peter Becker im angeführten Programmheft, »nicht um eine musikalische Nachgestaltung des Textes, sondern um die Entfaltung einer hörbaren Gestalt, die prozesshaft zwischen dem Text(verständnis) und dem musikalischen Kontext steht«.[9] Wo immer ein latent mitschwingendes Melos zu vernehmen ist, vermittelt es mit seinen exaltierten Sprüngen den Eindruck tastenden Suchens, aber auch den eines ziel- und weglosen Getriebenseins. »Langsam-zögernd gesprochen« wird der dritte Teil des Fragments rezitiert, bevor sich die Stimme »wie erinnernd« zu einer textlosen Kantilene emporschwingt.

Ruzickas 6. Streichquartett entsteht im unmittelbaren kompositorischen Umfeld zu seiner Oper *HÖLDERLIN. Eine Expedition*,

---

8 Peter Becker u. Peter Ruzicka, Programmhefttext zur Aufführung des Streichquartetts Nr. 6 durch das Minguet-Quartett am 17.11.2008 im Apollo-Saal der Staatsoper Unter den Linden.
9 Ebd.

wenngleich das Stück seinen Ursprung in Skizzen aus der Salzburger Zeit im Sommer 2006 hat. Das geistige Gedankengut Hölderlins prägt Ruzickas Kompositionen seit etwa 2003 – und Ruzicka spricht selbst von musikalischen Schatten der Oper, die sich in orchestralen und kammermusikalischen Werken zeigen. Als ein solcher Vorschatten ist auch das Streichquartett zu hören. *HÖLDERLIN. Eine Expedition* setzt, so Ruzicka, »auf die geistige Präsenz des Dichters in einer fiktiven, in Gegenwart und Zukunft angesiedelten Geschichte«. Hölderlin, so Ruzicka weiter, »mag in diesem Werk gleichsam als ein ›innerer Kompass‹ erscheinen. Meine Absicht war es, anhand des experimentellen Szenarios der Oper Fragen an unsere heutige Befindlichkeit zu stellen: Kann es Hölderlin, sein Denken ›in uns‹ geben?«[10] Neben der Kompassnadel *Das Werden im Vergehen*, einem Fragment Hölderlins um 1800, dessen ursprünglicher und heute in der Frankfurter Hölderlinausgabe geführter Titel *Das untergehende Vaterland* lautet, findet das poetologische Konzept »Vom Wechsel der Töne« Eingang in die Komposition, explizit in den vierten Akt, wenn er am Leitfaden des vom späten Hölderlin so eindringlich besungenen Jahreszeitenzyklus in vier Teilen Frühling, Sommer, Herbst und Winter gestaltet. Den insgesamt 16 Aufzügen sind Tonbezeichnungen zugeordnet, die Hölderlins Wechsel der Töne aufnehmen und fortschreiben – so die Konzeption. Dazu kommt eine Reihe von fragmentarischen Texten, die von Schauspielern und Sängern als »innere Stimme« einbezogen werden. Diese Texte sollen »vom Zuschauer als wie aus dem Unterbewussten herrührende Erkenntnisse wahrgenommen werden« – so der Wunsch des Komponisten.

Nach Nonos Ansatz über die Sprache eines Dichters eine Haltung zu erzeugen und den Weg Zenders, Sprachstrukturen in eine zeitliche Form der Musik zu integrieren, setzt Ruzicka mit seiner »Texttransformation« auf den »Kosmos Hölderlin« in seinem Denken. Damit verweist Ruzikka auf das Zusammenspiel der unterschiedlichen Schriften Hölderlins, dessen poetologische Texte immer im Spannungsverhältnis zwischen seiner Dichtung, der Identifizierung mit seinen tragischen Figuren, der Abwesenheit in sich selbst mit Bezug auf seine Zeit zu lesen sind.

In den poetologischen Texten, die Ruzicka anspielt, scheint Hölderlin mit den Mitteln theoretischer Begrifflichkeit sich des Anspruchs poetischer Sprache zu versichern. Er führt vor, dass das der begrifflichen Bestimmbarkeit sich Entziehende in der Sprache der Dichtung sich fasst. Hölderlins poetologische Texte scheinen keine Bedeutung zu haben, die sich einfach abschöpfen ließe. Verweisend werden Bedeutungen sich jeweils erst im Zuge einer Lektüre ereignen gebunden an eine je singuläre

---

10 Jens Schroth, »Sechs Fragen an Peter Ruzicka«, Programmhefttext zur Aufführung *Hölderlin. Eine Expedition* durch die Staatsoper unter den Linden, UA 16. November 2008.

Lektüre, anders gesagt, sie sind nicht nur allgemein, sondern ebenso individuell bestimmt. Eine Lektüre, die auffordert, weniger bei der Bedeutung einzelner Begrifflichkeiten zu verweilen, als vielmehr der Bewegung der Zeichen in ihrer Hinwendung zur Abwesenheit zu folgen. Dieser paradoxen Gleichzeitigkeit von An- und Abwesenheit, die das Oszillieren innerhalb der Sprache Hölderlins evoziert, geht Ruzicka in seiner Sprache nach. Er sucht die »Identität der Hölderlinschen Sprache zu bewahren« im Medium der Musik und wirft genau damit die Frage auf, ob es die Eigengesetzlichkeit der Musik insbesondere im Format des Musiktheaters überhaupt erlaubt, diesen Schritt der Transformation zu gehen, sind die Organisationsstrukturen von Zeit in beiden Medien grundsätzlich verschieden. Diese Frage führt am Ende meiner Ausführungen zurück zu Hölderlin und seinen poetologischen Texten, bei denen es sich meist um nicht für die Öffentlichkeit bestimmte Theoriefragmente mit bisweilen hermetischem Charakter handelt, was sie aber durchaus zu einem Anstoß zur Reflexion und zur »Anstrengung des Begriffs« machen.

Nachlese: Hölderlin-Lektüren

> »Wenn der Dichter einmal des Geistes mächtig ist, wenn er die gemeinschaftliche Seele, die allem gemein und jedem eigen ist, gefühlt und sich zugeeignet, sie festgehalten, sich ihrer versichert hat, wenn er ferner der freien Bewegung, des harmonischen Wechsels und Fortstrebens, worin der Geist sich in sich selber und in anderen zu reproduzieren geneigt ist, wenn er des schönen im Ideale des Geistes vorgezeichneten Progresses und seiner poetischen Folgerungsweise gewiß ist, wenn er eingesehen hat, daß ein notwendiger Widerstreit entstehe zwischen der ursprünglichsten Forderung des Geistes, die auf Gemeinschaft und einiges Zugleichsein aller Teile geht, und zwischen der anderen Forderung, welche ihm gebietet, aus sich heraus zu gehen, und in einem schönen Fortschritt und Wechsel sich in sich selbst und in anderen zu reproduzieren, wenn dieser Widerstreit ihn immer festhält und fortzieht, auf dem Wege zur Ausführung [...].«[11]

Dieser erste Satz zieht sich über mehr als hundert Zeilen hin, und als wäre es damit noch nicht genug, gehört zu ihm auch noch ein Exkurs zur materiellen Identität von mehr als dreißig Zeilen. Auch nur den ersten Satz vollständig zitieren zu wollen, erscheint daher sinnlos. Allein

---

11 Friedrich Hölderlin, »Wenn der Dichter einmal des Geistes mächtig...«, in: ders., *Entwürfe zur Poetik* (Frankfurter Ausgabe Bd. 14), Frankfurt am Main: Roter Stern 1979, 6/91

dieser Umstand sollte darauf aufmerksam machen, dass Hölderlin in diesem Text etwas Ungewöhnliches zur Sprache bringen wird, etwas noch Ungewöhnlicheres als in *Das untergehende Vaterland*, obwohl bereits dessen hoher Grad der Formalisierung, artikuliert in sehr langen Sätzen mit anspruchsvoller Syntax, außerordentliche Anforderungen an eine Lektüre stellt. Einerseits kann man immer wieder in den einzelnen Satzteilen klar bestimmbare Aussagen erkennen und schon die ersten Worte »Wenn der Dichter einmal des Geistes mächtig ist« nennen deutlich das Ziel dieses Aufsatzes, nämlich des Geistes mächtig zu werden – aber sie sagen zugleich, dass Hölderlin sich zum Beginn der Niederschrift seines Geistes noch nicht mächtig glaubt. Allgemein spricht eine derartige Aussage von Zuständen der Ohnmacht, aber eben auch von Erfahrungen, in denen das Subjekt seine Herrschaft über sein Denken, seine Sprache, seinen Geist verliert. Wieder stößt man also in einer Aussage Hölderlins auf die untrennbar erscheinende Vereinigung zwischen der poetischen Aufgabenbestimmung und hellsichtigen Worten über den Wahnsinn des Geistes. Und wieder sucht Hölderlin sich über diesen Zustand seines poetischen Geistes dadurch Kenntnis zu verschaffen, dass er die strengste Unterwerfung unter die Gesetze der Dialektik wie ihre gleichzeitige Überschreitung praktiziert, in dem er erneut die Gegensätze so in ihr Extrem treibt, dass sie an dieser Grenze ihre Gestalt ablegen und sich mit derjenigen des je anderen vereinen. Deshalb gehorcht auch in diesem Text die poetische Logik sowohl jener der Dialektik wie gleichzeitig dem Rhythmus des Tragischen.[12] Auf diese zweifache und in sich heterogene Weise sucht Hölderlin der unbekannten Macht mächtig zu werden, mit der sein unmittelbar zuvor geschriebener Aufsatz *Das untergehende Vaterland* abbrach. In dem Hölderlin sich dem Rhythmus hingibt, wird er am Ende seine eigene Verfahrensweise erfunden haben, mit der er die poetische Logik aus ihren Extremen herausführen und eine kommende Sprache möglich werden lassen kann. Diese kommende Sprache wird jene neue Sprache sein, die »heiter von Mund zu Mund fliegen wird«[13], und sie wird ihr höchster Gegensatz sein: eine Sprache voll »verschwiegener Ahndungen«. Und damit eine Sprache, die immer

---

12 Hölderlin hat mit seiner Poetik des Tragischen eine Sprache erfunden, die von der Gewalt, der Destruktivität sprechen kann, ohne die Tore der Freiheit wieder zu verschließen, sondern indem er sie noch viel weiter öffnet.

13 Karin Dahlke, Äußerste Freiheit. Wahnsinn/Sublimierung/Poetik des Tragischen der Moderne. Lektüre zu Hölderlins *Grund zum Empedokles* und zu den *Anmerkungen zum Oedipus* und *zur Antigonä*. Würzburg: Königshausen & Neumann 2008, S. 338. Dahlke findet dieses Beschreibung in ihrem Kapitel über die Auseinandersetzung zur Lektüre zu

erst kommen, die immer im Offenen erst sein wird. Und sie wird eine Sprache sein, in der der Dichter sich von Tönen ergriffen sieht:

> […] so ahndet der Dichter, auf jener Stuffe, wo er auch aus einer ursprünglichen Empfindung, durch entgegengesetzte Versuche, sich zum Ton, zur höchsten reinen Form derselben Empfindung emporgerungen hat und ganz in seinem ganzen inneren und äußeren Leben mit jenem Tone sich begriffen sieht, auf dieser Stuffe ahndet er seine Sprache, und mit ihr die eigentliche Vollendung für die jetzige und zugleich für alle Poesie.[14]

»Wenn der Dichter einmal des Geistes mächtig…«, auf die sich meine Gedanken beziehen.
14 Hölderlin, »Wenn der Dichter einmal des Geistes mächtig…«, a.a.O. (Anm. 11), 6/91.

Cornelius Schwehr
Sprachmusik
Vom Umgang mit Musik und Sprache

> Die Unausschöpfbarkeit der Deutungsmöglichkeiten hat Kunst mit aller sprachlich erfahrenen Wirklichkeit gemeinsam.
>
> Bruno Liebrucks[1]

Das Motto, welches ich diesem Text vorangestellt habe, habe ich auch deshalb gewählt, weil ich damit auf einen Philosophen hinweisen kann, bei dem außerordentlich viel zu lernen ist darüber, was Sprache ist. Ihm habe ich auch die Einsicht zu verdanken (gewusst hatte ich das schon länger), dass es für uns Menschen schlechterdings nichts geben *kann*, was nicht sprachlich vermittelt wäre. Dem zu widersprechen (!) ist sinnlos – allenfalls dagegen anzutanzen könnte man versuchen, oder anzumusizieren, möglicherweise, vielleicht.

Wie aber sollte man dies ins Bewusstsein bringen?

Ich kann beschreiben, was die Gründe sind, die mich dazu bringen, mich und meine Arbeit als Komponist beständig und auf durchaus sehr verschiedene und vielfältige Weise mit Sprache[2] zu konfrontieren, sie ihr auszusetzen:

Das sind zum einen und zuvorderst Gründe, die in meinen Lebensumständen liegen: Früh habe ich begonnen, vermutlich in Ermangelung anderer Möglichkeiten, kleine Texte zu verfassen. Text war mir das zugänglichste »Material«, und spät erst war ich in der Situation, mich dazu entschliessen zu können, mich ganz auf die Musik zu konzentrieren. Da bleibt, wenn der frühe Beginn nicht gänzlich unverbindlich und belanglos gewesen sein sollte, eine Lücke, das Gefühl, etwas, möglicherweise zu Unrecht, nicht weiter verfolgt zu haben. Ich spüre sie bis heute, ich habe es noch immer.

Dann, zum andern, hatte ich später das Glück und das Vergnügen, einen intensiven Austausch mit sehr unterschiedlichen Autorinnen und Autoren pflegen zu können und zu dürfen – einer Gruppe von Personen also, die sich irgendwann im Verlaufe ihres Lebens dazu entschlossen hatten, rein auf die Sprache zu fokussieren.[3] Da war häufig viel Missver-

---

1 Bruno Liebrucks, *Sprache und Bewusstsein*, Bd. 2, Frankfurt am Main: Akademische Verlagsanstalt 1965, S. 465.
2 Wenn ich hier von Sprache spreche, meine ich die Wortsprache im engeren Sinne.
3 Stellvertretend möchte ich Christian Geissler und Hermann Kinder nennen; auf beide werde ich noch zurückkommen.

stehen, viel Beneiden auch auf beiden Seiten. Von meiner Seite aus um die Möglichkeit, etwas *sagen* zu können, Bedeutung zu haben, die mehr ist als nur Gebrauch, und vom Gegenüber um die Chance, nichts sagen zu müssen – den nackten Klang, ein Ereignis[4] zu haben, ohne sich damit herumplagen zu müssen, auf was dieser Klang, dieser Laut deutet.[5]

Und schließlich bin ich im Verlauf meiner Arbeit zur Überzeugung gelangt, dass dem Verhältnis von Sprache und Musik nur näher- und dann vielleicht auch beizukommen ist, wenn man die eine in der anderen aufsucht. Die Musik in der Sprache und die Sprache in der Musik. Dabei kann es weder darum gehen, die Sprache zu musikalisieren, noch die Musik zu versprachlichen, beides wäre, in Hinsicht auf das Auffinden des einen im andern unsinnig. Das eine im andern zu finden kann ja nicht bedeuten, es dazu zu machen – auch das, in diesem Zusammenhang gewissermaßen als Abfallprodukt, eine der Einsichten, die ganz grundsätzlicher und grundlegender Natur sind.

Ich möchte im Folgenden versuchen, an einigen Beispielen aus meiner Arbeit zu erläutern und deutlich zu machen, auf welch unterschiedlichen Ebenen und verschiedene Weisen mir eine Näherung an die Problemstellung möglich scheint.

Wo Musik und Sprache sich begegnen 1
aus den kamalattanischen Liedern für Akkordeon solo (1991)

Die *kamalattanischen lieder*[6] sind zum Teil sehr ausgedehnte lyrische Texte von Christian Geissler. Sie sprechen von ihrem Autor und sind gleichermaßen scharfsinnige Analysen unseres gesellschaftlichen Zustandes. Sie handeln von den (schwindenden) Möglichkeiten politischer Veränderung in einer Zeit, in der deren Notwendigkeit weithin als »unmodern« begriffen wird, und in der der Person, die darauf zu bestehen sich entschlossen hat, wenig mehr als resignierte Herablassung begegnet – von den Feindseligkeiten gar nicht erst zu reden.

In der Wüste Wasser zu suchen, ist zwar ein wenig vielversprechendes Unterfangen, gleichwohl bleibt es die einzige Chance, solange man nicht die Illusion hegt, sich das Trinken abgewöhnen zu können.

---

4 Siehe den Text von Johannes Picht im vorliegenden Band.
5 Ein schönes Beispiel für diese Suche ist der Text Hermann Kinders »Körperthemen, Körperwelten und ›das laute Schreiben‹ in deutschsprachiger Gegenwartsliteratur«, in: Hermann Kinder, *Von gleicher Hand*, Eggingen: Edition Isele 1995, S. 129-147.
6 Christian Geissler, *kamalattanische lieder*, Manuskript des Autors.

*die väter treu gehegt
sind anzuhalten als mörder*

so beginnt das Solostück für Akkordeon, und es schließt mit

*gegen den hals der schneidet
gegen den schnitt der umhalset
bau ich mir
in ihrer wüste
ein boot.*

Der Spieler liest, stumm, für sich, Textpassagen aus diesen *kamalattanischen liedern*. Diese Passagen, ihre (Vers-)Struktur, ihr (Sprach-)Rhythmus, werden beim Lesen direkt umgewandelt in musikalische Struktur, Phrasenbildungen, rhythmische Verläufe. Es sind dies im Wesentlichen metrisch freie Partien überwiegend geräuschhafter Natur, die einem dem Hörer verborgenen Programm (dem Text) folgend, die drei großen Fermatenteile des Stückes bestimmen.

Diese wechseln sich ab mit ausgedehnten metrisch insistierenden Teilen, die selbst wiederum aus unveränderten Wiederholungen eines gleichbleibenden Verlaufs beständiger Taktwechsel bestehen.

Dieses Gitter nun, als solches fasse ich es auf, dieses taktmetrische Raster wird nicht gesprengt, sondern befragt – wechselnd besetzt und gefüllt, bedient oder negiert, um damit der Frage nachzugehen, wie ein Verhalten *in* Zuständen möglich ist, denen gegenüber es keine Möglichkeit gibt, sich *nicht* zu verhalten.

Das führt zu Fragen nach der bestimmten Negation vorgefundener Zustände, nach deren Umwertung und nach den Möglichkeiten des Vertauschens von Vorder- und Hintergrund, von Text und Kontext. Und das führt zu *musikalischen* Lösungen (vielfältig musikantischer Natur), die in immer neuen Varianten das »Vorgefundene« subversiv unterlaufen, es Anderes, Widersprüchliches und Widersprechendes bedeuten lassen.

Zwei grundsätzlich verschiedene Arten des Umgangs mit Sprache, ihres Hereinholens in die Musik charakterisieren sich hier gegenseitig:

Zum einen vom Sprachlaut, der sich nicht darum kümmert, auf was er zeigt, seinen Kombinationen und den daraus entstehenden Rhythmen her. Hier bildet das *Wie*, der Lautstand, das Versmaß, die abstrakte Struktur der Mitteilung sich also unmittelbar in der Musik ab.

Zum anderen von der Seite des Inhalts, dem *Was* der Texte; nicht im einzelnen Moment, nicht in der besonderen Formulierung, sondern ganz prinzipiell. Dabei geht es darum, den zugrundeliegenden Gedanken aufzuspüren, ihn hinlänglich abstrakt zu fassen, denn dann wird das *Worum es geht* auch der Musik und ihren Mitteln zugänglich, beschreib- und bearbeitbar.

Die »Brücke« in diesem speziellen Fall ging, wie bereits erwähnt, über die Frage nach dem Verhalten in einer Situation, in der man sich nicht nicht verhalten kann – eine der zentralen Fragen mit denen sich Christian Geissler seit dem Ende der 70er Jahre beständig und beharrlich auseinandergesetzt hat.

Keine Illustration also, kein Bild gesellschaftlicher Zustände, keine Metapher für die Möglichkeiten ihrer Veränderung, sondern eine Musik, die mit ihren Mitteln und auf zweierlei Weisen dem nachspürt, was in der Sprache, im Wort, in Laut und Bedeutung als Einheit begegnet.

Vom Fremdwerden des Vertrauten
schlafen, träumen, singen für 5 Stimmen (2001)

Ausgangspunkt des Stückes war ein beschriebenes Blatt Papier von Emma Hauck.[7] Bei dem Papier, ungefähr im Format DIN A5, bearbeitet mit einem Bleistift, soll es sich um einen Brief an den Ehemann handeln; das mag so sein – vor allem aber macht dieses Blatt zunächst den Eindruck einer etwas ungelenken Bleistiftzeichnung. Bei etwas näherem Hinsehen zeigt sich, dass es fast vollständig zugedeckt wurde mit Wörtern – vielleicht ist es auch nur 1 Wort, immer dasselbe, welches die Verfasserin auf das Papier aufgetragen hat, das ist mir nicht ersichtlich. Der Druck des Bleistifts auf das Papier reicht von fast nicht vorhanden bis sehr kräftig. Geschrieben wurde in Überlagerungen unterschiedlicher Dichte, in den Ergebnissen schattenhaft verhuscht bis undurchdringlich, so wie so unleserlich, nur: *Dass* es Wörter sind, ist offenkundig.

Das Verfahren, Bilder zu »schreiben« ist in der Kunst, vor allem der zweiten Hälfte des 20. Jahrhunderts nichts Unbekanntes, es gibt viele wunderbare Beispiele dafür,[8] nur: Dieses Blatt stammt aus dem Jahr 1909, und Kunst scheint nicht die Intention der Verfasserin gewesen zu sein.

Vielmehr macht es mir den Eindruck, als versuche Emma Hauck, mit dem Wort als Material, über es hinauszufinden, unter ihm hindurch oder an ihm vorbei zu kommen. Damit das gelingen kann, muss kenntlich bleiben, *dass* es sich um Wörter handelt, *dass* es geschriebene Sprache ist. Und dann rückt sie ihnen zu Leibe: Sie werden so oft übereinander geschrieben, dass ein fast vollständig schwarzer Balken entsteht, oder

---

[7] Ausgestellt ist das Objekt im Museum der Sammlung Prinzhorn in Heidelberg.

[8] Als eines mag hier die Arbeit von Carlfriedrich Claus stehen.

sie werden so dünn übereinandergelegt, dass nur noch fahle Schatten das grünliche Papier einfärben. Hier findet Mitteilung statt, nur der Schlüssel dazu wird nicht mitgeliefert, es sei denn, man fasste *diesen* Sachverhalt als Schlüssel auf.

Das Wort, das ja seine Eigenart darin hat, auch etwas zu bedeuten, das heißt, auf ein Allgemeines zu verweisen, verliert das, und man sieht es ihm an. Hoffmannsthals Lord Chandos mag einem einfallen, dem die Wörter wie modrige Pilze im Munde zerfallen, oder Schillers Bemerkung, dass jede Empfindung nur einmal in der Welt vorhanden sei, in dem einzigen Menschen, der sie habe, dass man aber Wörter von Tausenden gebrauchen müsse, und darum passten sie auf keinen.

Vermutlich hatte Emma Hauck mit all diesen Gedanken nichts zu tun, und ich bin weit entfernt davon, es ihr und ihrem Blatt Papier zu unterstellen und zuzumuten, nur: Das Vertrauen darauf, mit dem, was das Wort anbietet, sich ausreichend mitteilen zu können, dieses Vertrauen scheint ihr, aus welchen Gründen auch immer, abhandengekommen zu sein.

Dieser gebrochene Wirklichkeitsbezug war Ausgang meiner Arbeit und wertvolle Anregung. Er wird, als gebrochener Wirklichkeitsbezug, abgebildet und beispielhaft dargestellt an einem *ver*störten (nicht *ge*störten) Verhältnis zur musikalischen Tradition. Dazu finden vielfältige Brechungen auf vielen verschiedenen Ebenen statt, und weil das so ist, ruft dieses Verfahren nach kompositorischen Strategien. Je diffiziler und prekärer das Verhältnis zur »Umgebung«, desto wichtiger werden die Strategien des Umgangs, der »Bewältigung«.

Dies möchte ich präzisieren:

Das Stück ist dreiteilig, in seinen Randteilen (der Mittelteil verbindet sie, indem er sie trennt) entfaltet sich je derselbe (identische!) harmonische Verlauf (krebsgängig im Schlussteil) und insoweit liegt sogar eine traditionelle dreiteilige Form (ABA) vor. Dieser harmonische Verlauf hat seine Wurzeln in der funktionalen Kadenzharmonik, hat nur gewissermaßen den Standpunkt verloren, was nichts weiter heißt, als dass er ihn beständig wechselt.

Das ist auch der Grund dafür, warum er sowohl vor- wie rückwärts seinen Dienst tut und man in der Konsequenz gar nicht mehr entscheiden kann, welcher der beiden Verläufe der »richtige« ist – es gibt in solchen Zusammenhängen und in dieser Hinsicht kein »Richtiges« und kein »Falsches«.

Wer sich ein Bisschen in funktionaler Harmonik und deren Entwicklung auskennt, wird die eine oder andere näher- oder fernerliegende Implikation erkennen können. Dieses Erkennen der (näher- oder fernerliegenden) Implikationen gilt aber tatsächlich im hörenden Mit- und Nachvollzug für alle mit unserer Tradition hinlänglich Vertrauten. Auch wer diese Phänomene nicht benennen, terminologisch nicht festzurren kann, keine Wörter dafür hat, kennt sie doch. Und was passiert, wenn an (harmonische) Erfahrung beständig appelliert, im Fortgang darauf aber keine Rücksicht genommen wird, ist das Fremdwerden des Vertrauten. Anders ausgedrückt: Vertrautes in forciert wechselnden Kontexten befremdet.

Es kann ein großes Unglück, es kann aber auch ein Glück sein, wenn die Dinge, die man kennt, einem und sich selbst fremd werden.

Aber zurück zum Stück und zu seinen Randteilen:

Die identischen harmonischen Verläufe sind das eine – diesen wird jedoch einiges zugemutet:

Im ersten Teil: ein gerades Metrum (4/4), ein langsames Tempo (50) und eine Unterteilung in vier mal 11 Takte. Diese Unterteilung wird durch den Einsatz von Geräuschen (tonlos geflüsterte Laute und Silben, Luftgeräusche) sinnfällig, d. h. in diesem Falle: Sie nehmen in vier Stufen, den vier 11-Takt-Phrasen entsprechend, signifikant zu.

Im Schlußteil: Wechselnde Taktarten (2/4 und 3/4 regelmäßig alternierend, eine Art gefrorener Zwiefacher), ein leicht beschwingtes Tempo (72) und ein Geräuscheinsatz, der zu Beginn das Metrum stärkt und verdeutlicht und, wenn das nicht mehr gebraucht wird, nach und nach spärlicher wird, sich ausblendet.

Es ist leicht zu sehen und einzuschätzen, angesichts derart gravierender Unterschiede zwischen den beiden Teilen, wie wenig ein identischer harmonischer Verlauf identitätsstiftend wohl noch zu wirken vermag; allerdings: Zum einen hat das *Wie* des Satzes hier noch ein gewichtiges Wörtchen mitzureden, und zum andern kommt hier der bereits erwähnte Mittelteil ins Spiel – der, der die beiden Hauptteile verbindet, indem er sie trennt. Und dieser ist so gänzlich verschieden von den beiden ihn umgebenden Teilen,[9] dass diese schon allein aus diesem Grunde wieder beginnen, sich zu ähneln, zusammenzurücken. Auch in der Musik sind Ähnlichkeit und ihr Maß lediglich eine Frage des Zusammenhangs, des Kontexts.

Vielleicht ist im Ansatz ein wenig deutlich geworden, was mit den vielfältigen Brechungen und dem verstörten Verhältnis zur Tradition gemeint ist. Alles, was eingesetzt wird, konnotiert betont traditionell, wenn auch auf sehr verschiedene Weise: der Umgang mit dem Metrum, der Phrasenbau, die harmonischen Verläufe, die Satzweisen, die Großform. Diese Konnotationen machen sich jedoch wechselseitig fadenscheinig, weil sie nicht ineinander aufgehen, sich nicht verstärken, nicht aufeinander passen, sondern sich »ausstellen«, bloßstellen, gegenseitig sich fremd machen.

---

9 Praktisch einstimmig, ständige, unregelmäßige und unvorhersehbare Taktwechsel, er beginnt dreimal so schnell wie der erste und endet halb so schnell wie der an ihn anschließende Teil.

Ich habe mich für dieses Stück, um das, was ich mir in und mit Emma Haucks »Brief« erlesen habe, in Musik zu bringen, nicht ihrer Arbeit bedient. Ich habe dazu ein wunderbares Textchen Joseph Freiherr von Eichendorffs benützt, welches den Vorteil hat derart abgegriffen zu sein, dass mir gar keine andere Wahl blieb, als es mir, um es wieder haben zu können, zu entfremden, es, auf welche Weise auch immer, wegzudrücken. Drei Fünftel der Verben (unflektiert) gaben mir den Titel – selten habe ich einen so schönen Titel für eines meiner Stücke gefunden. Der Rest des Textchens zerfällt in tonlose Laute und Silben, läuft auf der Geräuschebene im Verlauf des Stückes mehrfach durch, färbt die gesungenen Töne über die Vokalfarben ein (auch das verleiht dem Stück seinen Charakter). Wer es weiß und genau aufpasst, kann von Zeit zu Zeit noch Reste der romantischen Vorlage identifizieren, darum geht es aber nicht, darum geht es auch dem Text nicht, den ich verwendet habe und der das Wort in die Musik schickt.

Ich habe Emma Haucks Verfahren – sie schickt das Wort ins Bild – auf ihn angewendet. Und ich habe versucht, ihn auf sich selbst anzuwenden:

Ein unbescheidenes Unterfangen, ich weiß, aber es blieb mir in diesem Falle nichts anderes übrig.

Schläft ein Lied in allen Dingen,
Die da träumen fort und fort,
Und die Welt hebt an zu singen,
Triffst du nur das Zauberwort.

Hoffen wir es.

Von der Wirklichkeit
»Virchows Tod«[10] *Hörspiel nach einem Text von*
Hermann Kinder (1995)

Ein Buch von Hermann Kinder trägt den Titel *Die Böhmischen Schwestern*[11]. Das Buch hat drei Teile, der erste ist mit »Virchows Tod« überschrieben. Darin wird von Virchow, einem der Begründer der modernen Genetik erzählt,[12] von seinen Forschungen, seinen Versuchen, den »Gesetzen des Kranken und also mit letztem Ziel den Gesetzen

---

10 Produktion des SWF, 1995
11 Hermann Kinder, *Die Böhmischen Schwestern*, Zürich: Haffmanns 1990
12 Inwieweit sich das mit der historischen Person deckt, ist hier nicht Gegenstand der Betrachtung.

des Gesunden auf den tiefsten Grund« zu kommen. »Denn«, heißt es im Text Kinders weiter,»haben wir das Rätsel des Verbildeten gelöst, haben wir den Schlüssel zur Bildbarkeit des Menschen gefunden, dann haben wir die Tür geöffnet zum ältesten Traum der Menschheit, zum Traum von einem glücklichen, gesunden, leidlosen Dasein.«[13]

Die böhmischen Schwestern, Josefa und Rosa, sind siamesische Zwillinge und als siamesische Zwillinge ein nachgerade ideales Forschungsobjekt für den frühen Genetiker.

Der Text erzählt nun vom Leben Virchows, setzt ein, als dieser sich auf dem Höhepunkt seiner Karriere befindet, und endet auf seinem Sterbelager. Josefa und Rosa begleiten und beobachten ihn, begleiten und beobachten einen Mann, der weniger und weniger seinen eigenen Vorstellungen, seinen eigenen Erkenntnissen davon, was eine gesunde Existenz ausmacht, entspricht, der, Mensch bis zum Schluss, seiner eigenen Auffassung nach doch längst keiner mehr wäre.

Der Text ist kunstvoll komponiert aus Berichten von Virchows Reisen, seinen Vorträgen und seiner Arbeit, Beobachtungen Josefas und Rosas, Gesprächen, Auseinandersetzungen Virchows mit seinem Kollegen Hirschberg, Monologen seines Pflegers, der sich gegen Ende seines Lebens um ihn kümmert, da war's um dich geschehn Gesell, Traumsequenzen Virchows und Traumsequenzen Josefas und Rosas, sie fragten nicht nach seinen Schmerzen.

Und dann hat der Text, es war alles eines Irrlichts Spiel, noch eine Besonderheit – immer wieder tauchen im Textfluss und nicht als Zitate gekennzeichnet kurze Stellen aus der *Winterreise* (Müller/Schubert) auf, nicht oft, nur ab und zu, aber sie geben dem Text eine Richtung und einen »Geruch« – sacht sacht die Türe zu.

Was kann die Musik hier leisten? Die Musik im engeren Sinne kann hier nicht viel tun, will sie nicht illustrieren. Ich habe sie in den Hintergrund geschickt, sie regelt eher Prinzipielles, Grundlegendes – doch dazu später etwas mehr.

Den Prosatext habe ich in direkte Rede verwandelt und Virchow, Hirschberg und den Pfleger die ihre so sprechen lassen, wie professionelle Hörspielsprecher ihre Texte sprechen: In der Rolle.

Josefa und Rosa (sie haben den überwiegenden Teil des Textes) habe ich anders behandelt. Ihre Beiträge ändern, verwandeln sich im Laufe dieser 55 Minuten, die das Hörstück dauert. Sind sie zu Beginn noch traditionell in sich gegenseitig ergänzender Wechselrede geführt, wie zwei alte Freundinnen, die, zusammengegluckt in einer Kneipe, sich gemeinsam Erlebtes wieder erzählen, ändert sich das nach und nach massiv. Sie fallen dem komponierenden und montierenden Zugriff anheim. Dieser Zugriff auf die Sprache der Schwestern erfolgt in den Kategorien:

---

13 Kinder, Die Böhmischen Schwestern, a. a. O. (Anm. 11), S. 13.

Abschnitt, Satz, Satzteil und Wort (nicht darunter), in dieser Reihenfolge, wird also zunehmend kleinteiliger.

Die Gesamtform entspricht der einer kreisend sich steigernden, sich verdichtenden Bewegung und folgt auf diese Weise der Struktur des Textes. Die Verdichtung und die mit ihr einhergehende Zersetzung des Textes ist dadurch bis in die syntaktischen Strukturen hinein nachzuvollziehen und zu verfolgen. Die (im Text noch versteckte) polyphone Anlage kann so entfaltet werden, da dergleichen Montagen zum Beispiel Gleichzeitigkeiten möglich machen, die das Papier so nicht erlaubt, der Text gleichwohl aber nahelegt.

Dies bedeutet konkret:

Die beiden Schwestern, die über das ganze Stück hinweg immer nur einen gemeinsamen Text haben, aus dem sie sich bedienen, rücken immer näher zusammen, sprechen zunächst abschnitts- dann mehr und mehr satzweise im Wechsel, wobei nach und nach auch die Phrasenränder überlappen und Sprech- und Sprachschichten sich herauszubilden beginnen.

Auf der Ebene der Satzteile wird dieser Wechsel immer mehr aufgegeben, beide sprechen zunehmend den gesamten Text, leicht versetzt zum Teil, quasi kanonisch, synchronisiert auch an verschiedenen Stellen des Satzteils, zu Beginn, in der Mitte oder am Schluss. Und angekommen beim Wort, ist diese spezielle Synchronität die Regel – jedes Wort hat nur eine betonte Stelle, sie dient zur Synchronisierung. Die Ränder fransen, je nach Tempo und Stimmung der Sprecherinnen unterschiedlich aus.

Dieses (etwas schlicht und sehr verkürzt beschriebene) Verfahren hat zum einen den Effekt, die Bewegung zunehmend zu beschleunigen, zum andern sorgt es aber dafür, dass die beiden Schwestern mehr und mehr verschmelzen, mit einem Munde sprechen und in der Sprache und durch die Sprache ein weiteres Mal zusammenwachsen. Das darf, soll es sinnvoll sein, nicht auf Kosten der Verständlichkeit gehen. Bezieht dieses Verfahren doch aus dem Inhalt des Gesagten seine Legitimation.

Und nun kommt doch noch die Musik ins Spiel.

Der ganze Text ist montiert auf ein in gleichbleibendem Tempo (60) durchlaufendes Klangband, dessen Präsenz starken Schwankungen unterliegt. Zwischenzeitlich ganz verschwunden, taucht es immer wieder auf, färbt den Hintergrund ein, schließt Passagen ab, tritt in den Vordergrund, markiert Formteile. Dieses Klangband besteht ausschließlich aus Kadenzen aus der bereits erwähnten und im Text zitierten *Winterreise*, Kadenzen, jeder Melodie, Verzierung und Ausschmückung beraubt. Diese sind zwar vielfältigen satztechnischen Modifikationen unterworfen, werden gestaucht, gedehnt, ausgedünnt, beschleunigt und gebremst, aber, sie bleiben was sie sind: nackte harmonische Verläufe sehr unterschiedlicher Dauer, es erklingt nichts anderes.

Dieser Musikeinsatz hat zwei Gründe:
Zum einen hilft er, wie bereits angedeutet, Form zu bauen, verschiedene Abschnitte verschieden klanglich zu charakterisieren und durch Tempodifferenzen zwischen der montierten Sprache und der Musik Beschleunigungen, Verzögerungen oder Verzerrungen zu konstruieren.

Zum andern sind Kadenzverläufe aus Schuberts *Winterreise* andere Kadenzverläufe als Kadenzen aus der *Dichterliebe* Schumanns zum Beispiel. Sie wecken auch als auf ihre Struktur zurückgeführte harmonische Gänge Erinnerungen an ihre Herkunft, sind auf diese Weise direkt mit dem Text verbunden und erschaffen einen Subtext der dem, von was das Stück berichtet, zuarbeitet.

Lustig in das All hinaus, gegen Wind und Wetter, soll kein Gott auf Erden sein, sind wir selber Götter.

Gute Nacht.

Von der Kommunikation
ohne Ufer, eine Einladung für 8 Stimmen und Akkordeon (2006)

> Ich werde nicht austreten aus meine Tage nicht meine Pflicht fortdauert der freiwilligen wahren Pflicht tagt der Hauptpflicht und Pfalls sprechender Pflichten und wo Es irgendwelche moralische Pflicht solche Anträge zur Unterstützung gegenüber

Dies, ein kleiner Ausschnitt aus einem weiteren Objekt der Prinzhornsammlung,[14] verfertigt um die Wende zum 20. Jahrhundert von dem zu dieser Zeit in der psychiatrischen Klinik internierten, etwa 60-jährigen Franz Kleber.

Das Objekt hat den Titel: *Buch mit Wurmlöchern*, und was man sieht, ist die Simulation eines aufgeschlagenen Buches, geklebtes Zeitungspapier, Pappe, Faden, in den Randbereichen zernagt von Würmern, die ihre Gänge, Holzwürmern gleich in das Material hineingefressen haben.

Der Text selbst, gut zu entziffern, besteht aus aus anderen Druckwerken ausgeschnittenen und neu zusammengefügten Wörtern, Wort- und Satzfragmenten, die, dem ersten Eindruck nach, zu einem weitgehend einheitlichen Textkorpus auf zwei Buchseiten, deutlich durch Absätze gegliedert, vereinigt scheinen.

Das obige Zitat ist der Beginn des Textes und das Beispiel einer auffälligen Wahrnehmung, eines merkwürdigen Verhältnisses zur Sprache.

---

14 In: Bettina Brand-Claussen (Hg.), *Vision und Revision einer Entdeckung, Katalog zur Eröffnung des Museums der Sammlung Prinzhorn*, Heidelberg: Sammlung Prinzhorn 2001, KAT. 21.

Und dennoch: Jeder Text, auch dieser, ist zunächst einmal ein Kommunikationsversuch, eine Kontaktaufnahme unter Zuhilfenahme verschriftlichter Sprache. Dies gilt auch für den Sonderfall, dass der Verfasser der Zeilen mit sich selbst kommuniziert.
Wie aber sieht diese Kommunikation nun aus?
Im dritten Absatz heißt es unter anderem weiter:

> Die Schuldigen und beteiligten zur gäenzlicher sicherer Menschen Pflicht erwecken nachdengen arbeiden jeder Ard ohne Dichtungen des religiöesen und privatt Menschen rechten Haftpflicht gegenüber erpressung erpflanzung mit zur bewusste gewaltigen Synnte und eiten Torheiden verleithungen verleuchtung zur erträeumten Reichthum

Es ist ja nicht so, dass kein Sinn in diesen Wortcollagen auszumachen wäre, dass nur barer Unsinn zutage träte, nein, es ist aber so, dass der Sinn sich nicht festhalten lässt, Bezüge und Bezugsebenen beständig wechseln, beweglich werden, ins Schwimmen geraten und auf diese Weise sich die einzelnen Bestandteile in ihrem Gehalt wechselseitig sowohl verdecken, überlagern, als auch ein- und umfärben.

Die einzelnen Wörter öffnen Assoziationsräume unterschiedlichster Art, sie tun es, weil sie in vielen Fällen auch ohne Kontext Bedeutung transportieren (*Die Schuldigen, erpressung*), weil sie darüber hinaus insistieren (*Pflicht*), weil sie den historischen Horizont öffnen, indem sie sich altertümelnd gebärden (*Synnte, eiten Torheiden*), und weil sie sich zu funktionierenden Satzfragmenten zusammenschließen (*Ich werde nicht austreten aus, der freiwilligen wahren Pflicht*). Hinzu kommen eigene Wortkonstruktionen des Autors (*Pfalls, verleithungen, nachdengen*) die dadurch, dass in ihnen mehrere Wörter überblendet scheinen, weitere mögliche Bedeutungsschichten erschließen.

Das Vergnügen, das einem nur allein der Text bereiten kann, ist enorm, und dabei ist noch nicht seiner Erscheinungsweise als aufgeschlagenes Buch gedacht, welches dem Betrachter begegnet wie ein wertvoller Foliant in der Vitrine einer alten Bibliothek.

Hinter all dem aber lauern Abgründe. Und damit meine ich nicht die psychiatrischen Aspekte der Angelegenheit – das wäre ein anderes Thema.

Das, was ich gerade an dem Text Klebers beschrieben, was ich und wie ich ihn gelesen habe, ist ziemlich direkt in Musik hineinzunehmen, mit musikalischen Mitteln zu gestalten:
– Das Herauslösen der (musikalischen) Phänomene aus ihrem (vertrauten) Kontext. Dabei ist nicht zu bestreiten, dass sie Teile des ursprünglichen Kontextes auch in der Isolation weiter transportieren – das ist ja auch der eigentliche, tiefere Grund, dieses Verfahren

überhaupt anzuwenden, es hätte sonst doch wenig Sinn. Dies eröffnet Assoziationsräume der unterschiedlichsten Art.
– Das Insistieren auf Erarbeitetem, Gefundenem – damit ist nicht die unmittelbare Wiederholung, wohl aber das beständige auf etwas Zurückkommen in gleichen und in veränderten Zusammenhängen gemeint (womit ich wieder bei den Kontexten wäre).
– Das Öffnen des historischen Horizonts durch den Appell an das Erinnern, das Beschwören musikalischer Tradition, sei's auf der Ebene der Form, sei's auf der des Satztyps oder der Harmonik. Das beinhaltet auch das Verklammern fragmentierter Teile zu »funktionierenden« Gestalten, Formbildungsprozesse also.
Und schließlich
– Die Überblendungen – dies ist, von der Sprache her kommend, sicherlich in die Musik am heikelsten, am schwierigsten aufzunehmen, da ein musikalisches Ereignis in diesem Sinne ja nichts bedeutet, seine Bedeutung nicht schon hat, sondern im jeweiligen Kontext erst bekommt. Allerdings bieten Methoden der Umwertung harmonischer oder metrischer Gänge oder Verläufe brauchbare Möglichkeiten für Verfahren, die der Überblendung analog sein können.
Das alles ist das, was mein Stück ausmacht, was es beschreibt und was mich in der Arbeit an ihm geleitet hat.

Ich hab's aus Klebers Text genommen. Ich habe das Verhältnis Klebers zur Sprache (wie ich sie wahrnehme, wie ich es lese) in mein Verhältnis zur Musik übersetzt. Es ist mir nicht schwergefallen.

Damit ist das Prinzip gegeben. Es kommt noch etwas Entscheidendes hinzu: die Zeit.

Wie nistet sich das ein, in der Zeit?

Mein Stück besteht aus fünf Teilen. Die beiden kurzen ersten haben zusammen eine einleitende Funktion. Sie treten sich aber in ihrem Gestus gegenüber, kontrastieren in allen wesentlichen Eigenschaften. Der langsame, praktisch metrumlose erste Teil ist kunstvoll polyphon und bedient sich nur weniger Wörter (*Gott, Ordnung, offen, notwendig, Torheit, Lohn*), die er behauptet und beständig umkreist. Demgegenüber, überbordend wortreich, wird der sehr viel schnellere zweite, in sich überlagernden Schichten, rhythmisch komplex ausdifferenziert, nur gesprochen.

Es folgen die zwei Hauptteile: Der erste der beiden ist traditionell homophon, besteht also aus einer »Melodie mit Begleitung«. In seinem sehr tänzerischen Auftreten scheinbar einfach, setzt er sich jedoch ausschließlich aus gebrochenen Metren zusammen, Takten, die Bruchteile von Schlägen zu viel oder zu wenig haben.

Daran an schließt ein rein harmonischer Satz aus stehenden, dichten Akkorden, der die Wörter, deren er sich bedient, in ihre Silben zerlegt und sich auf diese Weise in ihren Klang hineingräbt.

Den Abschluss bildet ein Teil, der nicht mehr in dem Sinne Teil ist, wie es die vier vorausgegangenen waren. Er beginnt und endet melodisch einstimmig, besteht aber ansonsten weitgehend aus Trümmern, isolierten Bruchstücken der anderen Teile. Diese sind, wie es die Teile selbst waren, hart gegeneinander geschnitten, nie mit- und auch nie gegeneinander vermittelt.

Es sind dies alles die Möglichkeiten, die die Musik mir an die Hand gibt, um Kontexte aufzulösen, Ereignisse umzuwerten, Horizonte zu öffnen, zu insistieren und Fragmentiertes zu verklammern. Ich habe das hier nur aufgezählt, nicht interpretiert; ich muss aber noch eine letzte Information hinzufügen:

Die einzelnen Abschnitte werden immer länger. Die gebrochene Einleitung 1,5', der dritte Teil 2', der vierte 3,5' und der letzte 5,5'. Damit soll vermieden werden, dass die Form sich schließt, dass irgend etwas im anderen aufgeht, dass ein Bogen entsteht, der »harmonisch sich rundet«. Das Stück bleibt, wie der Text, ihm analog, nicht ihn illustrierend, ein Ausschnitt, ein Fragment einer im Wortsinne merkwürdigen Wahrnehmung.

Wo Musik und Sprache sich begegnen II
dort, draußen Hörstück (2011)

Im Schreiben über *dort, draußen*[15] nähere ich mich einer Gruppe von Arbeiten, die ich unter dem Oberbegriff »Sprachmusik« versammelt habe.

Drei Stücke sind bislang entstanden, ausnahmslos Hörstücke, *dort, draußen* ist das dritte und es geht mir darin, grob gesprochen, darum, das Wort, diese Einheit von Laut und Bedeutung beim Laut, und den Laut beim Wort zu nehmen. Es geht darum, Sprachlandschaften zu ersinnen, zu erfinden, zu erstellen, die mit Hilfe des Wortes und unter Bewahrung seines Bedeutungsanteils über es hinauskommen.

Alle Stücke der »Sprachmusik« sind Montagen, haben zweikanalige audio-Dateien zum Ergebnis und stehen im .wav und .mp3 Format zur Verfügung.

Gearbeitet wird ausschließlich mit Wörtern. Ich spreche sie der Einfachheit halber selbst, weil die Stimme, die dabei spricht, solange sie das verständlich und unaufdringlich tut, keine Rolle spielt.[16]

Die Kategorien, die den Zugriff regeln, sind äußerst schlicht:

---

15 Zu hören ist das Stück unter: www.cornelius-schwehr.de/werke/und
16 Hier greift eine Differenzierung, die zwischen dem abstrakten Laut des Wortes und dem der konkret sprechenden Stimme unterscheidet.

- wann (in der Abfolge),
- wo (im Stereofeld) und
- wie (bezogen auf die Lautstärke).

Innerhalb dieser drei Entscheidungsräume ist alles möglich, außerhalb nichts.

ahnen – alt – begleiten – behutsam – behüten – besuchen – betrachten – bleiben – Dorf – fallen – fern – Ferne – Fußspuren – gehen – gleich – hell – horchen – Hunde – kahl – Lärm – Mauer – nass – Nebel – niemand – Passanten – Regen – sacht – schließen – schneien – schnell – schwarz – suchen – treiben – tropfen – Tür – unterwegs – verlassen – verlieren – verstehen – wachsam – Weg – Wegrand – weiß – wiederkommen – Wind – Wolken – ziellos – zurück – zögern

Dies sind die 49 Wörter in alphabetischer Ordnung, auf die *dort, draußen* sich stützt und die in ständig sich verändernden Konstellationen zu einem Hörbild vereinigt werden, in dem der Hörer bewegt wird und sich bewegen kann. Ich präsentiere sie nachstehend noch einmal, in veränderter Reihenfolge, und schon diese Umstellung lässt die in dieser Wortansammlung liegenden Möglichkeiten durchscheinen:

alt – treiben – zurück – betrachten – Fußspuren – verlassen – unterwegs – Dorf – gehen – Passanten – Wegrand – schnell – wachsam – fern – suchen – behutsam – horchen – Wind – weiß – ahnen – verlieren – Nebel – hell – Wolken – begleiten – kahl – nass – wiederkommen – bleiben – sacht – schneien – besuchen – schließen – Tür – Ferne – Lärm – Hunde – Mauer – fallen – schwarz – Regen – Weg – zögern – tropfen – gleich – ziellos – verstehen – niemand – behüten

Das Stück dauert 12 Minuten. Es hat eine reiche Form insofern, als vielerlei sehr verschiedene Situationen zu deren Entstehung beitragen. Ich versuche, drei charakteristische Momente zu beschreiben:

(1.) Es gibt eine Passage, in der zwei Schichten sich überlagern. Das ist zum einen eine, in der leise, in relativ hoher Geschwindigkeit und gleichmäßig repetierend montiert, eine Auswahl an Wörtern in kreisender Bewegung beständig wiederholt wird. Als Beispiel zum Lesen und zur Verdeutlichung der Struktur:

wachsam – fern – wachsam – fern – suchen – wachsam – fern – suchen – behutsam – wachsam – fern – suchen – behutsam – horchen – wachsam – fern – suchen – behutsam – horchen – Wind – wachsam – fern – suchen – behutsam – horchen – Wind – zögern – ...

Und irgendwann wird diese, ihrer Natur nach unabschließbare, ständig sich erweiternde Spirale abgebrochen.

Darüber gelegt werden, in unregelmäßigen Abständen und Ausdehnungen, dynamisch immer im Vordergrund, Wortinseln, die sich zu der sie grundierenden Schicht verhalten wie eine Melodie zu ihrer Begleitung. Dabei ist es von entscheidender Bedeutung, wo diese Wortinseln stehen, wie viele und welche Wörter sich auf ihnen versammeln und wie diese sich zu der sie grundierenden Schicht verhalten. Diese »entscheidende Bedeutung« bezieht sich gleichermaßen auf den klanglichen wie den inhaltlichen Aspekt der Wortgruppen.

Es entstehen »Wortlieder«, deren Schichten sich gegenseitig beleuchten. »Lieder aus Sprache«, Lieder, die keine Lieder sind, die aber deren Struktur besitzen, sie beschwören, weil sie selbst gern welche wären.

(2.) Dann gibt es Momente, in denen Wörter sich überlagern, angefangen mit zweien, die vorsichtig sich an den Rändern berühren, bis hin zu sieben oder acht, die sich wechselseitig völlig verdecken. Darunter leidet mitunter die Verständlichkeit, nur Reste, Fetzen von Wörtern sind noch zu identifizieren. Das ist nicht von Bedeutung, man kennt den Vorrat mittlerweile, oder man wird ihn im weiteren Verlauf noch kennenlernen. Auf diese Weise entstehen einerseits Klanggestalten, Hüllkurven von Ein- und Ausschwingvorgängen, die den Klang im Sinn haben, ihn isolieren, betonen. Andererseits, im Hinblick auf den Inhalt können solche Verfahren, indem sie quasi synthetisch neue Wortkonstellationen entstehen lassen, auf neue Weise Bedeutung erzeugen. So am Schluss, zum Beispiel, wenn *kahl* und *alt* in der Montage zu *kalt* verschmelzen.

(3.) Und es gibt Stellen, an denen sich das Stück auf wenige Wörter konzentriert, sie unablässig, in sich verändernden rhythmischen und/oder metrischen Konstellationen wiederholt und diese dann mit wechselnden Wortgruppen durchmischt um so, zum einen, tänzerisch musikantische Situationen zu erhalten, und zum andern, die Bedeutungshöfe der repetierten Wörter beständigen Verwandlungen zu unterwerfen. Derlei Musikantik kann sich an der Semantik reiben oder sie bestätigen, je nach Situation und Absicht an der jeweiligen Stelle.

In den geglückten Momenten solcher Sprachfelder deutet Musik auf Sprache und Sprache auf Musik.

Nachbemerkung

Fünf Stücke habe ich beschrieben, fünf Vorgehensweisen erläutert. Fünf Varianten der Näherung an Sprache, ihrer Wechselwirkung mit Musik, immer im Versuch, dem Nahezukommen, was unter dem »Auffinden des Einen im Andern« meiner Auffassung nach zu verstehen ist. Dabei geht es im Wesentlichen zunächst auch darum, Funktionalisierungen zu vermeiden, das eine nicht für das andere zu benützen.

Das ist weder eine Frage der Qualität noch der Moral. Es gibt wunderbare Beispiele dafür, dass Sprache Musik, oder dass Musik Sprache benützt. Dass ich in den beschriebenen Fällen das nicht will, hängt mit einem speziellen Interesse zusammen.

Musik ist keine Sprache, nicht in dem Sinne, wie ich geneigt bin, Sprache zu verstehen.

Ich will nicht von Sprache sprechen bei einem Zeichensystem, bei dem Semantik und Pragmatik nicht auseinanderfallen. Und ich will dann von Sprache sprechen, wenn deren Laute auf ein Allgemeines zeigen, aber ein Individuelles meinen, dieses Einzelne, was, wie Schiller betonte, unsagbar bleibt.

Die Musik tritt dem als (der Möglichkeit nach) ungeheuer komplexes, aber im Wesentlichen geschlossenes Zeichensystem gegenüber. Ein Zeichensystem, dessen Zeichen sehr verschieden konnotieren (historisch, stilistisch) und mitunter viel Kenntnis und Vertrautheit voraussetzen, wenn ihnen Verständnis zuwachsen soll, gerade *weil* hier der Gebrauch identisch ist mit der Bedeutung.

Im Aufeinandertreffen dieser beiden im Grundsatz verschiedenen, im Detail mannigfaltig sich überlagernden Zeichensysteme liegen Möglichkeiten, die jedem einzelnen der beiden, jeweils für sich, verschlossen bleiben.

> Kunst unterscheidet sich von den übrigen Verstehens- und Erklärungsweisen von Wirklichkeit dadurch, dass sie ihren Entwurfcharakter präsentiert. Darin liegt die höhere Wahrheit der Kunst vor allen Wissenschaften. Diese können zwar um ihren Entwurfscharakter wissen, präsentieren können sie ihn nicht[17].

---

17 Liebrucks, *Sprache und Bewusstsein*, a.a.O. (Anm. 1), S. 465.

Albrecht Wellmer
Über Musik und Sprache:
Variationen und Ergänzungen

Die Variationen über das Thema »Musik und Sprache«, die den ersten Teil des folgenden Textes ausmachen, sind ein Versuch, auf kritische Einwände gegen Überlegungen in meinem Buch *Versuch über Musik und Sprache* zu antworten. Dabei werde ich mich nur sporadisch auf die Beiträge zu dem Hamburger Symposium über mein Buch beziehen, das der Anlass dieser Publikation war. Ich hoffe aber, zumindest indirekt auf einige der dort geäußerten kritischen Einwände antworten zu können. Im zweiten Teil meines Textes geht es um den Zusammenhang zwischen Musik und ihrer sprachlichen Selbstreflexion am Beispiel der Subjektproblematik in der Neuen Musik.

I.

(1.) Ausgangspunkt meiner Überlegungen ist eine These, die ich schon in meinem Buch vertreten habe, die These nämlich, dass jedes Verständnis von Sprache unzureichend wäre, »das neben der Wortsprache nicht auch die Wurzeln der musikalischen, bildnerischen oder tänzerischen Ausdrucks- und Darstellungsformen in sich beschlösse«[1]. In meinem Buch habe ich diese These, ich will sie die »Sprach-These« nennen, als These über das Verhältnis der unterschiedlichen *Kunst*medien zueinander reformuliert: Auch wenn jedes der verschiedenen Kunstmedien »seine eigenen, irreduziblen Gestaltungs- und Ausdrucksmöglichkeiten hat, gehört doch zu jedem einzelnen die latente Präsenz aller anderen«[2], was auch bedeutet, das die unterschiedlichen Kunstmedien jederzeit in einem Verhältnis wechselseitiger Korrespondenz, Ergänzung, Erhellung oder auch subversiver Brechung zusammentreten können. Aber in Wirklichkeit handelt es sich hierbei nicht um eine *Reformulierung* der Sprachthese, sondern um eine Folgerung; die Sprachthese selbst – wie Christian Grüny zu Recht insistiert – besagt etwas anderes, nämlich dass jedes Verständnis der Sprache unzureichend wäre, das nicht die nicht-verbalen Formen der Kommunikation und der Artikulation von Sinn in sich beschlösse. Ich denke dabei insbesondere an die gestischen

1 Albrecht Wellmer, *Versuch über Musik und Sprache*, München: Hanser 2009, S. 24.
2 Ebd.

und die stimmlich-expressiven Formen der Kommunikation, die sowohl ontogenetisch als auch phylogenetisch der Ausbildung des (propositional differenzierten) Sprachvermögens vorausgehen und die in verwandelter Form zugleich *in sie* eingehen. Auch nach der Ausbildung des Sprachvermögens (im Sinn einer propositional ausdifferenzierten Sprache) bleiben diese proto-sprachlichen Formen einer gestisch-expressiven Kommunikation konstitutive Aspekte des Sprachvermögens und des Sprachverstehens, Aspekte, die insofern »vorsprachlich« bleiben, als Gesten und leibgebundene Expressionen zu verstehen etwas Anderes ist, als den Sinn verbaler Äußerungen zu verstehen: Man könnte von einem »mimetischen« Verstehen sprechen, dessen »Objekte« vor den Worten da sind, mit deren Hilfe wir sie vielleicht nachträglich beschreiben können: eine auffahrende, wegwerfende, eine beschwichtigende, eine drohende Geste, ein klagender, zorniger, liebevoller Tonfall. Erst kürzlich hat Emil Angehrn in seinem Buch *Sinn und Nicht-Sinn* in einer – vor allem an Merleau-Ponty, Heidegger und den späten Husserl – anknüpfenden Untersuchung der nicht-sprachlichen und vorsprachlichen Dimensionen des Sinns und Verstehens deutlich gemacht, dass diese Sinn- und Verstehensdimensionen *fundierende* Voraussetzungen des sprachlichen Sinns und Verstehens sind. »Von Fundierung zu sprechen«, so Angehrn, »heißt, dass wir hier nicht einfach mit vor- oder außersprachlichen Instanzen im Rahmen einer systematischen Typologie der Sinngestalten zu tun haben. Sie stehen nicht einfach neben anderen, sprachlichen, kulturellen Formen der Sinnbildung im Raum des Verstehens. Sie liegen anderen Formen zugrunde, und diese Fundierung hat wesentlich mit der Sinnqualität unseres Weltverhältnisses zu tun. In ihr wird die sinnlich-praktische Involviertheit des Subjekts in der Konstitution von Sinn manifest.«[3] Gemeint ist hier im übrigen nicht nur das »mimetische« Verstehen von gestischen und expressiven Ausdrucksformen als Formen einer vorsprachlichen Kommunikation, sondern ein »vorsprachliches Verstehen«, das »in weiten Bereichen unserer Wahrnehmung stattfindet und für unsere Orientierung grundlegend ist – als Wahrnehmen einer Atmosphäre, Erfassen einer Melodie, Umgehenkönnen mit einem Werkzeug.«[4] Es geht also um eine verstehende, zugleich affektive und volitive Involviertheit eines kommunikationsfähigen Organismus in die Welt vor aller Sprache und als Voraussetzung der Sprachentstehung und Sprachfähigkeit.

Während vorsprachlicher Sinn und vorsprachliches Verstehen bis zu einem gewissen Grade noch der tierischen Natur der Menschen zugerechnet werden können, also auch für das Leben der höher organisierten Tiere eine Rolle spielen, wird, in den Worten von Angehrn,

---

3 Emil Angehrn, *Sinn und Nicht-Sinn*, Tübingen: Mohr Siebeck 2010, S. 88
4 A.a.O., S. 114 f.

die »anthropologische Differenz« markiert durch die Entstehung einer propositionalen Sprache, allgemeiner gesprochen dessen, was Cassirer »Symbolisierung« nannte, wie sie etwa in archaischen Riten, möglicherweise schon vor der Ausbildung einer propositionalen Sprache realisiert war, gleichsam als Vorform dessen, was im Zusammenhang mit der Sprache später zur Herausbildung bildnerischer, musikalischer, theatraler und tänzerischer Kunstformen führte. In archaischen Riten spielen insbesondere auch rhythmische Formen der Darstellung und Artikulation eine wichtige Rolle. Merlin Donald hat den Rhythmus als eine integrative mimetische Fähigkeit beschrieben, »related to both vocal and visuomotor mimesis. Rhythm is a unique human attribute; no other creature tracks and imitates rhythm in the way humans do, without training. Rhythmic ability is *supramodal*. That is, once a rhythm is established, it may be played out with any motor modality, including the hand, feet, head, mouth, or he whole body.«[5] Wieweit Formen einer nicht-verbalen Symbolisierung der Ausbildung einer propositional differenzierten Wortsprache vorangehen, das liegt gewiss im Dunkel; was aber das Phänomen der archaischen Riten deutlich macht, ist das Eigengewicht all jener nicht-verbalen symbolischen Formen der Darstellung und Performanz, die gleichsam in die Wortsprache als deren nicht-verbaler Hintergrund und zugleich als deren Bedingung der Möglichkeit eingegangen sind, und das heißt, dass sie zu konstitutiven Aspekten des Sprachvermögens geworden sind, mit der Konsequenz, dass ein angemessener Begriff des Sprachvermögens das Vermögen dieser nicht-verbalen Formen der Symbolisierung einschließen muss – so wie freilich umgekehrt die nicht-verbalen Formen der Symbolisierung erst durch den Zusammenhang mit der Wortsprache zur Grundlage der Produktion und Rezeption von Kunstwerken werden konnten, die allerdings – wie ich im Folgenden argumentieren werde – ihrerseits auf die propositionale Sprache in den Formen der Kritik, der Interpretation und des Kommentars angewiesen bleiben.

(2.) In der Philosophie des 20. Jahrhunderts hat man oft von einem »linguistic turn« gesprochen, durch welchen die Sprache als die Bedingung der Möglichkeit von Denken, Subjektivität, Selbstbewusstsein, von Kultur und Welthabe ins Zentrum des philosophischen Interesses gerückt ist, und zwar schon früh bei so unterschiedlichen Philosophen wie Frege, Wittgenstein und Heidegger. Angesichts der mit der Wortsprache verbundenen nicht-verbalen symbolischen Kommunikations- und Darstellungsformen haben spätere Philosophen von der

---

[5] Merlin Donald, *Origins of the Modern Mind*, Cambridge, Mass.: Harvard UP 1991, S. 168, zit. nach Jürgen Habermas, »Die sakralen Wurzeln der achsenzeitlichen Überlieferungen«, unveröffentl. Ms.

Notwendigkeit eines »semiotic turn« gesprochen, einer semiotischen Wende, durch die Sinn und Bedeutung nicht mehr allein im Medium der Wortsprache, sondern auch in den unterschiedlichen, mit der Wortsprache verbundenen symbolischen Artikulations- und Darstellungsformen aufgesucht werden soll. Bei dem *semiotic turn* geht es, wie Simone Mahrenholz es formuliert hat, darum, »die Sprachanalyse auszuweiten auf sämtliche Symbolsysteme, mittels deren wir uns über uns selbst und die Welt verständigen; neben Worten sind dies Bilder, Geräusche, Gestik, Mimik etc., und darin wesentlich auch die Musik.«[6] Die symboltheoretische Erweiterung der Sprachanalyse hat Folgen natürlich vor allem für die Philosophie der Kunst. Schon Dewey hatte im Sinn eines verallgemeinerten Symbolbegriffs von den »Sprachen« der Kunst gesprochen[7], womit natürlich gemeint ist, dass auch die nicht-verbalen Kunstwerke in dem, was sie evozieren, darstellen oder zum Ausdruck bringen, uns in einer spezifischen Weise »ansprechen«, durch ihre Bedeutsamkeit in unser Selbst- und Weltverhältnis eingreifen, ohne dass doch, was sie darstellen oder zum Ausdruck bringen, in die Wortsprache sich übersetzen ließe. Ein wichtiger Vertreter des »semiotic turn« ist Nelson Goodman, der ein Vokabular entwickelt hat zur Charakterisierung der spezifischen »Welthaltigkeit« der Kunstwerke, also dessen, worin Kunstwerke auf etwas außerhalb ihrer internen Konfiguration verweisen und darin zugleich am Prozess der Welterschließung oder, wie Goodman sagt, der Welterzeugung partizipieren.[8] Der zentrale Begriff Goodmans in diesem Zusammenhang ist der Begriff der »metaphorischen Exemplifikation«, den ich hier vor allem mit Bezug auf die Musik erläutern möchte. Metaphorische Exemplifikation steht für dasjenige, was durch musikalische Strukturen, Gestalten, Phrasen, rhythmische *patterns* usw. jenseits dessen, was als rein musikalischer Sachverhalt beschrieben werden kann, zum Ausdruck gebracht oder evoziert wird, für dasjenige also, worin die Musik auf etwas jenseits ihrer internen Konfiguration verweist. Eine traurige Melodie etwa, um ein simples Beispiel zu nehmen, ist nicht buchstäblich traurig – das sind nur fühlende Lebewesen –, sie hat vielmehr den Ausdruck der Trauer, und das soll heißen, dass sie Trauer metaphorisch exemplifiziert. »Ausdruck«, so Simone Mahrenholz, »liegt immer dann vor, wenn die Exemplifika-

---

6 Simone Mahrenholz, »Musik-Verstehen jenseits der Sprache. Zum Metaphorischen in der Musik«, in: Michael Polth, Oliver Schwab-Felisch und Christian Thorau (Hg.), *Klang – Struktur – Metapher. Musikalische Analyse zwischen Phänomen und Begriff*, Stuttgart u. Weimar: Metzler 2000, S. 219-236, hier 224.
7 John Dewey, *Art as Exprience*, New York: Putnam 1980, S. 106.
8 Nelson Goodman, *Sprachen der Kunst*, Frankfurt am Main: Suhrkamp 1973.

tion metaphorisch ist; also im Fall der Musik, wenn eine musikalische Struktur auf etwas Bezug nimmt, was selbst nicht Musik ist. Auf Farben, Formen, auf Licht bzw. Helligkeit, auf Atmosphärisches, auf architektonische Formen – die Liste ist endlos.«[9] Das heißt auch, dass Ausdruck nicht notwendigerweise nur Ausdruck von Gefühlen oder von gestischen Charakteren ist; vielmehr steht Ausdruck für all dasjenige, worin die Musik (»metaphorisch«) auf etwas jenseits ihrer akustischen Konfiguration verweist. Dieser Verweis aber, das ist die These, muss nicht in Worten formulierbar sein, um hörend erfasst zu werden.»Auf diese Weise«, so wiederum Mahrenholz, »*kann* nicht nur geschehen, es *wird* in der Mehrzahl geschehen, dass, wenn wir diese Musik verstehen, wir etwas verstanden haben, ohne zu ›wissen‹, im Sinne von uns verbal haben klarmachen können oder müssen, was es ist, das wir verstanden haben.«[10] Hiermit soll zugleich das welterschließende oder welterzeugende Potential der Musik neu gedeutet werden, also der Eingriff der Musik in unser Welt- und Selbstverhältnis: Musikalische Gestalten, so wieder Mahrenholz, sind »selbst nonverbales Äquivalent von Begriffen: geeignet, Welt, Wirklichkeit, Selbst ebenso umzustrukturieren, wie Begriffe die Welt formen, auf die sie angewendet werden.«[11].

Der »semiotic turn«, wie Mahrenholz ihn mit Goodman deutet, scheint prima facie geeignet, die Kunst in einer Welt symbolischer Formen neu zu verorten, und zwar so, dass das Eigengewicht der nichtverbalen Formen der symbolischen Kommunikation und Darstellung ihr volles Recht bekommen. Die nicht-verbalen Künste rücken gleichsam wieder in die Nähe jener archaischen Riten, durch welche, nach Durkheim, primitive Gesellschaften auf performative Weise sich ihrer Identität und ihres sozialen Zusammenhangs vergewissern, nur dass der Kunst als autonomer in der Moderne eine eher kritische, welterschließende und weltverändernde Funktion zugewachsen ist. Zugleich ist der Ansatz von Goodman geeignet, drei konstitutiven Aspekten dessen, was Kunst in der Phase ihrer Autonomie ausmacht, gerecht zu werden, nämlich erstens der Bedeutsamkeit und dem Weltbezug auch noch der nicht-repräsentionalen Künste wie der Musik oder der gegenstandslosen Malerei, zweitens der Tatsache, dass das, was Kunstwerke »bedeuten« oder zum Ausdruck bringen, sich nicht in die Wortsprache »übersetzen« lässt, und damit zugleich den Aspekt eines nicht-verbalen Verstehens, der zu Erfahrung von Kunst wie auch zu den Formen einer nicht-verbalen symbolischen Kommunikation hinzugehört, und schließlich drittens dem Phänomen der latenten Intermedialität aller

---

9 Mahrenholz, »Musik-Verstehen jenseits der Sprache«, a.a.O. (Anm. 6), S. 230.
10 A.a.O., S. 231.
11 A.a.O., S. 220.

Künste als der anderen Seite ihres Weltbezugs. Die latente Intermedialität der Musik etwa ist der Grund dafür, dass auch die »absolute« Musik immer schon in einem potentiellen Verhältnis wechselseitiger Korrespondenzen, Brechungen, Erhellungen und Ergänzungen zu den anderen Medien der Kunst steht.

(3.) Jedoch ist die Wortsprache auch die Sprache der Kritik, der Interpretation und des Kommentars, wie sie in der Moderne zu konstitutiven Aspekten der Kunstwelt geworden sind. »Interpretation, Kommentar und Kritik«, so Adorno, »sind nicht bloß an die Werke von denen herangetragen, die mit ihnen sich beschäftigen, sondern der Schauplatz der geschichtlichen Bewegung der Werke an sich und darum Formen eigenen Rechts.«[12] Hier deutet sich eine Sonderrolle der Wortsprache in der Welt der symbolischen Formen und daher auch in der Welt der Kunst an, die von den Vertretern des *semiotic turn* zwar nicht geleugnet, die bei ihnen aber eigentümlich in den Hintergrund rückt, und zwar deshalb, weil sie den kognitiven Aspekt der Kunsterfahrung ganz auf die Ebene eines nicht-verbalen Symbolverstehens zu verlagern versuchen. Mit Einschränkungen gilt dies auch für einen Autor wie Manfred Bierwisch, der das Verhältnis von Musik und Sprache ebenfalls im Sinn eines *semiotic turn*, aber etwas anders als Goodman analysiert: Bei Bierwisch rückt die – gelegentlich auch von Goodman schon betonte und von Wittgenstein her bekannte – Komplementarität von Sagen und Zeigen ins Zentrum der Analyse: Musikalische Zeichen *zeigen*, was nicht gesagt werden kann. Dabei steht für Bierwisch der *gestische* Charakter musikalischer Gestalten im Vordergrund, wobei gestische Charaktere zugleich emotionale Muster beinhalten. »Die Form eines musikalischen Zeichens«, so Bierwisch, »codiert einen Gestus, der die Struktur eines emotionalen Musters ist.«[13] Gesten werden vollführt, sie haben einen zeitlichen Charakter, und musikalische Zeichen *zeigen* gestische Charaktere. Und wie, was ein Bild *zeigt*, durch keine Beschreibung eingeholt werden kann, so auch das, was die Musik in ihren gestischen Charakteren zeigt. »Musikalische Zeichen zeigen die in ihnen codierte gestische Form, sie machen emotionale Muster wahrnehmbar, indem sie deren gestische Struktur zeigen.«[14] Bierwisch beruft sich auf die Pantomime als Paradigma einer Form des Zeigens, die etwas sinnlich vergegenwärtigt, »indem die Zeigehandlung Strukturgemeinsamkeiten mit dem

---

12 Theodor W. Adorno, *Ästhetische Theorie* (*Gesammelte Schriften* Bd. 7), Frankfurt am Main: Suhrkamp 1972, S. 289.
13 Manfred Bierwisch, »Musik und Sprache. Überlegungen zu ihrer Struktur und Funktionsweise«, in: *Jahrbuch Peters 1978*, Leipzig: Peters 1979, S. 9-102, hier 57.
14 A. a. O., S. 59.

gezeigten Vorgang oder Sachverhalt aufweist«[15]. Und wenn Bierwisch an anderer Stelle sagt, »[g]ezeigte Bewegung, Ruhe, Ängstlichkeit oder Freude *ist* zugleich Bewegung, Ruhe, Ängstlichkeit, Freude«[16], so zeigt sich die Nähe seiner Überlegungen zu denen von Goodman darin, dass er kommentierend hinzufügt: »Gezeigte Freude ist Freude in stellvertretender Form, sie ist *wie* Freude«[17]; man könnte stattdessen mit Goodman sagen, dass musikalische Zeichen gestische Charaktere und emotionale Muster *metaphorisch exemplifizieren*, wobei natürlich wiederum entscheidend ist, dass das Verständnis musikalischer Zeichen – oder von komplexen Zeichenkonstellationen – nicht gleichbedeutend ist mit einer Verbalisierung dieses Verständnisses.

(4.) Die symboltheoretischen Deutungen der Musik, die ich hier diskutiert habe, sind Versuche, die Rede von einer »Sprache« der Musik zu rehabilitieren und zugleich den Charakter dieser »Sprache« im Universum der symbolischen Formen in einem Jenseits der Wortsprache zu lokalisieren. Während jedoch archaische Riten mit ihren Formen einer symbolischen Darstellung und Performanz möglicherweise der Herausbildung einer propositional differenzierten Sprache *vorausgehen* und vielleicht erst nachträglich mit mythischen Weltdeutungen in einen Zusammenhang gebracht worden sind, gilt für die Kunst, und insbesondere für die autonome Kunst der Moderne, dass Kunstwerke an sprachfähige Wesen adressiert sind. Dies hat aber Konsequenzen auch für das Verhältnis von Musik und Wortsprache, zumindest wenn wir jetzt nicht mehr von musikalischen Phänomenen *allgemein*, einschließlich vielleicht der lautlich-musikalischen Aspekte des Sprachgebrauchs reden, sondern von der Musik als einer Kunstform in der Welt der autonomen Kunst. Ich spreche hier noch nicht von den in der Kunst seit dem frühen 20. Jahrhundert immer wieder wirksamen Tendenzen, die Autonomie der Kunst in Frage zu stellen, um mit den Mitteln der Kunst auf direkte Weise ins gesellschaftliche Leben einzugreifen – in der Musik etwa bei John Cage; vielmehr spreche ich zunächst nur von der Musik als einer Kunstform, wie sie sich insbesondere in der europäischen Tradition einer komponierten und schriftlich fixierten Musik herausgebildet hat. Für diese Musik aber gilt, dass musikalische Kunstwerke wie alle nicht-verbalen Kunstwerke nicht bloß Konfigurationen nicht-verbaler Zeichen sind, deren Verständnis keiner Worte bedarf; als Kunstwerke bilden sie vielmehr einen ästhetischen *Zusammenhang*, ein ästhetisch Ganzes, dessen Verständnis neben den Evidenzen eines wort-

---

15 Ebd.
16 A.a.O., S. 62.
17 A.a.O., S. 63.

losen Nachvollzugs auch einer sprachlichen Explikation bedarf. Darauf komme ich zurück.

(5.) Als nächstes will ich zeigen, wie sich die »Intermedialitäts«-These aus Sicht der semiotischen Wende in der Nachfolge von Goodman reformulieren lässt. Ich werde mich hier wieder auf Simone Mahrenholz beziehen, die auf diese Frage explizit eingegangen ist. Ihre These ist, dass die unterschiedlichen symbolischen Darstellungs- und Artikulationsformen in einem Verhältnis wechselseitiger Interdependenz stehen, das heißt, dass sie wechselseitig aufeinander einwirken.« Auf der Grundlage dieses Modells,« so Mahrenholz, »gibt es ein Verhältnis wechselseitiger Erklärung, Bezugnahme und Exegese zwischen Sprache, Musik und anderen Künsten auf der einen und den spezifischen gesellschaftlichen, kulturellen und historischen Wirklichkeiten auf der anderen Seite.«[18] Die musikalische Erfahrung, indem sie unser Welt- und Selbstverhältnis verändert, wirkt zurück auf die anderen Formen symbolischer Artikulation, nicht zuletzt auch auf die Sprache. Weiterhin betont Mahrenholz, dass die musikalische Erfahrung keine rein private Erfahrung ist, sondern in einem öffentlichen Raum stattfindet, zu dem ein Diskurs *über* die Musik gehört, ein Streit über das Gelingen oder Nichtgelingen musikalischer Produktionen, kurzum, die Sphäre der Kritik. Genau in diesem Sinn kann eine sprachliche Explikation auch auf die musikalische Erfahrung zurückwirken.[19] Aber all dies, so Mahrenholz, rechtfertigt nicht die Schlussfolgerung, »dass man daraus notwendigerweise die Abhängigkeit der ästhetisch-musikalischen Erfahrung von der (Möglichkeit von) Wortsprache ableiten muss – außer in dem schwachen Sinne, dass jemand, der Musik genießen und ›verstehen‹ kann, sich in der Regel auch verbal auszudrücken weiß. Dennoch impliziert die Tatsache, dass jemand Musik versteht oder eine bedeutsame musikalisch-ästhetische Erfahrung hat nicht nowendig die Fähigkeit oder den Drang, diese Erfahrung in Worte zu fassen, nicht *als intrinsisches Element* jedenfalls (auch wenn es vielfach eine Begleiterscheinung sein mag).«[20] All dem könnte ich mit zwei, allerdings entscheidenden, Einschränkungen zustimmen: Die erste Einschränkung betrifft das verräterische »vielleicht«, wenn Mahrenholz sagt, dass »vielleicht« Sprachfähigkeit die Bedingung der Möglichkeit ästhetischer Erfahrung ist; ich musste hier an Hanslick denken: »Es ist wahr«, sagt Hanslick, »der Ruf der Trompete erfüllt das Pferd mit Muth und

---

18 Simone Mahrenholz, »Was macht (Neue) Musik zu einer ›Sprache‹? Die Metapher der Sprachähnlichkeit und ihr Verhältnis zum musikalischen Denken«, in diesem Band S. 109.
19 Vgl. a.a.O., S. 114.
20 A.a.O., S. 115.

Schlachtbegier, die Geige begeistert den Bären zu Balletversuchen, die zarte Spinne und der plumpe Elefant bewegen sich horchend bei den geliebten Klängen.«[21] Aber natürlich, das will Hanslick sagen, das Pferd, die Spinne oder der Elefant machen keine musik*ästhetischen* Erfahrungen. Die Erfahrung der Kunst als Kunst wie auch die Kunst*produktion* setzen Reflexivität und Distanzvermögen voraus, wie sie nur im Medium der Wort-Sprache möglich werden. Daher dann auch die zweite Einschränkung, die These betreffend, dass für das Musikverstehen der *Gebrauch* des Sprachvermögens keine wesentlich Rolle spielt. Sicher ist richtig, dass die musikalische Erfahrung oft sprachlos bleibt, ja mehr noch, uns sprachlos *macht*; jedoch gibt es unterschiedliche Grade des Musikverstehens, und hierbei, so meine These, spielt die Wortsprache eine wichtige Rolle.

(6.) Zunächst will ich aber Sprachnähe und Sprachferne der Musik unter einem weiteren Gesichtspunkt diskutieren. Komponierte Musik hat den Charakter von zeitlich, horizontal und vertikal strukturierten Klanggestalten und Klangverläufen. Dabei lässt sich die konstruktive Dichte musikalischer Strukturen, bei denen etwa, anders als in der Wortsprache, Wiederholung und Variation – in der klanglichen, formalen und rhythmischen Dimension – eine konstitutive Rolle spielen, in zwei entgegengesetzten Weisen deuten, wie Simone Mahrenholz gezeigt hat.[22] Elliott Carter sieht in den spezifisch konstruktiven Verfahren der Musik den Sprachcharakter der Musik begründet, während Dieter Schnebel in ihr die Sprach*ferne* der Musik begründet sieht. Anders als Mahrenholz glaube ich, dass *beide* Positionen ihr (partielles) Recht haben. Beiden Autoren, Carter wie Schnebel, geht es um die Bedingungen eines spezifisch musikalischen *Zusammenhangs*. Wenn aber von einer Sprache der Musik die Rede sein soll, dann reicht dazu nicht der Hinweis auf gestische oder Ausdruckscharaktere musikalischer Gestalten oder Figuren im Sinn von Goodman oder Bierwisch; vielmehr geht es auch um die Frage, wie diese gestischen oder Ausdruckscharaktere in einen musikalischen Zusammenhang integriert werden, in dem sie einen spezifischen Ort haben und von dem her sie überhaupt erst ihren spezifischen Sinn als Elemente eines musikalischen »Diskurses« gewinnen – so wie in einem philosophischen Diskurs zwischen den Einzelsätzen und dem Redezusammenhang ein Verhältnis wechselseitiger Sinnbestimmung besteht. Jedoch sind die Mittel der musikalischen Zu-

21 Eduard Hanslick, *Vom Musikalisch-Schönen. Ein Beitrag zur Revision der Ästhetik der Tonkunst* (Nachdruck der 1. Aufl. v. 1854), Darmstadt: WBG 1991, S. 74f.
22 Vgl. Mahrenholz, »Was macht (Neue) Musik zu einer ›Sprache‹?«, a. a. O. (Anm. 18), S. 117.

sammenhangbildung andere als die des sprachlichen Diskurses – genau darauf weist Schnebel hin, wenn er Wiederholung und Variation, also ein Spiel mit Identität und Differenz, den Mitteln der wortsprachlichen Zusammenhangbildung *entgegensetzt*. Musikalischer Zusammenhang ist etwas anderes als ein sprachlicher Sinnzusammenhang, so sehr auch ein Spiel von Wiederholung und Variation in eher poetischen Sprachzusammenhängen eine Rolle spielen mögen. Das Spiel von Wiederholung und Variation – wie schon bei Kinderspielen: man denke etwa an »Ene, mene, mu, raus bist du« – gehorcht einer anderen Logik als derjenigen von sprachlichen Sinnzusammenhängen; deswegen bezeichnet Schnebel die Mittel der musikalischen Zusammenhangbildung als sprach*fern*. Was also nach Carter die Bedingung der musikalischen Sprachähnlichkeit ist, ist zugleich die Bedingung ihrer Sprachferne, ein erster Hinweis darauf, dass die symboltheoretische Deutung der Musik im Sinne von Goodman und Bierwisch auch insofern zu kurz greift, als Musik als Kunst sich nicht zureichend als ein Sinnzusammenhang symbolischer Zeichen begreifen lässt. Nicht nur lässt das musikalische Kunstwerk sich nicht in einen verbalen Sinnzusammenhang *übersetzen*, es ist überhaupt nicht dasselbe wie ein Sinnzusammenhang, und sei es einer von nicht-verbalen symbolischen Zeichen, und das gilt am Ende für die Kunst ganz allgemein.

(7.) Dass Kunstwerke trotz des in ihnen zirkulierenden Sinns keinen Sinnzusammenhang bilden, dass also ihr ästhetischer Zusammenhang sich nicht als Zusammenhang des Sinns deuten lässt, das hat nicht erst Adorno behauptet. Implizit ist dies bereits eine Konsequenz der Kantischen Ästhetik, explizit findet sich diese These nach Kant etwa bei Friedrich Schlegel, Paul Valéry und Martin Heidegger. Valéry hat mit Bezug auf die Lyrik von einem »Zögern auf der Schwelle von Klang und Sinn gesprochen«, Heidegger von einer »Gegenwendigkeit« oder einem »Streit von Welt und Erde« im Kunstwerk. Zum Welt öffnenden oder welterschließenden Charakter des Kunstwerks gehört, dass es seinen materialen Stoff – die »Erde«, »nicht verschwinden, sondern allererst hervorkommen« lässt. »Der Fels« – Heidegger spricht vom antiken Tempel – »kommt zum Tragen und Ruhen und wird so erst Fels; die Metalle kommen zum Blitzen und Schimmern, die Farben zum Leuchten, der Ton zum Klingen, das Wort zum Sagen. All dies kommt hervor, indem das Werk sich zurückstellt in das Massige und Schwere des Steins, in das Feste und Biegsame des Holzes, in die Härte und den Glanz des Erzes, in das Leuchten und Dunkeln der Farbe, in den Klang des Tons und in die Nennkraft des Wortes.«[23] Im Kunstwerk kommt

---

23 Martin Heidegger, »Der Ursprung des Kunstwerks«, in: ders., *Holzwege*, Frankfurt am Main: Klostermann 1980, S. 1-74, hier 31.

die Erde »ins Offene [...] als das Sichverschließende«[24]. Öffnet sich die
Welt im Kunstwerk, greift es ein in unser Welt- und Selbstverhältnis, so
tut es dies nur, indem es in seiner stofflichen Materialität zugleich die
Unergründlichkeit einer nicht-menschlichen Natur als den Grund und
das Andere einer sinnimprägnierten menschlichen Welt zum Vorschein
bringt. Wenn ein Komponist wie Lachenmann den Nachdruck auf die
Wahrnehmung der physischen Materialität des Klanges legt, so betont
er genau jene Dimension des musikalischen Kunstwerks, die Heidegger meint, wenn er davon spricht, dass im Kunstwerk die Erde als das
Sichverschließende ins Offene kommt. Und wo Heidegger von Welt und
Welterschließung spricht, spricht Lachenmann von »Geist« und vom
Verweis des Kunstwerks auf das, was es nicht selbst ist, vom Eingriff in
die Wahrnehmung und das Selbstverhältnis der Hörer – ein anderer Ausdruck für die Öffnung oder Erschließung von Welt. Selbst bei Cage, der
die Sinnimprägnierung der Musik, ihre »Welthaltigkeit«, am radikalsten
in Frage stellte, so dass also der Streit von Welt und Erde zugunsten des
einen Pols, der »Erde«, stillgestellt scheint, ist doch zugleich das Motiv
der Weltöffnung in radikaler Weise wirksam. Es ist ja Cages zentrale
Intention, durch ein verändertes Hören und Musikmachen ein anderes
Welt- und Selbstverhältnis bei Hörern und Musikern zu initiieren.

(8.) Was Heidegger im Begriff der »Erde« zu umschreiben versucht,
ist in der Musik Ton, Klang, Geräusch – der Bereich des *Hörbaren*.
Klänge und Geräusche sind, wie John Dewey bemerkt hat, die Wirkungen von Kräften, die in der Außenwelt wirksam sind; sie kommen von
außen, sind aber zugleich *im Ohr* und, wie Dewey sagt, »an excitation
of the organism: we feel the clash of vibrations throughout our whole body«[25]. Die Erregungskurven der Musik sind zugleich solche des
Körpers, eines dunkleren Territoriums zwischen Subjekt und Objekt,
das heißt eines affektiv und erotisch in die Welt verwickelten Körpers.
Im dynamisch-energetischen Aspekt von Klangverläufen ist zugleich
das affektive Potential der Musik begründet. Jedoch erschöpft sich
der energetische Aspekt von Klangverbindungen und Klangverläufen
nicht in der Darstellung oder, mit Goodman zu sprechen, der metaphorischen Exemplifikation von gestisch-affektiven Verläufen, sondern ist
darüber hinaus, ebenfalls mit Goodman zu sprechen, zur (nicht-metaphorischen) Exemplifikation von dynamisch-energetischen Prozessen der natürlichen Welt geeignet, so wie schon Dewey von Klängen
und Geräuschen sagt, die seien »immediate manifestations of changes
brought about by the struggle of forces«[26] – ganz zu schweigen von den

---

24 Ebd.
25 Dewey, *Art as Experience*, a.a.O. (Anm. 7), S. 237.
26 A.a.O., S. 236.

tonmalerischen Potenzen der Musik wie bei den Vogelkonzerten Messiaens oder in Beethovens Pastoral-Sinfonie. Unter einem energetischen Aspekt wäre vor allem auch der rhythmische Aspekt der musikalischen Zeitorganisation zu nennen. Rhythmische Zeitgestalten, ein universelles Phänomen in der Wahrnehmung natürlicher Prozesse, werden in einfacher oder komplexer Form von der Musik oder auch im Tanz wie auch in anderen Zeitkünsten (nicht-metaphorisch) exemplifiziert; zugleich ist der Rhythmus ein intermediales Phänomen, Rhythmus gibt es auch in der bildenden Kunst und in der Architektur, obwohl man hier mit Goodman wohl eher von einer *metaphorischen* Exemplifikation rhythmischer Zeitgestalten sprechen würde.

(9.) Ich habe Sprachnähe und Sprachferne der Musik an den Dimensionen von »Klang« und »Struktur« verdeutlicht. Als sprachähnlich, eine Sprache sui generis, würde die Musik einen Sinnzusammenhang bilden, als sprachferne wäre sie das Andere eines Sinnzusammenhangs. Genau diese Polarität von Sprachnähe und Sprachferne ist es aber, was Heidegger mit dem Streit von Welt und Erde, und was Valéry mit dem »Zögern« auf der Schwelle zwischen Klang und Sinn meinte. Es ist diese Polarität von Sprachnähe und Sprachferne, die auch den Begriff des Musik-*Verstehens* zum Problem werden lässt. Verstehen ist das Verstehen von Sinn und Sinnzusammenhang, und sei es der eines nicht-verbalen Sinns oder Sinnzusammenhangs. Wenn aber der ästhetische Zusammenhang des musikalischen Kunstwerks sich nicht zureichend als ein Sinnzusammenhang darstellen lässt, wenn, wie schon Adorno mit Bezug auf Kunst im allgemeinen bemerkte, Kunstwerke keine hermeneutischen Objekte sind, dann muss, was mit der Idee des Musikverstehens *gemeint* ist, etwas anderes sein als das Verstehen oder der Nachvollzug eines Sinnzusammenhangs; es müsste vielmehr ein Nachvollzug jenes, mit Adorno zu sprechen, *rätselhaften* Ineinander und Gegeneinander von Klang, Struktur und Sinn sein, als welches der musikalische Zusammenhang sich jetzt darstellt. Im sprachlosen Nachvollzug von Musik halten sich Evidenz und Rätselhaftigkeit dieses Zusammenhangs die Waage; und gerade deshalb gilt, was Adorno sagt, nämlich dass das Kunstwerk seine (sprachliche) Explikation erwartet. Musikalische Analyse, Interpretation, Kritik, Beschreibung und Kommentar sind Formen solcher sprachlichen Explikation. Wenn Adorno sagt, dass Interpretation, Kommentar und Kritik nicht nur von außen an die Werke herangetragen werden, sondern Schauplatz der geschichtlichen Bewegung der Werke sind, dann weist er damit auch auf den *internen* Zusammenhang zwischen der musikalischen Erfahrung und ihrer sprachlichen Explikation hin. Es ist die musikalische Erfahrung selbst mit ihrem Ineinander von Evidenz und Rätselhaftigkeit, die sich in jenen Formen fortsetzt, expliziert und korrigiert. Solche Explikation ist nicht die *Auflösung* des Rätsels, sondern im besten Fall eher seine *Einlösung*, ein Explizitmachen des Ineinander und Gegeneinander von Klang, Struktur und Sinn, wobei die Sprache der Explikation nichts Vorgegebenes ist, sondern der musikalischen Erfahrung immer erst nachwachsen muss. Das gilt für die klangliche und strukturelle Analyse ebenso wie für hermeneutische Interpretationen und physiognomische Beschreibungen. Deren Zusammenspiel ist der Ort dessen, was ich die Einlösung des Rätsels genannt habe. Soviel vorweg. Was folgt, ist ein Kommentar.

Zunächst sollte deutlich geworden sein, dass strukturelle Analysen auf einen konstitutiven Aspekt von Musik zielen, der in symboltheoretischen Deutungen der Musik als sprachähnlich nicht aufgeht. So sehr die Sprachnähe der Musik *auch* in ihrer konstruktiven »Dichte« begründet sein mag, so sehr sind die konstruktiven Mittel der Musik doch auch ein Index ihrer Sprach*ferne*. Anders gesagt: Auch wenn alles an der klanglich-strukturellen Organisation von Musik ein potentieller Ort von musikalisch chiffriertem Sinn ist, so ist doch zugleich die Musik in ihrer klanglich-strukturellen Organisation das Andere eines Sinn*zusammenhangs*. Wenn aber Sprachnähe und Sprachferne gleichermaßen in der klanglich-strukturellen Organisation von Musik begründet sind, dann bedeutet dies, dass klanglich-strukturelle Analysen und hermeneutische Interpretationen von Musik nicht voneinander unabhängig sind; auch strukturelle Analysen etwa zielen auf die Rekonstruktion eines musikalischen Zusammenhangs als eines *bedeutsamen*, dessen also, worin eine Musik mehr ist als eine angenehme und wohlgeordnete Folge von Klängen. Daher könnte man sagen, dass strukturellen Analysen in der Regel eine Art von hermeneutischem Vorgriff zugrunde liegt, der den Fokus auf jene Elemente und ihre – wiederholende, variierende oder polyphone – Verkettung legt, durch welche sich ein musikalischer Zusammenhang als bedeutsam konstituiert. Das Standardbeispiel sind motivisch-thematische Analysen »klassischer« Werke, die diese als einen musikalischen Diskurszusammenhang spezifischer Art rekonstruieren. Jedoch hat schon Adorno darauf hingewiesen, dass es *die* letzten Elemente von Musikwerken nicht gibt, unter anderen Gesichtspunkten mögen – wie etwa Lachenmann es in einer Analyse des Harfenquartetts von Beethoven gezeigt hat – andere »Elemente« in den Vordergrund treten, der musikalische Zusammenhang sich anders darstellen. Und daraus folgt zweierlei: Erstens, dass es *die* letzte strukturelle Analyse von Musikwerken nicht geben kann, und zweitens, dass strukturelle Analysen in der Regel von hermeneutischen Vorgriffen geleitet sind, welche die Auswahl und die Verkettungsarten der »Elemente« determinieren. Umgekehrt gilt nun aber auch, dass hermeneutische Deutungen von Musik sich, wie Adorno gesagt hätte, an den »technischen Details« der Werke ausweisen müssen, also insbesondere an ihrer strukturellen und klanglichen Organisation. Es gibt hier daher nichts Letztes: Strukturelle Analysen und hermeneutische Deutungen spielen ineinander und auch gegeneinander, wobei als dritte und in der Musik zentrale Komponente noch das Eigengewicht des Klangs hinzutritt, für den gilt, dass er als potentieller Sinnträger zugleich in seiner physischen Materialität »hervorkommt«, wie Heidegger sagt, und in dieser Materialität als Boden des Sinns zugleich dessen Anderes ist. Ich will sagen, dass die Explikation der Musikwerke, die zugleich die der ästhetischen Erfahrung ist, sich in ein Spiel von Analysen, Interpretationen, physiognomischen Beschreibungen und Klanganalysen verwickelt, das ebenso wohl ins Innere der Werke führt, als es gleichwohl zu keinem letzten Resultat führen kann und gerade darin die Einlösung des Rätselcharakters der Kunstwerke ist, von der ich oben gesprochen habe.

Adorno hat von der *Prozessualität* der Kunstwerke gesprochen. Was ich eben beschrieben habe, ist die Manifestation dieser Prozessualität in der Explikation der musikalischen Kunstwerke und ihrer ästhetischen Erfahrung. Die Explikation ist nicht etwas der musikalischen Erfahrung bloß Äußerliches, weil in jeder (starken) musikalischen Erfahrung, die mehr ist als ein sich gehen lassendes emotionales Hören, neben dem mimetischen Nachvollzug ein kognitives Moment der Zusammenhangbildung wirksam ist ebenso wie Elemente eines strukturellen Hörens. Wenn die Musik uns sprachlos zurücklässt, so nicht nur deshalb, weil ein Moment des nicht-verbalen Verstehens für sie konstitutiv ist, sondern auch, weil wir buchstäblich *nicht* verstehen, was das ist, was als musikalischer *Zusammenhang* uns so bedeutsam anspricht. Es ist *dieses* Nichtverstehen, was zur Explikation der Werke nötigt. Diese Explikation kann aber jenes Nicht-Verstehen nur auflösen, indem am Zusammenspiel der Explikationsformen deutlich wird, dass das »Was«, wonach gefragt wird (»was ist das?«) das Korrelat eines potentiell unbeendbaren Zusammen- und Gegeneinanderspiels von Verstehensvollzügen und Zusammenhangbildungen ist. Das »Was« des ästhetischen Gegenstandes ist nicht als ein bestimmtes »Etwas« identifizierbar (weder als Sinn- noch als Strukturzusammenhang), sondern nur als dasjenige, was möglicher »Gegenstand« eines unbeendbaren Spiels von Verstehensvollzügen und Zusammenhangbildungen ist.

(10.) In der potentiellen Unendlichkeit der Verstehensvollzüge könnte man mit Kant den Grund der ästhetischen Lust sehen, man könnte sie aber auch, so etwa Gunnar Hindrichs[27], als das Scheitern aller Versuche deuten, das Objekt der ästhetischen Erfahrung begrifflich zu identifizie-

---

27 Gunnar Hindrichs, »Scheitern als Rettung. Ästhetische Erfahrung nach Adorno«, in: *Deutsche Vierteljahrsschrift für Literaturwissenschaft und Geistesgeschichte* 74, 1 (2000), S. 146-175.

ren. So verstanden wäre die ästhetische Erfahrung die Erfahrung einer Krise der identifizierenden Vernunft und ihres Subjekts, die Erfahrung eines Nicht-Identischen, das sich dem Zugriff der identifizierenden Vernunft entzieht. In Hindrichs ebenfalls von Adorno inspirierter Deutung der ästhetischen Erfahrung wird das welterschließende und kritische Potential der Kunstwerke gleichsam reduziert auf einen Nullpunkt: auf die durch eine durchaus kognitiv konzentrierte Kunsterfahrung bewirkte Erschütterung des Subjekts als dem Ort der identifizierenden Vernunft. Hindrichs beruft sich auf einen Satz Adornos: »Das Ich bedarf, damit es nur um ein Winziges über das Gefängnis hinausschaue, das es selbst ist, nicht der Zerstreuung, sondern der äußersten Anspannung; das bewahrt Erschütterung, übrigens ein unwillkürliches Verhalten, vor der Regression.«[28] Gegenüber den symboltheoretischen Deutungen der Kunst, die ich zu Beginn erwähnt habe, läuft Hindrichs Deutung der ästhetischen Erfahrung auf eine radikale Gegenthese hinaus, eine Gegenthese, die das von den Symboltheoretikern behauptete jeweils konkret bestimmte welterschließende Potential der Kunstwerke zugunsten eines aller Kunst gemeinsamen Potentials einer Erschütterung des naturbeherrschenden Subjekts negiert. Es ist, wie ich meine, eine *abstrakte* Negation, die, wenn nicht das Wahrheitsmoment der symboltheoretischen Kunstdeutungen verloren gehen soll, gut dialektisch nach einer Negation der Negation verlangt. Das Wahrheitsmoment der symboltheoretischen Kunstdeutungen ist, dass die Kunstwerke jeweils in einer *bestimmten* Weise in unsere Erfahrung eingreifen, dass sie also mit ihrem weltöffnenden und welterschließenden Potential kritisch eingreifen in ein jeweils geschichtlich bestimmtes Selbst- und Weltverhältnis – was auch für eine Kantische Deutung der Unendlichkeit der Verstehensvollzüge als lustvoll spricht, während die Krise des Subjekts eher als ein spezifischer Gehalt in der *modernen* Kunst in den Vordergrund tritt.

Diese Krise des Subjekts ist die Krise einer in der europäischen Neuzeit tief verankerten Vorstellung eines einheitsstiftenden und mit sich identischen Ich, das einer Welt von Objekten gegenübersteht. Die Krise des Subjektparadigmas kommt zum Ausdruck in einer weitverzweigten Kritik an den Implikationen des Subjektbegriffs in der modernen Philosophie, Sozialwissenschaft und Psychoanalyse, wobei jeweils bestimmte Aspekte dieses Paradigmas im Zentrum stehen. Schon Nietzsche hatte auf das Fiktionale in der Idee eines einheitlichen und selbsttransparenten Ich hingewiesen; darin ist ihm Freud gefolgt, indem er zeigte, dass dasjenige, was mit dem Namen des autonomen Subjekts belegt ist, ein Kreuzungspunkt psychischer und sozialer Kräfte ist eher als ein Herr dieser Kräfte, ein Schauplatz einer Kette von Konflikten eher als der

---

28 Adorno, *Ästhetische Theorie*, a.a.O. (Anm. 12), S. 364.

Regisseur eines Dramas oder Autor einer Geschichte. Schließlich hat die moderne Sprachphilosophie, in einem radikalisierten Sinn noch einmal Derrida, das Subjekt als vorgeblichen Autor sprachlichen Sinns dekonstruiert. Nichts anderes als diese Dezentrierung des Subjekts ist es auch, die Michel Foucault meinte, wenn er vom »Ende des Menschen« sprach. Die Krise des Subjekts wirft ein neues Licht auch auf die Geschichte der Moderne, das heißt auf die sukzessive Emanzipation der Individuen gegenüber den überpersönlichen Mächten kirchlicher und gesellschaftlicher Hierarchien, namentlich als Folge der bürgerlichen Revolutionen. Denn die Figur des autonomen Subjekts, um dessen Denzentrierung es geht, ist die Figur des scheinbar mit sich identischen und selbstpräsenten Subjekts, als welche das sich emanzipierende bürgerliche Subjekt sich konstituierte und in seinen philosophischen Reflexionsformen, etwa bei Descartes und Kant, zugleich konzipierte. Und wie Foucault und Adorno auf verschiedene Weise gezeigt haben, war die Identität dieses Subjekts kein bloßer Schein; allerdings handelte es sich, wie Adorno sagt, um eine *repressive* Identität, Resultat – wie Foucault zeigt – eines gesellschaftlichen Disziplinierungsprozesses. Im Zusammenhang mit der Entstehung der kapitalistischen Gesellschaft, so Adorno, wurde die repressive Identität des sich emanzipierenden bürgerlichen Subjekts zur Instanz der Kontrolle und Beherrschung der inneren und äußeren Natur, zum Ort einer instrumentellen, die Phänomene zum Zweck ihrer Kontrolle und Beherrschung zurichtenden Vernunft; einer instrumentellen Vernunft, die in den modernen Industriegesellschaften sich gleichsam systemisch verselbständigt und in deren Entwicklung zu einer zunehmenden *Entmächtigung* der Individuen geführt hat. In der fortgeschrittenen Moderne – oder wenn man will, der Postmoderne – könnte man daher von einer »Krise des Subjekts« in einem dreifachen Sinn sprechen: Erstens im Sinn einer Krise des traditionellen philosophischen Subjekt*paradigmas* durch die Einsicht in die Dezentriertheit des Subjekts, zweitens im Sinn einer *Kritik* des Subjekts als Ort einer instrumentellen oder »identitären« Vernunft, drittens im Sinn einer Entmächtigung der Individuen durch die systemischen Zwänge der modernen Industriegesellschaften. Ich möchte zeigen, wie diese dreifache Krise des Subjekts sich in der Neuen Musik reflektiert.

Die Frage ist natürlich, wie etwas so Musikfremdes wie die Krise des Subjekts in klanglichen Konfigurationen seinen Ausdruck finden bzw. sich reflektieren kann. Es handelt sich hier um jene Art von »Gehalten«, durch welche Musik und Philosophie gleichsam aneinander grenzen, aber so, dass nur im Medium sprachlicher Interpretationen dasjenige, was als ein Sinnaspekt in der musikalischen Konfiguration verkapselt ist, explizit gemacht, einem öffentlichen Diskurs zugänglich gemacht werden kann. Damit stellt sich zugleich die Frage, wie der ästhetische Diskurs – in den Formen der Interpretation, Analyse und Kritik – zurückgebunden ist an einen außerästhetischen – etwa philosophischen – Diskurs, und das ist zugleich die Frage, wie die Wahrheit in der Musik ins Spiel kommt.

II.

(1.) Wenn ich im Folgenden von – mehr oder weniger – zeitgenössischer Musik spreche, gehe ich zunächst von der europäischen Tradition der komponierten Musik aus und frage: »Wo« oder »Wie« ist das Werk (wir sprechen ja hier von Musik-Werken)? Das Werk liegt zunächst vor als Partitur, und zumeist meinen wir diese Partitur, wenn wir von den Werken sprechen. Aber die Partitur ist ja noch keine Musik, vielmehr ist sie eine Anweisung zum Musik-Machen. Erst durch die Aufführung wird die Partitur in reale Musik umgesetzt. Das erfordert aber eine »Interpretation« der Partitur; nicht im Sinn einer verbalen Interpretation (auch wenn Worte in der Vorbereitung der Umsetzung der Partitur in klingende Musik eine mehr oder weniger wichtige Rolle spielen mögen), sondern Entscheidungen darüber, *wie* zu spielen sei. Auch wenn in der modernen Musik oft sehr detaillierte Angaben über die Art des Spielens in der Partitur oder im »Kommentar« zur Partitur stehen, so kann doch keine Partitur ihre klangliche Umsetzung in allen Details determinieren; es ist das Nicht-Notierte und Nicht-Notierbare, das einen Interpretationsspielraum eröffnet. Und dieser durch die Notation nicht eliminierbare Spielraum an Möglichkeiten der klanglichen Realisierung ist – nicht der einzige, aber – einer der Gründe dafür, dass es gute und schlechte, gelungene und (mehr oder weniger) misslungene Aufführungen eines Werkes gibt. Das heißt aber zugleich, dass das Werk in seiner notierten Form, der Partitur, gleichsam noch unfertig, noch nicht das »ganze« Werk ist, wenn das musikalische Kunstwerk Gegenstand einer Hörerfahrung sein soll. Aber auch die gelungene Aufführung ist nicht das Werk selbst, wenn die Partitur im Lauf der Zeit unterschiedliche gelungene Aufführungen erlaubt. So ist also, was wir als das Werk verstehen, der Inbegriff möglicher gelungener Aufführungen einer Partitur. Ein gelungenes Werk, und vielleicht sollten wir nur bei gelungenen Werken von »Kunstwerken« sprechen, wäre dann die Partitur in ihrer Potentialität, in gelungene Aufführungen umgesetzt zu werden. Und so sprechen wir ja von den bedeutenden Werken der Tradition; überzeugend in eine klangliche Gestalt umgesetzt, sind sie der Gegenstand einer im emphatischen Sinn musikalischen, das heißt, ästhetischen Erfahrung.

In der modernen Musik ist oft versucht worden, die Unbestimmtheitszonen der musikalischen Partituren durch präzise Anweisungen zu verringern und auf diese Weise das Risiko schlechter Aufführungen so weit wie möglich zu verringern. Zugleich sind diese Unbestimmtheitszonen jedoch oft in radikaler Weise *erweitert* worden. In diesem Zusammenhang ist natürlich John Cage eine zentrale Figur, aber nach Cage und der New York School und unter deren Einfluss sind solche erweiterten Unbestimmtheitszonen nicht nur in neuere Formen experimenteller Musik, sondern auch in die Partituren von Komponisten eingewandert, die an der Idee komponierter Musik im Sinn der europäischen Tradition festgehalten haben. Drei unterschiedliche Impulse sind es, die einer solchen Erweiterung von Unbestimmtheitszonen zugrunde liegen: *Erstens* die Nobilitierung des Zufalls, durch die Cage, wie Heinz-Klaus Metzger meinte, »eine uralte Katze aus dem Sack (ließ): dass es insgeheim mit der Notwendigkeit in der inneren Komplexion der Kunstwerke nie gestimmt hatte«[29], die jedenfalls bei Cage mit der Idee einer Destruktion der für die europäische Tradition kennzeichnenden Idee eines kompositorisch zu erzeugenden musikalischen *Zusammenhangs* einherging und mit der Idee, zu einem neuen Hören des je einzelnen Klangs hinzuführen. Im Zusammenhang damit war es *zweitens* die Idee einer neuen musikalischen Zeiterfahrung, die nicht mehr der Erfahrung eines vom Anfang bis zum Ende linear gerichteten Zeitverlaufs entspricht, so der Idee nach auch in den aleatorischen Momenten der Musik bei Boulez oder Stockhausen. Hinzu kam *drittens* die Idee einer Freisetzung der Musiker vom »Diktat« der Partitur bzw. eines Dirigenten dadurch, dass dasjenige, was als »Partitur« fungiert (oft auch in ganz neuen, z. B. graphischen Notationsweisen) den Musikern viel größere Spielräume als traditionelle Partituren eröffnet hinsichtlich dessen, was oder wie zu spielen ist. Bei Cage sind alle drei Impulse wirksam, wobei, wie ich glaube, Cages Verfahren, mit Hilfe von Zufallsoperationen, zum Beispiel dem I Ching, Partituren herzustellen eine eher heuristisch-zeitgebundene, weil polemisch auf den strikten Serialismus bezogene Bedeutung gehabt hat, gleichsam als ein Mittel, dessen ungewollten Implikationen eine affirmative Wendung zu geben: explizit ein Mittel zur »Vereinzelung« des Klangs, seiner Herauslösung aus einem prozesshaft-gerichteten Zeitverlauf und damit Anleitung zu einem neuen Hören des je gegenwärtigen Klangs. Wirksam geworden ist dieser Impuls, eine neue, von der traditionellen musikalischen Erfahrung radikal verschiedene Erfahrung von Klang in der Zeit zu eröffnen, bei den anderen Vertretern der New York School auch in ganz anderen Formen. Hans Zender hat auf die enge Verflechtung aller Komponisten der Cage-Gruppe mit den zeitgenössischen New Yorker Vertretern der bildenden Kunst hingewiesen. »Das führte«, so Zender, »dazu, dass

---

29 Heinz-Klaus Metzger, »Über die Verantwortung des Komponisten«, in: ders., *Musik wozu – Literatur zu Noten* (hg. von Rainer Riehn), Frankfurt am Main: Suhrkamp 1980, S. 27-39, hier 31.

die Komponisten, die in den traditionellen Bauprinzipien ihrer eigenen Kunst keine Stütze mehr fanden, Grundvorstellungen der bildenden Künste als formale Paradigmen benutzten. Das heißt: Sie übertrugen räumliche Vorstellungen in das Medium der Zeit«[30], und zwar, so wäre zu ergänzen, in viel radikalerer Weise als dies etwa schon in analogen Tendenzen in der Musik von Strawinsky oder Debussy angelegt war. Zender hat auf die Konsequenzen dieser Tendenz zur Verräumlichung der Zeit hingewiesen: »Verlässt der Musiker das reale Zeitkontinuum als Basis seines Tuns und Vorstellens und behandelt er die Zeit wie den Raum, in dem man sich in verschiedenen Richtungen bewegen kann, so verlässt er das gewohnte Bild, das wir uns von der Zeit machen. Man wird hier zunächst von Abstraktion sprechen müssen, denn ein solcher Musiker abstrahiert von einer Grundeigenschaft der Zeit: ihrer Irreversibilität. Seine Formen bilden nicht mehr lineare Bewegungen auf der Zeitachse ab, sondern beschreiben imaginäre, nicht-lineare Zeitverläufe bzw. Zeitsprünge.«[31] Tendenzen zur Konstruktion nicht-linearer Zeitformen sind seither auch in der europäischen Musik wirksam geworden, und zwar auch dort, wo die Folge der Klänge durchaus kompositorisch determiniert ist. Ich denke etwa an die Momentformen Stockhausens, denen eine Idee von musikalischem Zusammenhang zugrunde liegt, die den Cageschen Intentionen nahe steht. »Einheit und Zusammenhang«, so Stockhausen, »ergeben sich weniger aus äußerlichen Ähnlichkeiten, als aus einer immanenten, möglichst ungebrochenen Konzentration aufs Gegenwärtige.«[32] In einem anderen Sinn hat auch Lachenmann die Idee eines linear gerichteten, etwa dramatischen Zeitverlaufs in Frage gestellt, wenn er mit Bezug auf die Zeitgestalt eigener Werke von »Situationen« spricht. Man darf wohl annehmen, dass zwischen den gerade genannten Tendenzen einer Abkehr von einer linearen musikalischen Zeiterfahrung und buchstäblichen Formen einer Verräumlichung von Musik, etwa im Sinn eines durch die Verteilung der Musiker im Raum oder auch durch elektronische Mittel bewirkten Herumwanderns des Klangs im Raum eine untergründige Affinität besteht. Eine solche Affinität dürfte auch zwischen der Konstruktion nicht-linearer musikalischer Verlaufsformen und Momenten der kompositorischen Indetermination bestehen, der Absage an eine musikalische Verlaufsform, bei der, wie Adorno es formuliert hat, jeder »musikalische Augenblick von

---

30 Hans Zender, »Der Abschied von der geschlossenen Form«, in: ders., *Die Sinne denken. Texte zur Musik 1975-2003*, Wiesbaden u.a.: Breitkopf & Härtel 2004, S. 81-84, hier 82.
31 A.a.O., S. 83.
32 Karlheinz Stockhausen, »Momente (1962) für Solosopran, 4 Chorgruppen und 13 Instrumentalisten«, in: ders., *Texte zur Musik 1963-1970* (Bd. 3), S. 31-39, hier 31.

sich aus zum nächsten und weiter möchte«[33]. Denn wenn ein jeder musikalische »Augenblick« nicht mehr »intern« bestimmt ist durch das, was ihm vorausging und was ihm nachfolgt, haftet ihm ein Moment der Zufälligkeit an; ein Moment der Zufälligkeit, das auch dort ins Spiel kommt, wo durch die Art der musikalischen (etwa einer graphischen) Notation den ausführenden Musikern ein mehr oder weniger großer Freiheitsspielraum eingeräumt wird. Wo Letzteres geschieht, wie bei Cage, tritt, wie Zender es formuliert, »der alte, nie vollständig aufzuklärende Zwiespalt von Notentext und Aufführung [...] in ein ganz neues Stadium, denn jeder Buchstabe des Textes muß erst von den Interpreten zu Ende geschrieben werden«[34]. Cages »Eingriff« in die Musik des 20. Jahrhunderts kann in seiner Bedeutung wohl kaum überschätzt werden, wobei ich auf andere Innovationen von Cage, etwa seine musikalische Nobilitierung von Geräuschen aller Art und seine Öffnung der Musik zum instrumentalen Theater, noch gar nicht eingegangen bin. Auch wenn natürlich nicht in allen Formen der posttonalen Musik die Tendenzen wirksam geworden sind, die ich hier mit dem Namen Cage in Verbindung gebracht habe, so hat sein Eingriff (obwohl nicht seine spezifischen Verfahren), und sei es über die anderen Komponisten der New York School wie Morton Feldman, Earle Brown und Christian Wolff doch so stark auch in die europäische Musik hineingewirkt, dass die Frage unabweisbar wird, was eigentlich in diesem Angriff auf die europäische Tradition der Musik seit Beethoven auf dem Spiel steht – und Beethoven ist wohl der meistgenannte Name, wenn es bei den Vertretern der New York School darum ging, sich von der europäischen Tradition abzusetzen.

(2.) Was auf dem Spiel steht, ist die Rolle des kompositorischen und des rezeptiven Subjekts, die Expressivität der Musik, die Art des musikalischen Hörens und damit die Idee der musikalischen Zeit und des musikalischen Zusammenhangs. Es ist wohl kein Zufall, dass es Hegel war – ein Zeitgenosse Beethovens – dem wir eine prägnante Charakterisierung jenes Typus von Musik verdanken, den Cage und seine Nachfolger hinter sich lassen wollten. Hegel nennt die Musik eine »kadenzierte Interjektion« und will damit sagen, dass »Ausdruck« der Empfindung und »Konstruktion« sich in der europäischen Musik an- und miteinander entfaltet haben, Hegel sieht klar, dass erst die Entwicklung des musikalischen Materials und der konstruktiven Verfahren in der eu-

---

33 Theodor W. Adorno, »Vers une musique informelle«, in: *Gesammelte Schriften Bd. 16*, Frankfurt am Main: Suhrkamp 1978, S. 493-540, hier 529.
34 Hans Zender, »John Cage und das Zen«, in: *Die Sinne denken*, a. a. O. (Anm. 31), S. 63-67, hier 66.

ropäischen Neuzeit die expressiven und dramatischen Potentiale der Musik hervorgebracht hat, die die Musik dazu befähigt hat, »nicht die Gegenständlichkeit selbst, sondern im Gegenteil die Art und Weise widerklingen zu lassen, in welcher das innerste Selbst seiner Subjektivität und ideellen Seele nach in sich bewegt ist«[35]. Hans Zender hat denn auch mit einem gewissen Recht darauf hingewiesen, dass die »Axiomatik des musikalischen Kunstwerks« in Europa in Korrespondenz steht mit basalen Denkfiguren des deutschen Idealismus. Wenn Hegel von der »subjektiven Innerlichkeit« spricht, die sich in Tönen entäußert, so bezeichnet es damit genau jene Expressivität der Musik in der europäischen Tradition, über die Cage und seine Freunde hinauswollten. Aber weshalb und mit welchem Recht? – das ist die Frage. Bei Helmut Lachenmann, der im Gegensatz zu Cage dezidiert an der Werkidee der europäischen Tradition festgehalten hat, gibt es eine interessante Parallele zur Kritik des expressiven Subjekts, dessen Krise er in einen Zusammenhang bringt mit dem, was er den »Sprachverlust« in der post-tonalen Musik nennt. »Entscheidend«, so Lachenmann, »ist die Erkenntnis, dass der komponierte Affekt ein ungebrochenes Subjekt setzt bzw. voraussetzt [...] War die Geschichte des affektorientierten Komponierens bis ins 19. Jahrhundert hinein die Geschichte des sich emanzipierenden subjektiven Individuums, so hat sie sich in der Folge verwandelt in die Geschichte des sich in seiner Unfreiheit erkennenden Subjekts. Das expressiv handelnde Ich stößt auf seine Vergesellschaftetheit, das Subjekt entdeckt sich als Objekt, als Gegebenheit, als Struktur, um mit Wozzek zu sprechen: als ›Abgrund‹, in dem ganz andere Mächte wirken als die, woran der bürgerliche Idealismus glauben machen wollte.«[36] Ähnlich auch Adorno, wenn er sagt, »dass die jüngste Geschichte, die fortschreitende Entmächtigung des einzelnen Individuums bis zur drohenden Katastrophe des Ganzen, den unmittelbaren Ausdruck von Subjektivität mit Eitelkeit, mit Scheinhaftem und Ideologischem überzogen hat. Das Subjekt, in dem die Kunst den abendländischen Nominalismus hindurch ihr Unverlierbares, ihre Substanz zu besitzen wähnte, hat schließlich als ephemer sich entblättert«[37]. Und obwohl von Adorno nicht so gemeint, klingt es doch wie eine Bekräftigung von Zenders Überlegungen zur New York School, wenn er im gleichen Zusammenhang feststellt, »die serielle und postserielle Musik und auch die radikalen westlichen Versuche des jungen Strawinsky und Varèses« habe »das Expresssionsideal irreversibel überholt«[38]. Adorno wie Lachenmann

35 G. W. F. Hegel, *Vorlesungen über die Ästhetik III* (Theorie Werkausgabe, Bd. 15), Frankfurt am Main: Suhrkamp 1970, S. 135.
36 Helmut Lachenmann, »Affekt und Aspekt«, in: ders., *Musik als existentielle Erfahrung*, a. a. O. (Anm. 27), S. 63-72, hier 66.
37 Adorno, »Vers une musique informelle«, a. a. O. (Anm. 34), S. 502.
38 Ebd.

unterstellen offenbar, dass die »Krise des Subjekts« zugleich eine konkrete geschichtlich-gesellschaftliche Konstellation bezeichnet, in der die Emanzipation des bürgerlichen Subjekts umgeschlagen ist in eine fortschreitende Entmächtigung des einzelnen Individuums. An dieser Stelle wird deutlich, weshalb der Verdacht gegenüber dem expressiven Subjekt in der Musik bei Adorno, Lachenmann *und* Cage verbunden ist mit einem Freiheitspathos, das auf eine emanzipatorische Veränderung der »Vergesellschaftetheit« der Subjekte abzielt. Es ist ein anderes Freiheitspathos als dasjenige, das, als ein Echo der Französischen Revolution, bei Beethoven und, wie Adorno einmal sagt, noch »wie in Träumen« bei Schumann hörbar wird, es ist kein revolutionäres Pathos, sondern das insistierende Pathos eines Eingreifen-Wollens in einen Lauf der Dinge, der den Horizont einer *möglichen*, gesellschaftlichen wie individuellen Freiheit zu verdunkeln droht. Ich komme darauf zurück.

Ich habe eben, was die Subjektproblematik betrifft, auf Berührungspunkte zwischen Cage und Lachenmann hingewiesen; eine Parallele zu Cage sehe ich auch in Lachenmanns Emphase auf der physischen Materialität des Klangs und einem neuen Hören, das Lachenmann als ein »Abtasten« des Klangs beschreibt. Und doch haben Lachenmanns kompositorische Konsequenzen, mit denen er sich affirmativ nicht nur auf die Tradition der europäischen Musik, sondern dezidiert auch auf die Tradition des seriellen Komponierens bezieht, mit denjenigen Cages und seiner Freunde kaum etwas zu tun. Für diese ist, wie es scheint, nicht das Subjekt als ein »Abgrund« das Problem, sondern das Subjekt in seinem Selbstbehauptungs- und Ausdruckswillen. Um noch einmal Zender zu zitieren: »Musik als ins einzelne auskonstruierter Zusammenhang, ebenso als Träger eines Ausdruckswillens, der die Empfindungsnuancen des komponierenden Subjekts bis in die feinsten pyschologischen Verästelungen dem Hörer nahebringen wollte. Musik als Botschaft heroischer Menschenliebe, nicht ablösbar vom Umkreis des deutschen Idealismus. Dies alles wollte man nicht.«[39] Bei Zenders Deutung der Musik der New York School liegt denn auch der Nachdruck auf der veränderten Zeiterfahrung und einer Kritik am Subjekt, am »Ego«, als einer ordnungsschaffenden Instanz, beinah im Sinn von Adornos und Horkheimers Kritik des Subjekts als einer Instanz der Naturbeherrschung und bloßen Selbsterhaltung in der *Dialektik der Aufkärung*. Genau in diesem Sinn hat Morton Feldman im Rückblick auf den Beginn seiner Freundschaft mit Cage, Brown, Wolff und Tudor von der gemeinsamen Suche nach einem Musik-Konzept gesprochen, bei dem »die verschiedenen Elemente (Rhythmus, Tonhöhe, Dynamik etc.) ent-kontrolliert« würden.[40] Die Krise des Subjekts bedeutet nach

---

39 Hans Zender, »Der Abschied von der geschlossenen Form«, a.a.O. (Anm. 31), S. 81.

Zender auch einen Abschied von der »geschlossenen Form«, wobei das Zitat Zenders nahelegt, die »offenen« Formen gleichzusetzen mit Formen, die nicht mehr der linearen Zeitlichkeit des von einem »kontrollierenden« Subjekt durchkonstruierten musikalischen Zusammenhangs entsprechen. Natürlich geht beides nicht notwendigerweise zusammen: Bei Strawinsky und Debussy würde man kaum von offenen Formen sprechen. Jedoch liegt es in der Logik nicht-linearer Zeitformen, dass dem Beginn und dem Ende einer Musik tendenziell ein Moment der Zufälligkeit zuwächst, und wo dies der Fall ist, kann man in einem Sinne des Wortes von einer offenen Form sprechen. In einem anderen Sinn gilt dies, wo ein Moment des Zufalls in den Prozeß der Komposition einwandert, wie in einem extremen Sinn bei Cage und in einem viel schwächeren Sinn in der Aleatorik bei Werken von Boulez oder Stockhausen, die aber in einem anderen Sinn durchaus »durchkonstruiert« sind. Und schließlich handelt es sich um »offene« Formen dort, wo ein Moment des Zufalls, kompositorisch geplant, durch die Freisetzung der aufführenden Musiker in die *Wiedergabe* von Stücken eindringt. Jedoch gerade wenn man mit Zender annimmt, dass die Krise des Subjekts etwas mit dem Abschied von der geschlossenen Form zu tun hat, liegt ein viel weiterer Begriff der offenen Form nahe. Adorno hat einmal gesagt, »Kunst obersten Anspruchs drängt über Form als Totalität hinaus ins Fragmentarische«[41], und ich glaube, er hat damit nicht nur eine Tendenz der zeitgenössischen Kunst gemeint, sondern auch schon Züge des späten Beethoven, bei dem bereits die Form als Totalität in Frage gestellt wird, auch wenn die späten Werke sicherlich nach Maßgabe der kompositorischen Durchkonstruktion »geschlossene« Werke sind. Nicht nur scheint die Krise des Subjekts in der Musik älteren Datums zu sein, als ich es bisher unterstellt habe[42], vielmehr spricht alles dafür,

40 Morton Feldman, »Vorbestimmt/Unbestimmt«, in: ders., *Essays* (Englisch-Deutsche Ausgabe), Kerpen: Beginner Press 1985, S. 48.
41 Adorno, *Ästhetische Theorie*, a.a.O. (Anm. 12), S. 121.
42 Johannes Picht hat zu zeigen versucht, das die Problematisierung des Subjekts bereits beim späten Beethoven – Pichts Beispiel ist die Hammerklaviersonate – musikalisch in Szene gesetzt wird. (Johannes Picht, »Beethoven und die Krise des Subjekts«, Teil I-IV in: *Musik & Ästhetik*, 11, 44 (2007), Teil V und VI in: *Musik & Ästhetik*, 12, 45 (2008). Man könnte von einer musikalischen »Dekonstruktion« – Picht spricht von einer »Negation« – des idealistischen Subjekts sprechen, bezogen auf die, wie Picht sagt, »drei Repräsentanten der musikalischen Subjektivität: Tonalität, Thematik und Formtypus« (a.a.O. Teil I-IV, S. 19). Was die Negation des tonalen Subjekts betrifft, so weist Picht auf die »Konfrontation von B-Dur mit einer Gegenwelt in h-moll« sowie auf die Dominanz von Terzverwandtschaften gegenüber der Quintverwandtschaft hin. »Die Terzverwandtschaft unterminiert die Quintverwandtschaft« (a.a.O.,

dass die Musik der New York School nur eine der möglichen Antworten auf diese Krise darstellt.

Das meint auch Zender. Der Abschied von der geschlossenen Form, die Erfahrung einer nichtlinearen Zeit und einer nicht durch einen vorgegebenen Zusammenhang determinierten Präsenz des musikalischen Augenblicks, das ist für Zender, der selbst vom Zen stark beeinflusst ist, der Ort einer Freiheitserfahrung, das Versprechen eines nicht zwanghaften Selbst jenseits des »Subjekts«, einer offenen Geschichte und damit der entscheidende Impuls, der von der New York School auch auf die europäische Musik ausgestrahlt hat. Nahe bei Cage bleibt Zender auch in seinen, wie er selbst sagt, »postmodernen« Schlussfolgerungen, wenn er ein neues Verhältnis zur Geschichte, insbesondere der Musikgeschichte, jenseits von Konzeptionen einer »Avantgarde« postuliert, »eine Anschauung der geschichtlichen Formen als Steinbruch, als Rohmaterial für neue Gestaltungen, als ein von der ›Kugelgestalt der Zeit‹ (Bernd Alois Zimmermann) bereitgestelltes Nebeneinander der verschiedenen, potenziell gleichwertigen Formen aller historischen Epochen und Kulturen.«[43]

S. 22) als dem traditionellen Ort der musikalischen Subjektivität. Vor allem aber verdeutlicht Picht die Negation des idealistischen Subjekts an strukturellen Zügen der Sonate, die, wie er sagt, »zu den Strukturen, aus denen sie im jeweiligen Moment besteht, eine immer wieder aufweisbare Distanz herstellt. Eine solche Musik darf nicht in ihren Strukturen ruhen und sich mit deren Präsentation begnügen. Dargestellt werden muß vielmehr im musikalischen Prozeß selbst, wie die Struktur, indem sie entsteht, schon abstirbt, hülsen- und scheinhaft wird. Die Norm besteht noch, aber der Verlust ihrer Bedeutung wird deutlich gemacht. […] Deshalb sucht und betont Beethoven in der *Hammerklaviersonate* wie im gesamten Spätwerk die klassischen Strukturen, bricht sie aber ständig wieder auf, lässt sie offen und ungewiss werden. Er konstituiert das Subjekt, um seine Brüchigkeit und Fiktionalität zu demonstrieren.« (Teil V und VI, a.a.O., S. 9) Picht sieht in solchen Zügen der Sonate das radikal Zukünftige der Sonate, von der er sagt, sie wolle »ein Aufbrechen der Gegenwart in die Offenheit der Zukunft. ›Aufbrechen‹ ist hier im vollen Wortsinn zu verstehen: Das Verlassen des gegenwärtigen Ortes bedeutet einen Bruch mit Traditionen und Strukturen, die der Gegenwart das Gepräge geben.« (Ebd.) Die letzten Sätze könnten auch Helmut Lachenmann und die Vertreter der New York School als den Grundimpuls ihres Komponierens genannt haben – darin genau liegt das »radikal Zukünftige«, von dem Picht mit Bezug auf die musikalische Dekonstruktion des idealistischen Subjekts beim späten Beethoven spricht.

43 Zender, »Der Abschied von der geschlossenen Form«, a.a.O. (Anm. 31), S. 84.

Auch Lachenmann hat die musikalische Erfahrung, auf die er mit seiner Musik abzielt, als eine Freiheitserfahrung beschrieben. Dem liegt aber eine ganz andere Idee der Klangwahrnehmung zugrunde als etwa bei Cage. Lachenmann hält ja an der Idee eines strukturellen Hörens fest, jedoch im Sinn eines gewohnte Strukturen und Zusammenhänge brechenden Eingriffs in die Wahrnehmung der Hörer, eines Eingriffs, der, wie er sagt, Denken und Fühlen und Bewegung setzen soll.»Indem der Wahrnehmende«, so Lachenmann,»seine Beziehung zum bislang Vertrauten radikal erneuert, ändert er sich selbst, nimmt er seine Vorgeprägtheit und seine Fähigkeit, diese zu erkennen und zu durchbrechen wahr, wird er sich selbst nochmals fremd, wird er sich selbst nochmals zum Abenteuer, voll neuer Möglichkeiten und Überraschungen. In der Praxis bedeutet solches Hören Konzentration des Geistes, also Arbeit. Arbeit aber als Erfahrung des Eindringens in die Wirklichkeit, als fortschreitende Erfahrung, ist eine Glückserfahrung«[44] und eben auch eine Erfahrung potentieller Freiheit.»Happy New Ears« wäre ein Motto, das für die Musik von Cage ebenso passt wie für die von Lachenmann, wobei die Emphase auf der physischen Materialität des Klangs und die notwendige Konzentration des Hörens und sogar auch die Kritik an einer algorithmischen Durchorganisation des musikalischen Materials »von oben« eine weitere Gemeinsamkeit zwischen Lachenmann und den Vertretern der New York School darstellt. Und doch scheint eine Welt zwischen der Musik Lachenmanns und derjenigen von Cage und seinen Freunden zu liegen. Man könnte ja geradezu von zwei sehr unterschiedlichen Revolutionen in der Musik des 20. Jahrhunderts sprechen, derjenigen der seriellen Avantgarde und der dezidiert gegen diese gerichteten der New York School, wobei Lachenmann sich im Gegensatz zu Cage und seinen Freunden explizit auf die Tradition der seriellen Musik beruft. Natürlich könnte man, ganz im Sinne von Cage und Zender sagen: Laßt tausend Blumen blühen, und das wäre in jedem Fall richtig. Jedoch machen Zenders Kommentare zur New York School deutlich, dass es um mehr geht. In einem eigentümlichen Sinn geht es um eine Wahrheitsfrage. Oben hatte ich auf Adornos These hingewiesen, dass es die wesentlichen Gehalte einer geschichtlichen Zeit sind, die im Kunstwerk verhandelt werden. Das trifft, wie sich gezeigt hat, zumindest in den hier genannten Formen auch mit Bezug auf die Krise des Subjekts zu, und zwar schon in der Selbstreflexion der betroffenen Komponisten. Aber natürlich geht es hier nicht nur um die Selbstdeutung von Komponisten, so sehr auch deren Reflexion zu einer kompositorischen Produktivkraft geworden ist, sondern um die Gestalt, die interne Konfiguration der Werke selbst. Aber was sagen die Werke selbst? Wenn es die Bedeut-

---

44 Lachenmann,»Hören ist wehrlos – ohne Hören«, a.a.O. (Anm. 27), S. 118.

samkeit der Werke ausmacht, dass sie existenziell bedeutsame Gehalte, Erfahrungen, Probleme oder Widersprüche einer Zeit reflektieren und verhandeln, so geben sie als Kunstwerke doch keine Antworten auf die Erfahrungen und Probleme, die in ihnen verhandelt werden, nehmen sie nicht Partei, etwa im Streit der Philosophen. Erst im Diskurs *über* die Kunst – und in diesem Diskurs haben die Künstler selbst eine wichtige Stimme – werden ihre Gehalte nicht nur namhaft gemacht, sondern zugleich in einem nicht-ästhetischen Sinn reflektiert. Nicht nur werden Urteile über gelungen oder misslungen gefällt, vielmehr ist der ästhetische Diskurs auch in einem anderen Sinn ein urteilender, ein parteinehmender Diskurs, parteinehmend mit Bezug auf die Gehalte, die er als solche der Kunstwerke zur Sprache bringt. Hierbei geht es darum, wie Ruth Sonderegger es formuliert hat, »dass im ästhetischen Diskurs, im Streit, den Kunstwerke provozieren, Positionen bezogen werden müssen, die das Kunstwerk gerade nicht bezieht, sondern immer wieder unterläuft. […] In diesem Sinn zwingen ästhetische Erfahrungen ihre Subjekte […], den Bereich nicht nur der ästhetischen Erfahrung, sondern sogar den der Kunst zu überschreiten.«[45] Sowohl Zenders Kommentare zur New York School als auch Adornos Überlegungen in seinem späten Vortrag *Vers une musique informelle* sind Beispiele eines solchen parteinehmenden Diskurses über die Krise des Subjekts in der zeitgenössischen Musik und damit zugleich Stellungnahmen mit Bezug auf die kompositorischen, philosophischen und gesellschaftlichen Folgerungen, die sich aus dieser Krise des Subjekts ergeben. Diese Folgerungen betreffen nicht zuletzt die Figur des *kompositorischen* Subjekts, Folgerungen, die auf den ersten Blick bei Zender und Adorno radikal verschieden sind: Zender orientiert sich an der Kritik der New York School am kontrollierenden, einheitsstiftenden Ego des Komponisten; unter Berufung auf die Lehre des Zen bedeutet diese Kritik für ihn, dass die Kategorie des Subjekts obsolet geworden ist, womit er zugleich das gesamte Dispositiv der deutschen idealistischen Philosophie in Frage stellt. Demgegenüber geht es Adorno darum, dieses Dispositiv, insbesondere was die Philosophien Kants und Hegels betrifft, kritisch »aufzuheben«. Deshalb hält er auch an der Kategorie des kompositorischen Subjekts, auch im Sinn einer Instanz rationaler Konstruktion fest. Zu klären bleibt, was bei diesem Dissens auf dem Spiel steht.

(3.) Für Zender ist die Kritik des Subjektparadigmas, wie er sie in der Musik der New York School musikalisch in Szene gesetzt sieht, verbunden mit der Kritik an einer linearen Zeitkonzeption und Zeit-

---

45 Ruth Sonderegger, »Die Ideologie der ästhetischen Erfahrung. Versuch einer Repolitisierung«, in: Gertrud Koch und Christiane Voss (Hg.), *Zwischen Ding und Zeichen*, München: Fink 2005, S. 86-106, hier 100.

erfahrung und im Zusammenhang damit an linearen Konzeptionen des musikalischen oder auch des gesellschaftlichen Fortschritts. Damit trifft er zweifellos einen wunden Punkt Adornos und dessen eher lineare Konzeption des musikalischen Fortschritts von Brahms und Wagner über Schönberg und die serielle Musik zur postseriellen Musik. In seiner Fixierung auf die Rolle Schönbergs hat Adorno die alternativen Wege zur Neuen Musik, etwa bei Varèse, Ives, Strawinsky oder eben der New York School, immer eigentümlich vernachlässigt. Zender argumentiert demgegenüber als Postmoderner für einen Pluralismus kompositorischer Möglichkeiten und musikalischer »Materialstände«. Er hat keineswegs versucht, die Musik von Cage und seinen Freunden zu einem verbindlichen Modell zu machen, vielmehr begreift er diese Musik als einen wichtigen Anstoß, als einen Eingriff in die Musikgeschichte, der unendlich viele Möglichkeiten offenlässt, darunter auch die Musik des von Zender hoch angesehenen Lachenmann, um den er sich ja auch als Dirigent vielfach verdient gemacht hat. Indirekt bedeutet dies zugleich eine Kritik an Adornos Eurozentrismus und ein Plädoyer für einen »Polykulturalismus« der Neuen Musik.[46] Die Kritik kann sich einerseits berufen auf die vielfältigen Impulse, die aus musikalischen Kulturen außerhalb der europäischen Tradition – aus der ostasiatischen, arabischen, afrikanischen – Musik, schon seit Debussy und Messiaen, dann z.B. bei Ligeti, den Minimalisten, Klaus Huber und anderen, Werke der Neuen Musik im nordatlantischen Raum inspiriert haben, und andererseits auf ästhetische und philosophische Impulse aus dem ostasiatischen Raum, die im musikalischen *Denken* nordatlantischer Komponisten ihre Spuren hinterlassen haben, nicht nur bei Cage oder den Minimalisten, sondern auch bei Komponisten wie Lachenmann und Mundry, und schließlich wäre auf die Anverwandlung lokaler musikalischer Kulturen durch die Komponisten Neuer Musik in den Ländern der ehemals »Dritten« Welt hinzuweisen, die ihrerseits die kompositorischen Errungenschaften der neueren europäischen Tradition assimiliert und ihnen neue »Sprach«-Potentiale zugeführt haben.

Neue Sprachpotentiale – das bedeutet aber immer auch neue expressive Potentiale. Bedeutet die Krise des Subjekts zugleich die Krise des expressiven Subjekts, so sind doch die expressiven Potentiale der Musik nicht gebunden an eine individuelle Subjektivität, die sich in Tönen entäußert, wie es Zender und Adorno für die tonale Musik unterstellen. Schon der Eingriff in das Denken und Fühlen, wie Lachenmann es als Aufgabe für seine Musik postuliert, ist ja kaum zu denken ohne eine Musik, der eine neue Expressivität jenseits derjenigen der tonalen Musik zuwächst. Die Krise des expressiven Subjekts in der Musik bedeutet

---

46 Vgl. Albrecht Wellmer, »Forme del multiculturalismo della ›Nuova Musica‹ del novecento«, in: *aut aut* 319/320 (2004), S. 233-256.

nicht die Austrocknung der gestisch-affektiven Potentiale der Musik, die im Gegenteil in manchen Formen neuerer Musik bis ins Extrem gesteigert erscheinen. Aber diese gestisch-affektiven Potentiale der Musik gehorchen einer anderen Logik als derjenigen eines lyrischen Ichs oder einer dramatischen Geschichte; eher schon ähnelt der Zusammenhang gestisch-affektiver Figuren dem Zusammenhang der Realitätsfragmente in einer Collage; in ihrer Diskontinuität, oszillierend zwischen Extremen, lassen sie sich nicht einem in ihrer Folge sich durchhaltenden expressiven Ich zurechnen. Weniger Ausdruck der Empfindung sind sie, wie Roland Barthes es schon für die *Kreisleriana* Schumanns reklamierte[47] und extremer als bei Schumann, Schauplatz eines in seinen Eruptionen und Besänftigungen unvorhersehbaren Körpers, besonders manifest in den neuartigen, körperbetonten Formen eines Einsatzes der menschlichen Stimme.

Wenn man nun Zenders Betonung einer Pluralität der Materialstände und Verfahren in der Neuen Musik ernstnimmt, so bedeutet das auch, dass der spezifische Abschied vom kontrollierenden kompositorischen Ego bei den Vertretern der New York School nicht die ganze Wahrheit über die Neue Musik sein kann. Denn die Musik in der Nachfolge Schönbergs ist in einem eminenten Sinne konstruktiv, zumindest was die präkompositorische Zurichtung des musikalischen Materials betrifft. Sie verlangt, so könnte man sagen, ein emanzipiertes Subjekt, das jenseits aller Konventionen musikalische Formen und Zusammenhänge neuer Art zu kreieren imstande ist. Nur darf, wie Adorno betont, das kompositorische Subjekt der Neuen Musik sich nicht in dieser konstruktiven Funktion erschöpfen, wenn überhaupt etwas wie Musik dabei herauskommen soll. Das Subjekt, an dem Adorno festhält, ist das *lebendige* »Ich« oder »Selbst«, ohne das, wie er meint, weder die Produktion noch die Rezeption von Kunst zu denken ist. »Das Subjekt«, so Adorno, »ist das einzige Moment von Nichtidentischem, von Leben, das in die Kunstwerke hineinragt; nirgends sonst finden sie, was sie zum Lebendigen geleitet. So wenig Musik dem Subjekt gleichen darf – als objektivierte ist sie gegenüber jeglichem Subjekt, und wäre es das transzendentale, ein qualitativ Anderes geworden –, so wenig darf sie ihm auch vollends nicht gleichen; sonst würde sie zum absolut Entfremdeten ohne raison d'etre.«[48] Das lebendige Subjekt, von dem Adorno spricht, ist jedoch nicht (nur) das »kontrollierende« Subjekt, dem der Argwohn von Cage und seinen Freunden galt, Adorno denkt im Begriff des »Lebendigen« vielmehr an die unwillkürlichen Regun-

---

47 Vgl. Roland Barthes, »Rasch«, in: *Der entgegenkommende und der stumpfe Sinn*, Frankfurt am Main: Suhrkamp 1990, S. 299-311, hier 307.
48 Adorno, »Vers une musique informelle«, a.a.O. (Anm. 34), S. 527.

gen des Subjekts und seine »unbewussten Kräfte«[49], die dem rational konstruierenden kompositorischen Subjekt in die Parade fahren und erst auf diese Weise etwas unabsehbar Neues möglich machen. Diese Rolle des »lebendigen Subjekts« ist umso wichtiger, je mehr anwächst, was Heinz-Klaus Metzger in Anspielung auf eine Kategorie von Marx' Kritik der politischen Ökonomie die »organische Zusammensetzung« der Musik genannt hat.[50] Metzger meint damit nicht nur den ungeheuer gesteigerten Anteil moderner Technologien für die Distribution und Rezeption von Musik im 20. Jahrhundert, gleichsam die Industrialisierung des Musik-Systems. sondern vor allem auch den gesteigerten Anteil von modernen Technologien im Prozess der Produktion von Musik, also des Komponierens. Nicht zuletzt diese Konstellation ist es, welche Adornos Insistenz auf der Rolle des »lebendigen« kompositorischen Subjekts motiviert. Auf der anderen Seite hat aber auch das sich-loslassende kompositorische Subjekt einer »ent-kontrollierten« Musik, von dem Feldman sprach, zugleich eine rational-konstruktive Seite, bei Cage zum Beispiel manifest in den konstruktiven Aspekten seiner Zufallsverfahren. In beiden Fällen handelt es sich um ein emanzipiertes Subjekt, »lebendig« bzw, »sich-loslassend« *und* zugleich konstruktiv jenseits aller Formkonventionen.

Ich breche hier ab; wollte ich die oben genannte Wahrheitsfrage mit ihren Implikationen weiter verfolgen, so müsste ich mein Thema verlassen und einen philosophischen Text ganz anderer Art schreiben als den, zu dem ich hier angesetzt habe. Hier ging es mir darum zu zeigen: Erstens dass es die Musik selbst ist, die das Denken anstößt; in diesem Sinn könnte man mit Zender sagen »Die Sinne denken« (das ist auch der Titel des Buchs, auf das ich mich bezogen habe). Die (bedeutende) Musik hat selbst gleichsam eine philosophische Dimension, so wie sie auch in der Selbstreflexion der Komponisten zur Geltung kommt. Und zweitens, dass es im ästhetischen Diskurs immer auch um Wahrheitsfragen geht, nicht so sehr um die Wahrheit von Sätzen, sondern um ein angemessenes Selbst- und Weltverständnis. Die Kunstwerke greifen zwar immer auch direkt in unsere Wahrnehmung ein, aber ihre »Wahrheit« kann immer nur eine Wahrheit sein, die sie selbst nicht aussprechen, sondern zu der *wir*, als einer immer auch umstrittenen, aus Anlass ihrer Erfahrung, vielleicht kommen.

49 Vgl. Hans Zender, »Über Helmut Lachenmann«, in: *Die Sinne denken*, a.a.O. (Anm. 31, S. 68-69, hier 69.
50 Heinz-Klaus Metzger, »Die organische Zusammensetzung der Musik«, in: ders., *Musik wozu – Literatur zu Noten*, a.a.O. (Anm. 30), S. 229-243.

(4.) Am Ende geht es bei der oben genannten Wahrheitsfrage auch um die Frage, was Kunst, und was Musik als Kunst, heute sein kann. »[D]er Ort der Kunst [ist] ungewiß geworden«, heißt es schon auf der ersten Seite von Adornos *Ästhetischer Theorie*.[51] Cages Attacke auf die Idee des musikalischen Kunstwerks in der europäischen Tradition ist eine Antwort auf diese Frage, eine Antwort, die im Widerspruch steht zum Selbstverständnis vieler anderer Komponisten, wie etwa Helmut Lachenmann, die an dieser Idee festhalten. Während der eben genannte Dissens zwischen Zender und Adorno am Ende vielleicht nur ein Streit um Worte ist, gibt es doch einen substantiellen Dissens zwischen ihnen, der die Rolle von Cage betrifft. Adorno sah die Zukunft der Musik in der reflektierten kompositorischen Aneignung von Entwicklungen des musikalischen Materials, wie sie durch Schönberg und die serielle Musik in Gang gesetzt worden waren. Nicht Cage, sondern Schönberg war für ihn die Zentralfigur, wenn er in einem späten Kranichsteiner Vortrag die Idee einer künftigen *informellen* Musik entwarf. Für das Phänomen Cage hatte er wenig Verständnis, nicht zuletzt deshalb, weil er, wie auch Lachenmann und viele andere zeitgenössische Komponisten, gegen Cage, der die europäische Idee der komponierten Musik in Frage stellte, an dieser Idee und damit an der Werkidee der europäischen Musik festhielt. Der Dissens zwischen Zender und Adorno betrifft die Rolle von Cage bzw. die Frage: Cage oder Schönberg als Zentralgestirn der Neuen Musik? Wenn Zender hier für Cage votiert, dann würde er zugleich mit Cage sagen »Laßt tausend Blumen blühen« und damit auch Schönberg sein Recht geben. Hinter der Frage steckt aber eine andere Frage, eine Frage, auf die Zender kaum, Adorno aber entschieden eingeht, nämlich die Frage nach der Autonomie der Kunst. Dieser Frage gelten meine abschließenden Überlegungen. Es ist die Frage, wie, wenn überhaupt, das Motiv eines »Eingriffs« der Kunst in die Wahrnehmung und das Selbstverständnis der Kunstrezipienten heute noch wirksam sein kann.

In der Moderne, insbesondere seit dem Beginn des 20. Jahrhunderts, ist das Motiv des »Eingriffs« immer wieder in zwei polar entgegengesetzten Weisen wirksam geworden, nämlich von Seiten einer Kunstproduktion, die auf ihrer Autonomie besteht, und von Seiten einer Kunstproduktion, die die Autonomie der Kunst in Frage stellt. Bedeutete die Herausbildung einer Sphäre autonomer Kunst ursprünglich die Emanzipation der Kunst von ihrer Dienstbarkeit gegenüber gesellschaftlichen, insbesondere höfischen und kirchlichen Zwecksetzungen und damit zugleich die Herausbildung ihrer kritischen Potentiale, so war doch mit dieser Autonomisierung der Kunst, insbesondere seit der Herausbildung der modernen Kulturindustrie, tendenziell die Gefahr

---

51 Adorno, *Ästhetische Theorie*, a.a.O. (Anm. 12), S. 9.

ihrer Neutralisierung, ihrer Abschiebung in eine Sondersphäre jenseits der Lebenspraxis verbunden. Genau hierin ist eine der großen Tendenzen der modernen Kunst angelegt, mehr sein zu wollen als *bloß* Kunst, das heißt eine Tendenz zur Entgrenzung der Kunst. Tendenzen zur Entgrenzung der Kunst, zur Infragestellung der Grenze zwischen Kunst und Nichtkunst, gibt es ja schon seit den frühen Avantgardebewegungen, insbesondere im Dadaismus und Surrealismus mit ihren Versuchen einer Aufhebung der Kunst als eines von der Lebenspraxis abgehobenen Bereichs, sowie des Gegensatzes zwischen Produzenten und Rezipienten, Versuche, die Institution Kunst als solche zu überschreiten und mit den Mitteln einer entgrenzten Kunst in die Lebenspraxis einzugreifen. Mit Jacques Rancière könnte man von einem Spannungsverhältnis zwischen zwei gegensätzlichen »Politiken« sprechen, das seither die moderne Kunst bestimmt, »zwischen der Logik der Kunst, die Leben wird um den Preis, sich als Kunst abzuschaffen, und [der] Logik der Kunst, die Politik macht unter der ausdrücklichen Bedingung, keine Politik zu machen«[52]. Gerade heute ist dieses Spannungsverhältnis wieder deutlich sichtbar geworden, mit Entgrenzungstendenzen in dokumentarischen Formen etwa in der bildenden Kunst, im Film und Theater, z. B. auch in den Arbeiten Schlingensiefs mit Obdachlosen und Skinheads oder auch in neueren Formen einer experimentellen Musik. In der Musik war es ursprünglich vor allem Cage, der mit seiner Kritik am traditionellen musikalischen Kunstwerk die Intention verband, ins Leben einzugreifen und in der Musik die Möglichkeit einer von Autoritätsverhältnissen befreiten Lebensform vorzuführen. Cage und Lachenmann repräsentieren die beiden Pole des von Rancière beschriebenen Spannungsverhältnisses; was sie jedoch verbindet, ist nicht nur die musikalische Reflexion auf die Krise des Subjekts, sondern auch die Idee einer möglichen – individuellen und gesellschaftlichen – Freiheit jenseits der vermeintlichen Autonomie eines monadischen Subjekts. Und dass, was die Entgrenzungstendenzen meinen, auch an einen Anspruch der autonomen Kunst erinnern, zeigt das Beispiel von Schlingensiefs Kommentar zu seiner Inszenierung des Parsifal in Bayreuth, den Wolfgang Höbel mitgeteilt hat. »Es sei schon in Ordnung«, so Schlingensief laut Höbel[53], »dass sich die Zuschauer um die richtige Deutung dessen, was sie bei ihm sehen, hinterher auf der Straße stritten. Jedenfalls besser als die Wurstigkeit des gewöhnlichen Kulturkomsums. ›Würde ich sagen, hey, das ist doch Kunst, dann würden sich alle am Kopf kratzen und sagen; Ach so, ich verstehe.‹« Autonomie und Entgrenzung der Kunst sind die beiden zusammengehörigen Hälften der Wahrheit über eine

---

52 Jacques Rancière, *Das Unbehagen in der Ästhetik*, Wien: Passagen 2007, S. 58.
53 *Der Spiegel* Nr. 35 vom 30. 8. 2010, S. 132.

ungewiss gewordene Kunst. Und am Ende könnte man mit Ruth Sonderegger die These vertreten, die sie im übrigen schon Adorno zuschreibt, dass wahre Kunstwerke heute solche sind, »die an ihren eigenen Überlebensfäden« – nämlich denen ihrer Autonomie – »zerren, als wären sie Fesseln«[54]

54 Ruth Sonderegger, »Ästhetische Theorie«, in: Richard Klein, Johann Kreuzer und Stefan Müller-Dohm (Hg.), *Adorno Handbuch. Leben – Werk – Wirkung*. Stuttgart und Weimar: Metzler 2011, S. 426.

Die Autorinnen und Autoren

Ingrid Allwardt, Dr., studierte Schulmusik und Germanistik in Hamburg. Es folgten Tätigkeiten im Bereich Kulturmanagement und Musikdramaturgie im Rahmen namhafter Festivals und Rundfunkanstalten sowie am Theater. 2003 promovierte sie an der Universität Witten/ Herdecke. 2005 übernahm sie dort die Vertretung des Lehrstuhls Phänomenologie der Musik. Sie ist Geschäftsführerin des »netzwerk junge ohren« in Berlin; außerdem freie Dramaturgin, Autorin und Kuratorin für Musik-Projekte. Themenschwerpunkt: Zusammenspiel von Musik und Literatur sowie Verschränkung von wissenschaftlichem, konzeptionellem, organisatorischem und künstlerischem Denken und Handeln. 2008 bis 2010 Gastprofessorin an der HafenCity Universität Hamburg. Veröffentlichung u.a.: *Die Stimme der Diotima. Friedrich Hölderlin und Luigi Nono* (2004).

Alexander Becker, PD Dr., geb. 1966, Studium der Musikwissenschaft, Philosophie und Geschichte in Frankfurt. 1998 Promotion in Philosophie, 2011 Habilitation in Frankfurt. Derzeit Akademischer Rat an der Universität Gießen. Arbeitsgebiete sind im Rahmen der theoretischen Philosophie insbesondere die Sprachphilosophie und die Ontologie, ferner die Ästhetik und die antike Philosophie. Veröffentlichungen u.a.: *Verstehen und Bewußtsein* (Paderborn 2000), *Platon, Theätet* (Frankfurt 2007), *Musikalischer Sinn* (hg. gemeinsam mit Matthias Vogel, Frankfurt 2007),»Paradox des Musikverstehens«, *Musik & Ästhetik* 56 (2010),»Bildliche Darstellung und die Simulation der Wahrnehmung«, *Zeitschrift für Ästhetik* 56 (2011).

Wolfram Ette, Dr., geb. 1966, Literaturwissenschaftler. Studium der Allgemeinen Vergleichenden Literaturwissenschaft, Philosophie und Gräzistik in Berlin und Paris. 1995 Abschluss des Studiums mit einer Arbeit über Pindars späte Gedichte. 2000 Promotion über Thomas Manns Josephsromane. Von 2000-2008 wissenschaftlicher Mitarbeiter am Lehrstuhl für Allgemeine und Vergleichende Literaturwissenschaft an der Technischen Universität Chemnitz. 2009 Habilitation an der Technischen Universität Chemnitz. 2010/11 Professurvertretungen in Chemnitz und München und Bielefeld. – Veröffentlichungen: *Mythos und negative Dialektik in Wagners* »Ring des Nibelungen« (2001); *Freiheit zum Ursprung. Mythos und Mythoskritik in Thomas Manns Joseph-Tetralogie* (Dissertation, 2002); *Adorno im Widerstreit* (Hrsg., 2004); Die Aufhebung der Zeit in das Schicksal. Zur »Poetik« des Aristoteles (2005); Bob Dylan, 5 songs (Hrsg., 2009; *Kritik der Tragödie. Über dramatische Entschleunigung* (2011). – www.etteharder.de.

DIE AUTORINNEN UND AUTOREN

Christian Grüny, Dr., Juniorprofessor für Philosophie an der Universität Witten/Herdecke. Studium der Philosophie und Linguistik in Bochum, Prag und Berlin. Forschungsschwerpunkte: Philosophische Ästhetik, Musikästhetik, Bildtheorie, Theorien der Leiblichkeit, Sprachentwicklung, Schmerz und Gewalt. Veröffentlichungen u. a. *Zerstörte Erfahrung. Eine Phänomenologie des Schmerzes* (2004), *Leiblichkeit. Geschichte und Aktualität eines Konzepts* (2012, gemeinsam mit E. Alloa, T. Bedorf u. T. Klass), *Musik und Phänomenologie,* Themenheft des *Journal Phänomenologie* (2011).

Andreas Luckner, Prof. Dr., geb. 1962, Studium der Philosophie, Musikwissenschaft und Germanistik in Freiburg i. Brsg. und Berlin (TU). Promotion 1992; 1992 Wissenschaftlicher Mitarbeiter am Institut für Philosophie der Universität Leipzig, Habilitation 2001. Seit 2003 Leiter der Koordinationsstelle für das Ethisch-Philosophische Grundlagenstudium an der Universität Stuttgart, seit 2006 apl. Professor für Philosophie dortselbst. Forschungsschwerpunkte: Ethik, Technikphilosophie, Phänomenologie (Heidegger), Musikphilosophie. Veröffentlichungen u. a.: *Genealogie der Zeit. Zu Herkunft und Umfang eines Rätsels, dargestellt an Hegels Phänomenologie des Geistes* (Berlin 1994); *Martin Heidegger: Sein und Zeit. Ein einführender Kommentar* (Paderborn 1997, [2]2001); *Klugheit* (Berlin/New York 2005); *Heidegger und das Denken der Technik,* (Bielefeld 2008); als Ko-Autor: *Freies Selbstsein. Authentizität und Regression* (Göttingen 2007). Zahlreiche Aufsätze zur Ethik, zur Anthropologie, zur Politischen Philosophie, zu Kant, Hegel, Heidegger und zur Philosophie der Musik.

Simone Mahrenholz, Prof. Dr., Studium der Philosophie, Alten Geschichte, Musikwissenschaften, des Klaviers und der Publizistik in Hannover, Boston und Berlin. 1997 Promotion, 2008 Habilitation. 2005/6 Research Fellow am Collegium Budapest, Institute for Advanced Study; 2008-2009 Forschungsstelle am SFB 626 (»Ästhetische Erfahrung im Zeichen der Entgrenzung der Künste«) der Freien Universität Berlin, 2009-2011 Professorin für Medientheorie und Philosophie an der Berliner Technischen Kunsthochschule (BTK), seit 2011 Professorin für Philosophie und Ästhetik an der University of Manitoba (Kanada). Forschungsschwerpunkte: Erkenntnis- und Rationalitätstheorien, Ästhetik, Sprach- und Zeichenphilosophie, »Ecology of Mind«, Philosophie der Musik, Filmtheorie. Veröffentlichungen u. a.: *Musik und Erkenntnis* (Stuttgart–Weimar [2]2000); *Kreativität – Eine philosophische Analyse* (Berlin 2011); Mitherausgeberin der Bände: *Reflexivität in den Künsten – Zum Selbst- und Fremdbezug des Symbolischen in ästhetischen Medien,* in: ZÄK 55,2 (2010); *Geteilte Zeit. Zur Kritik des Rhythmus in den Künsten.* (Schliengen 2005); zahlreiche Aufsätze zu Ästhetik, Musikphilosophie, Symboltheorie, Kreativität, Erkenntnis- und Rationalitätstheorien.

Elfie Miklautz, Prof. Dr., geb. 1958, Studium der Soziologie, Pädagogik und Philosophie in Wien und Klagenfurt, 1992 Promotion, 2008 Habilitation, seit 2008 Professorin am Institut für Soziologie und empirische Sozialforschung an der Wirtschaftsuniversität Wien. Forschungsschwerpunkte: Kultursoziologie, Musikästhetik, Kunst und Erkenntnis, Wirtschaftssoziologie. Veröffentlichungen u. a.: *Kristallisierter Sinn. Ein Beitrag zur soziologischen Theorie des Artefakts* (München 1996); *Geschenkt. Tausch gegen Gabe – eine Kritik der symbolischen Ökonomie* (München 2010); als Ko-Autorin: *Maschinen im Alltag. Studien zur Technikintegration als soziokulturellem Prozeß* (München 1993); Mitherausgeberin der Bände: *Produktkulturen. Dynamik und Bedeutungswandel des Konsums* (Frankfurt am Main/New York 1992); *Die Küche. Zur Geschichte eines architektonischen, sozialen und imaginativen Raums* (Wien/Köln/Weimar 1999); *Kreativ in Wien – vierzehn Fallstudien im Spannungsfeld von Ökonomie und Kunst* (Berlin/Wien 2011).

Johannes Picht, Dr. med., geb. 1954, Studium der Musik (Klavier), Philosophie und Medizin in Berlin, München und Freiburg. Weiterbildung zum Facharzt für Innere Medizin und zum Facharzt für Psychosomatische Medizin und Psychotherapie, seit 1997 in Karlsruhe, seit 2009 in Schliengen (Landkreis Lörrach) in freier Praxis tätig. Mitglied und Lehranalytiker des Psychoanalytischen Seminars Freiburg, der Deutschen Psychoanalytischen Vereinigung (DPV) und der Internationalen Psychoanalytischen Vereinigung (IPA). Zahlreiche Aufsätze in verschiedenen Fachzeitschriften und Büchern zum Themenfeld Psychoanalyse – Philosophie – Musik; u. a. *Raum, Zeit und Psychischer Apparat* (2005); *Beethoven und die Krise des Subjekts* (2007/2008); *Komik, Abstraktion und Transfiguration in Beethovens Diabelli-Variationen* (2011); *Schmerz und Subjekt* (2012).

Steffen A. Schmidt, Dr., studierte Musikwissenschaft, semitische Sprachen und italienische Literatur sowie Musikethnologie und Theaterwissenschaft in Berlin. Nach seiner Promotion über Rhythmus in der neuen Musik erhielt er Stipendien für Rom und Paris zur Erforschung der Beziehung von Musik und Tanz im 17. Jahrhundert. Im Anschluss widmete er sich in der Funktion als Komponist und musikalischer Performer/Pianist der künstlerischen Forschung in den Bereichen Tanz, Theater und Dramaturgie. Nach einer Tätigkeit als Konzertredakteur an der Staatsoper Berlin ging er 2004 nach Zürich für ein interdisziplinäres Projekt. Als Co-Studienleiter gründete er 2008 den Master-Studiengang

Cultural Media Studies am Institute Cultural Studies der Zürcher Hochschule der Künste, an der er auch als Dozent für Operndramaturgie und Geschichte der Filmmusik tätig ist. 2010 habilitierte er mit der Arbeit *Musik der Schwerkraft. Komposition und Choreographie im 20. Jahrhundert.* 2011 erhielt er ein Stipendium des Artists in Labs (AIL) – Programm der ZHdK, bei dem er im Centre Cardio-vasculaire (K. L. v. Segesser)/ CHUV Lausanne Herztöne und -rhythmen erforschte.

Cornelius Schwehr, Prof., geb. 1953, Studium der Gitarre, Musiktheorie (bei Peter Förtig) und Komposition (bei Klaus Huber und Helmut Lachenmann) an den Musikhochschulen in Freiburg und Stuttgart. Unterrichtstätigkeiten in den Fächern Musiktheorie und Komposition in Freiburg, Karlsruhe und Winterthur (Schweiz). Seit 1995 Professor für Komposition und Musiktheorie (seit 2008 auch Filmmusik) an der Musikhochschule in Freiburg. Seit 2009 Leiter des Instituts für Neue Musik und des Studios für Filmmusik an der Musikhochschule Freiburg. Neben einer großen Zahl kammermusikalischer Werke, mehreren Solo-, einigen Orchestermusiken und einer Oper enstanden zahlreiche Bühnen- Film- und Hörspielmusiken.

»Meine Arbeit (in allen Genres) ist vor allem geprägt durch die Frage danach, was wir von unserer Tradition lernen und was wir sinnvollerweise davon noch leben können. Die Frage ist nicht trivial, berührt vielmehr den Nerv des Komponierens, so wie ich es verstehe und ist auch tatsächlich nicht abschließend zu beantworten sondern immer nur beharrlich neu zu stellen.«

Matthias Vogel, Prof. Dr., geb. 1960; Studium der Philosophie sowie der historischen und systematischen Musikwissenschaft in Hamburg. 1994 Promotion an der Universität Frankfurt/M. Vertretungs- und Gastprofessuren in Wien, Marburg und Gießen. 2009 Habilitation in Frankfurt/M. Seit 2010 Professor für Theoretische Philosophie am Zentrum für Philosophie und Grundlagen der Wissenschaften der Justus-Liebig-Universität Gießen. Veröffentlichungen u. a.: *Medien der Vernunft* (Frankfurt/M. 2001); *Geist und Psyche. Eine integrative Theorie des Mentalen* (Berlin, im Druck); Mitherausgeber der Bände: *Wissen zwischen Entdeckung und Konstruktion. Erkenntnistheoretische Kontroversen* (Frankfurt/M. 2003) und *Musikalischer Sinn. Beiträge zu einer Philosophie der Musik* (Frankfurt/M. 2007)

János Weiss, Prof. Dr., geb. 1957 in Szür/Südungarn. Studium der Wirtschaftswissenschaften in Pécs, der Philosophie in Budapest. Ab 1988 Fortsetzung der philosophischen Studien in Deutschland: in Frankfurt bei Jürgen Habermas, in Tübingen bei Manfred Frank und in Berlin bei Albrecht Wellmer. 1991 Promotion an der Akademie der Wissenschaften in Budapest, mit der Arbeit: Die Konstruktion des Ästhetischen bei Adorno (erschienen: *Az esztétikum konstrukciója Adornónál*, Budapest 1995). Habilitation mit der Arbeit, *Die Konstitution des Staates* (Peter Lang 2000), an der Akademie der Wissenschaften in Budapest. Derzeit Professor für Philosophie an der Universität Pécs. Letzte Buchpublikationen: *Lukács öröksöge* [*Das Erbe von Georg Lukács*], Budapest 2011 und *Was heißt Reformation der Philosophie?*, Peter Lang 2009.

Albrecht Wellmer, Prof. Dr., geb. 1933, studierte zunächst Mathematik und Physik in Berlin und Kiel (1954-1961), dann Philosophie und Soziologie in Heidelberg und Frankfurt am Main (1961-1966). Von 1974 bis 1990 Ordentlicher Professor für Philosophie an der Universität Konstanz, von 1985 bis 1987 Professor an der New School for Social Research in New York und seit 1990 Ordentlicher Professor für Philosophie (Lehrstuhl für Ästhetik, Hermeneutik und Human Sciences) an der Freien Universität Berlin; seit September 2001 Professor emeritus. 2006 erhielt der den Theodor W. Adorno-Preis; 2011 den Anna Krüger Preis des Wissenschaftskollegs zu Berlin. Jüngere Veröffentlichungen: *Sprachphilosophie* (2004); *Wie Worte Sinn machen* (2007); *Versuch über Musik und Sprache* (2009).